的場昭弘

21世紀世界史講義

21st century
world history lecture
Matoba
Akihiro

恐慌・パンデミック・戦争

日本実業出版社

まえがき

2024年の終末時計は「残り90秒」

アメリカの雑誌『原子力科学者会報』が毎年の年頭に公表している「終末時計」というものがあります。世界の破滅・人類の絶滅を「午前0時」になぞらえ、それまでの残り時間を「0時まであと○分○秒」と表示することで、世界中の人々に向けて警鐘を鳴らすというものです。それによると、終末までの残り時間は2010年の「残り6分」以降どんどん減り続け、2023年、24年はともに「残り90秒」だそうで、終末時計が初めて発表された1947年以来、最短を記録してしまいました。もちろんこれは戦争による消滅だけでなく、ほかの自然環境破壊などを含めた人類終末までの残り時間を意味しています。

今世界は、刻々と世界戦争に近づいているのかもしれません。こう言うと驚かれるかもしれませんが、その理由は、一触即発で起こり得る条件があまりにも出そろってしまっているからです。

ウクライナとガザで西欧対非西欧の戦争が起きている

ウクライナ、ガザで戦争が展開しています。これはこの2世紀の間、世界を支配してきた西欧と、それに対する非西欧が対峙する戦争といってもいいものです。その意味で、この二つの戦争は結びついています。アメリカ一国による支配の崩壊が西欧の崩壊をもたらし、それが西欧に危機感を与えているから起こった戦争だともいえます。

しかも、二つの陣営の軍事力、経済力そして政治力が今では拮抗しているがために、この問題を力と力の勝負で決着しようとする可能性が高まっているともいえます。

小学生のころ、『世界大戦争』（松林宗恵監督、1961年）という映画を観たことがあります。ちょうど1962年に米ソ対立が高まり、核戦争が起こって、やがて世界は破滅するのではないかといわれていた時代でした。幸いにもそれは起きませんでしたが。

俳優のフランキー堺扮する運転手の家族がこの映画の主人公ですが、「どこへ逃げてもしょうがない」と言うシーンは、とても印象的でした。世界が、そして人類が破滅するのですから、どこへ逃げても一緒です。

もちろん世界戦争が起こらないことを私は願っていますが、世界史を見れば、戦争はつまらぬ問題から起こっていることに気づきます。こうした戦争が起こる場合、不思議とそれを演じる役者である政治家と物的条件がそろっているものです。アメリカ一国支配による西欧的価値観が崩れ、世界が多国間の支配になったことで、お互いの議論が噛み合わなくなっています。しかも、経済力・政治力・軍事力は西から東へと移っています。しかし、残念ながら

アメリカ一国支配による西欧的価値観が崩れ、世界が多国間の支配になったことで、ウクライナやガザ以外でも各地で紛争が起きている

ら西欧は、こうした移行を絶対に認めません。そうなると、それは軍事衝突を惹き起こします。

　このような対立はウクライナやガザだけでなく、西アフリカ、カリブ海地域、台湾、バルカン半島など、各地で起こっています。こうした物的条件だけでなく、それを動かす政治を司る人物に関しても、危険な人物が選ばれてしまっています。アメリカのバイデン、フランスのマクロン、ドイツのショルツ、ウクライナのゼレンスキーなどの西側の政治家たちは、西欧の価値観が普遍的であるという確信を持っている人々であり、それがゆえに直面する問題にきわめて好戦的な態度をとっています。他方、ロシアのプーチンや中国の習近平も、非西欧の可能性と非西欧の力の拡大に確信を抱いているがゆえに、西欧に対して一歩も引く気がありません。こうしたときには、ちょっとしたことで戦争は拡大していきます。

多国籍企業は、リーマンショックで倒産寸前に追い込まれたことによって、再び国家回帰し始めた

21世紀の幕開けは、国家対テロ組織という〝テロとの戦争〟でしたが、次第に国家間の戦争に変貌していきました。そのきっかけはリーマンショックでした。多国籍化した企業が倒産寸前に追い込まれたことによって、企業は再び国家回帰し始めたのです。しかも、リーマンショックによって逆に利益を得たのが、中国やロシアなどの非西欧勢力であったことも重要です。投資先と市場を失った西欧は、非西欧に巨大な投資、すなわち資本流入と技術移転を行なったのです。それが非西欧の経済力・政治力・軍事力を一気に発展させました。

　加えて、２０１９年の新型コロナウイルスの感染パンデミックの発生によって、人々の自由な移動は禁止され、国民は国家権力の下に監視され、統制され始めました。こうして為

新型コロナのパンデミックの発生によって、国民は自由な移動を禁止され、国家権力の下に監視され、統制され始めた

政者は、国民を国家を構成する個々人の集合体ではなく、国家のために尽くすパーツであるかの如く考えるようになりました。その結果、政治家の権力は増大し、あたかも独裁者のように振る舞い始めたのです。あたかも「民主君主制」とでもいえる状態へと変貌したのです。独裁的傾向が強い非西欧だけでなく、西欧でも民主主義を守ると称しながら、その実、独裁に近い権力者を次々に生み出してしまっています。

ロシア人、ウクライナ人、ヨーロッパ人、イスラエル人、それぞれ一人ひとりを考えれば、おそらくだれも戦争など望んでいません。むしろ戦争はやめたいと思っています。しかし、為政者はどんどん戦争を拡大している。停戦の話し合いも受け付けないほど頑固な独裁的権力を、世界の為政者が持ってしまっているともいえます。

こういう時、一発のミサイルの誤射で世界戦争は始まるのです。人類は、永久平和を達成できないのでしょうか。それは悲しいというしかありませんが、余命幾ばくもない私のような老年世代は、孫たちに平和な社会で生きて欲しい。できれば西欧社会が、現実を受け止め、非西欧社会に戦争なく道を開いて欲しい。しかし、これまで西欧が、非西欧に対する搾取で巨大な利益を上げてきた以上、それを実践するのは困難かもしれません。

本書は『「19世紀」でわかる世界史講義』（日本実業出版社、２０２２年）および『資本主義がわかる「20世紀」世界史講義』（同、２０２３年）に続く世界史講義シリーズの第三巻で、１９８９年以降の現代を扱っています。現代を語ることはきわめて難しい。それは予測を伴

うからです。確実な予測などあり得ない。しかし、あり得ないとしても、悲惨な歴史に導く要因を取り除けるような努力をしつつ、予測をしなければなりません。そうでなければ、現代に生きている者としての責任を果たせないからです。不幸な歴史を加速するのではなく、それにブレーキをかけるのです。現代は、過去の歴史の堆積の中から生まれています。歴史から学ぶことで、危険をなるべく避けねばなりません。

最後にマルクスの『ルイ・ボナパルトのブリュメール18日』の冒頭の言葉を紹介しておきます。

「ヘーゲルはどこかで、すべての偉大なる世界史的事象と人物は、いわば二度出現すると述べている。彼は、次のことを付加することを忘れていた。それは、一度目は、悲劇として、二度目は、茶番劇として出現するということである。……（中略）……人間は自らの歴史をつくるのだが、自ら選んだ自由な断片からつくるのではなく、直接に依存している、伝統的な、与えられた状況のもとでつくるのである。死せるあらゆる世界の伝統は、生きているものの額の上に、悪夢のようにのしかかる」（拙訳）

2024年6月13日

的場昭弘

「死せるあらゆる世界の伝統は、生きているものの額の上に、悪夢のようにのしかかる」（マルクス『ルイ・ボナパルトのブリュメール18日』）

カバーデザイン……山田英春
地図作成……石井裕一（三月社）
DTP・編集……片岡　力

『21世紀世界史講義　恐慌・パンデミック・戦争』

目次

第一部 1991―2008年

第二部　2008年以後

序章▼▼▼冷戦の崩壊

冷戦の崩壊に敏感に反応して
新しいあり方を模索するヨーロッパ。
冷戦の延長をのぞんで
衰退国の道をたどる日本。
彼我の差はどこに由来するのか。

1961年10月、ベルリンのチェックポイント・チャーリーでソ連軍の装甲車と対峙する米軍戦車［USAMHI, 1961］

本書は、世界史講義シリーズの第三巻で、1989年から2021年の現在を主に取り扱います（2021年以降についても、「補遺」の章を追加してできるだけフォローするようにしました）。世界史講義全巻の流れは、国民国家の形成、西欧の勃興、西欧による世界支配、そしてその終焉というものでした。

国民国家という枠こそ、西欧勃興の基盤でした。14～15世紀まで世界史の趨勢を握っていたのはいわゆる帝国で、世界は東ローマ、ペルシャ、サラセン、明などの帝国に支配されていました。西ローマ帝国は5世紀初めには没落し、そこで小さな地域に分割され、ときにフランク王国（5世紀後半）などが出てきますが、神聖ローマ帝国という枠の中で小さな王国として暮らしていました。一方、ヨーロッパ最大の帝国はビザンチン帝国すなわち東ローマ帝国であり、往時は地中海を支配する大帝国でした。

宗教的権力や帝国的支配から脱却して、民族国家・国民国家が成立し、市民社会を形成

こうした東ローマ帝国支配を西ヨーロッパが覆し始めるのが15～16世紀で、それが神聖ローマ帝国の衰退から始まります。フランス、スペイン、オランダ、イギリスといった国々が、宗教的権力や帝国的支配を退け、次第にそれらは民族国家の様相を現し始めます。

資本主義的生産様式は利己心と人権を両輪とする

こうした国々の中で、国王支配から国民主権、民主主義、人権といった概念が誕生し、市民社会を形成していきます。そこに大きな力を与えたのが、資本主義的生産様式でした。個々人の利己心と人権という発想は、個々人の利益を高め、それが資本主義的精神を養います。その意味で資本主義は、個々人の利己心を擁護する様式として、近代的国民主権、民主主義、人権というものと相携えて発展していきます。人類史の画期となる個人の解放は、封建諸侯

や共同体が持っていた土地や財産を、私的所有に変え、私的所有社会として発展します。

集団としての人類から個々人としての人類へ

西欧で生まれた国民国家は、集団としての〝人類〟という概念から、個々人としての〝人類〟という概念へと変化させます。その意味で、西欧以外で個人の権利、市民の権利などが完成しなかったのは当然です。西欧のみが個人の解放を目指すことができた理由は、国家という枠組みの中でそれが実現されたからです。

近代化モデル＝西欧的モデルの象徴としてのフランス革命

西欧では大方17～18世紀に絶対王政による支配が終わり、次第に民主的国民主権の国家に代わっていきます。資本主義という経済体制の中で市民が力を持ち、その経済力を通じて次第に政治権力も持つようになって、近代的市民社会を形成していきます。このような発展モデルが、いわゆる近代化モデルであり、西欧的モデルとなります。その意味で、フランス革命が象徴的事件として世界史の中で重要な位置を占めます。それは近代を開いたのが、この革命であったからです。

19世紀はこうした民主的主権国家が波及していく過程です。1814年のウィーン会議以降、ヨーロッパは国家間の関係を国際均衡という形で捉えるようになり、国家間の関係を平和に維持しようとする政策が進められます。それはアメリカでも採用され、モンロー主義となって現れます。もちろん、当時国家といえどもプロイセン、オーストリア、ロシア、オスマンなど、東欧には非国民国家、多民族で構成される帝国が存在していたことは間違いありません。しかし、それらの帝国は西欧の影響のもと、1914年の第一次世界大戦とその終結、1919年のヴェルサイユ条約によって、ほぼ完全に崩壊し、個々の民族からなる国民国家へと解体されます。

しかし、こうした流れにはアジア、アフリカは入っていませんでした。19世紀に始まる西欧列強の植民地主義によって、それらの地域は植民地として位置づけられることになります。もちろん、中国や日本などは、西欧の植民地になったわけではなく、西欧列強のいずれかの国への従属を強いられる国家となったわけです。日本は、そこから抜け出るチャンスをうかがい、成功したかに見えたのですが、最終的には第二次世界大戦でそれまでのイギリスへの従属から、アメリカへの従属へと変わっていきます。

アジア・アフリカへの国民国家の広がりは、国際連盟、国際連合という世界の国家間の国際均衡を謳った組織によって少しずつ進みます。１９８０年代までには植民地の多くは独立国家となり、国連入りを果たします。現在は国民国家が世界の大半を占めるのですが、そこでいう国民が、単一民族によって形成されているところは稀であり、多民族国家であることが新たな問題を惹き起こしています。国家主義、愛国主義というものが単一民族という概念にとらわれることで、民族差別、人種差別の温床になっています。国民国家という枠組みが制度疲労を起こしていることも確かです。

本書は、１９９１年以降、すなわち米ソ冷戦崩壊以降を扱います。冷戦は、第一次大戦が生み出した、国民国家への一つの反動ともいえます。国民国家が帝国主義へと進む中、その抵抗としてマルクス主義を標榜し、社会主義と称するソ連という国家が生まれ、それがヴェルサイユ条約の枠の外に出現しました。多くの国は、この国を容認しなかったわけですが、

多民族国家が単一民族の概念にとらわれることで、国家主義、愛国主義が民族差別、人種差別の温床になり、国民国家という枠組みが制度疲労を起こしている

ソ連は社会主義を新しい実験として進めました。ソ連は、それまでの個人主義的利己心の社会を変革し、社会主義という集団的人類という概念を掲げました。それは第二次大戦以後、世界に広がっていき、反資本主義勢力として、とりわけアジアや南アメリカで大きな力を持つようになります。

冷戦の成立

最近の30年は、1945年までの波乱の時代に匹敵するような変動が起きている時代です。少なくとも1945年の敗戦以後、日本はアメリカの傘の下で、順風満帆に生きてきたともいえます。戦後も大きな緊張があったことは確かですが、少なくとも明確な構造が存在し、その構造を堅持したことで、何とか乗り切ることができたわけです。それは、戦後の冷戦体制という構造です。

冷静体制という構造は、1917年に生まれたソ連という社会主義体制が、それまでの資本主義体制の一角にいたロシアという国家を崩し、世界資本主義の市場圏から新たな社会主義経済圏をつくり出したことから始まります。しかし、1945年までは、ソ連といった社会主義体制は局地的にとどまり、大きな拡大もなかったことで、資本主義圏にとっての危機だという意識も薄く、放置されていました。

しかし、1945年の日独伊三国同盟の崩壊（失効）以後、それらの国が侵略した地域が

1917年、世界資本主義の市場圏の枠の外に、社会主義という新たな体制が出現

1945年以降、資本主義市場圏が縮小し、社会主義経済圏が伸長するが、一方で第三世界の非同盟諸国運動が台頭

どんどん社会主義圏に包摂されていくことで、資本主義市場圏がどんどん縮小していくことになります。それを決定づけたのが1949年で、世界には二つの経済圏が存在することになり、社会主義経済圏は大きな存在として認識されるようになります。以後二つの経済圏は対峙したまま、戦後の体制となります。一方で、そのどちらにも属さない経済体制として第三世界という言葉が生まれ、インド、エジプト、インドネシア、ユーゴスラヴィアなどが、非同盟諸国運動というものを生み出します。しかし、戦後の資本主義と社会主義という二つの体制の対峙という形は、崩れることなく1989年まで進みます。

1989年から1991年

私も物心がついた時から、二つの体制の対峙の中で生きてきましたので、それはある意味、当たり前の自然な体制のように錯覚していました。もちろん、どんな時代にも永遠の体制などというものは存在しないのですが、少なくとも多くの日本人はこの冷戦構造の中で戦後体制が形成され、それを自然なものだと理解し、それが永遠に続くのだという意識を持っていたことは確かです。

そうした体制がぐらつき始めたのは、アメリカ軍の撤退（1973年）によって、社会主義体制の最後の勝利ともいえるベトナム戦争が終結（1975年4月）したからでした。1976年7月、北ベトナムは南ベトナムを併合、ベトナム社会主義共和国として進むこと

社会主義は次第に他の地域の社会主義と対立する国家的・民族的なものに変貌

になったのですが、これらの地域の社会主義は、次第に他の地域の社会主義と対立する民族主義的なものに変貌します。社会主義圏の中に、それまでのコメコンやコミンフォルムのような一枚岩の体制がつくれなくなったのです。その最初は、ベトナム戦争終結の10年以上前の中ソ対立にありました。

しかし、もっとさかのぼれば、ソ連となったロシアが、近隣の諸国を連邦の名のもとに吸収していった1920年代から、そして戦後すぐポーランド、チェコ、ハンガリーなどの地域を社会主義圏に吸収したときから、かなり強引な手法を採っており、それが社会主義国の〝友愛〟という幻想とは裏腹に、内部に不満の種を少しずつばらまき、それが数十年のうちに大きな力となっていったのです。

社会主義という概念が、国家の対立を惹き起こす資本主義的国民国家のアンチテーゼとして存在するのならば、社会主義圏での対立など存在しないはずですが、すでにヴェルサイユ条約で国家を形成していた東欧圏ではお互いの反目が強く、国家的・民族的意識を超えることができませんでした。社会主義国家間の対立は民族対立として進み、民族間の反目は国家の反目となり、個々人の利益を優先するようになります。その結果、ソ連やユーゴのような多民族の国家も、チェコスロバキアのような暫定的な国民国家も、解体せざるを得なくなりました。なによりも東ドイツは、国家としてすら存在し得ず、西ドイツに吸収されていったのです。

１９９１年という分岐点

　今から30年以上前の１９９１年、私は東京造形大学から移籍し、神奈川大学短期大学部に赴任しました。その夏、ソ連が解体します。１９８９年のベルリンの壁の崩壊以降、東欧の国々はどんどん資本主義圏に組み込まれていきました。「大樹のまさに倒れんとするところは一縄《いちじょう》のつなぐところにあらず」で、この流れを止めることができなかったのです。この解体は、決して資本主義が勝利し、世界市場がグローバルになったというものではなかったのですが、その時期そうした資本主義の勝利というユーフォリア（熱狂的陶酔）があったことは確かです。

1989年のベルリンの壁崩壊および、1991年のソ連の解体は、資本主義の勝利というユーフォリアをもたらした

　しかし、ソ連・東欧の崩壊は、日本のような国にとっては大きな衝撃をもたらすことになります。日本は、１９８２年に中曽根康弘（１９１８〜２０１９）が総理になって以降、アメリカとイギリスの自由主義的政策を導入していきます。日本経済は、１９７０年代に欧米のような経済停滞を迎えずに済んでいました。要するに、むしろ日本経済の発展が、欧米経済を停滞させた原因だったからです。

1970年代に欧米のような経済停滞を迎えずに済んでいた日本経済の発展が、日米の貿易摩擦による日本脅威論を生み出した

　破竹の勢いの日本は、欧米において驚異的存在になっていました。しかし、これは逆に日本に対する脅威論を生み出し、アメリカとの貿易摩擦が起こりました。アメリカは80年代に、新自由主義的政策を採ることで、自国経済の再活性化を図ります。それはすでに前著『資本主義がわかる「20世紀」世界史講義』で述べたマネタリストの政策で、高利によって世界か

ら資金を集め、競争力のある産業にそれを投資するというものです。これによってドル高が生まれました。私はそのころ留学していて1ドル280円という為替水準で苦労したものです。

しかしこれは諸刃の剣で、ドル高とは円安であり、日本のアメリカへの輸出がどんどん増えます。一方でアメリカは貿易赤字に陥り、国内産業が衰退します。そうした中で日本脅威論が生まれたのです。

この政策はアメリカの産業復活への足掛かりとなったことも確かです。コンピューター技術、サービス産業の躍進など90年代に開花する産業が生まれつつありました。そしてまた、ソ連・東欧といった1970年代に低利でアメリカから資金を借りた国での債務危機を生み出していました。ソ連・東欧は高利による借金返済で劣化していったのです。

冷戦が崩壊すれば、当面の敵は日本ということになります。日本政府は、産業生産物をアメリカなどに輸出することで莫大な利益を得ていました。もちろんその多くは最先端技術によるものではなく、既存の技術を応用したものですが、安さという点で市場を拡大し大きな利益を得ていました。アメリカは日本に対して技術提供を渋り始め、知的財産権を厳しくしてきました。そして何よりも、輸出に見合う輸入を要求してきます。日本が高いアメリカの製品を買うのは理不尽なのですが、それが中曽根とロナルド・レーガン（1911〜2004）との対談の中で進められます。

日本はアメリカの押し付けを「内需拡大」という言葉で受け取るわけですが、これは単な

アメリカは80年代に貿易赤字に陥ったが、一方で、コンピューター技術、サービス産業の躍進など90年代に開花する産業が生まれつつあった

アメリカから日本に強制的に押し付けられた内需拡大政策が三公社の民営化

ソ連、中国、北朝鮮というアメリカの仮想敵国に囲まれている日本は、アメリカにとって絶対に失えない防波堤だった

る有効需要ではありません。有効需要創出とはたとえば公共投資を行なうことですが、それでは日本国内の産業が潤うだけで、アメリカの日本への輸出は潤いません。当時、アメリカは住宅建設や下水道事業などでのアメリカ企業の日本進出を提案してきていましたが、日本はそれに応じることはなかったわけです。そこでアメリカは内需拡大を強制的に押し付け、それはリクルート問題の遠因となります。アメリカのスーパーコンピューターを日本企業が買わされることで、アメリカからの輸入が若干増えるというものです。しかし、それだけでは不十分です。そこで中曽根政権は、内需拡大の手として、国鉄、専売公社、電電公社という三公社の民営化を図ります。こうして国内で景気浮揚が図られ、外需から内需への流れが、直後のバブル経済をもたらしたのです。そもそもアメリカという国に常に従属しているという戦後体制が諸刃の剣だったのです。

日本の戦後復興は、ソ連や中国という社会主義国の脅威に対する防波堤として日本が存在していたことから始まります。日本を助けることが、結局アメリカを助けることになるというアメリカの発想が、戦後の日本経済復興へのアメリカの援助を生み出します。それはヨーロッパに対しても同じで、西ドイツを救うことはアメリカを救うことになる。そこで西ドイツと日本には特別の援助が与えられ、冷戦が続く限り、西ドイツと日本はアメリカから大目に見られていたわけです。

ソ連や中国の存在はその意味で、日本にとって大きな利点でした。ソ連、中国、北朝鮮というアメリカの仮想敵国に囲まれている日本は、アメリカにとって絶対に失えない防波堤で

1980年代後半に日本はバブルに酔いしれ、「1989年12月29日、日経平均3万8915円」を境にバブルが崩壊

あり、その意味で日本経済を支援することが大きな利害問題の解決策だったのです。

戦後の日本が平和と中立を守る独立国になれなかった理由が、まさにここにあります。経済発展を優先することで、日本は完全にアメリカの衛星国になっていきました。だからこそアメリカは、日本経済に対し、それなりに配慮をしてくれたとも言えます。アジアが非常事態のときに、アメリカが日本を利用するということは、中曽根の不沈空母構想（絶対的に安全な国という意味）と呼応して日本を軍事大国にすること、すなわち経済大国にすることを意味していたわけです。

1980年代後半は土地バブルに酔いしれます。大学院を出た私が職についたのは一般の社会人と比べると遅く、曲がりなりにも定職といえる正規の大学助教授に就いたのは、1987年のことでした。当時、一橋大学の助手として東京の国立市に住んでいましたが、近隣の30坪くらいの建売住宅が1億8000万円だったのを覚えています。

土地バブルは日本人を二つの階層に分けました。持てる者と持たざる者。土地を持つ者は、毎日のように上がる地価に一喜一憂し、持たざる者は永久に手が届かない土地にため息をついたものです。

ここに『1989年12月29日、日経平均3万8915円　元野村投信のファンドマネージャーが明かすバブル崩壊の真実』（河出書房新社、2018年）という本があります。元証券マンの近藤駿介氏が当時を回顧したもので、日本の株価が最高値を付けた日とその額面がタイトルになっています。これを境にしてバブルが崩壊し、日本経済は崩壊の一途をたどります。

1989年のクリスマスにルーマニアのチャウシェスク夫妻が処刑、これが冷戦構造の崩壊の狼煙となった

ちょうどその4日前のクリスマスの日、ルーマニアのチャウシェスク夫妻が処刑されています。これは偶然の一致ではありません。冷戦の崩壊が、日本経済の崩壊を暗示していたのです。

冷戦崩壊と世界の変化

チャウシェスクの死は冷戦崩壊の狼煙《のろし》でした。それまで世界を覆っていた米ソという対立構造は崩壊し始めていたのです。この崩壊は、20世紀を規定してきた冷戦という体制を死に追いやったのです。

それは日本や西ドイツといった冷戦下でうまく渡ってきた国に大きな変化をもたらします。日本の株価は1989年の暮れを境に続落していき、それとともに日本の銀行などには大きな借金が残ります。土地バブルは、必ず上昇するという土地価格上昇の神話を背景に土地を売り買いすることで成り立っていた、まさに泡（バブル）の経済でした。内需拡大のための金利の低下、都心の一等地の開放、銀行による土地の転売と、景気のいい企業がビルを都心

1989/12/25

特別軍事法廷でチャウシェスク夫妻の全財産没収ならびに死刑が宣告

写真はルーマニア大統領ニコラエ・チャウシェスク（中央）と妻エレナ・チャウシェスク（左）が1975年4月に日本を公式訪問し、昭和天皇（右）や当時の首相三木武夫と会談した時のもの［Author Not Credited/Romanian National History Museum, 1975］

米ソ対立の防波堤となり得ることで経済的利益を引き出すという構造のもとにのみ存立できた自民党政権が、冷戦の崩壊でその役割を失った

に求める動き、こうしたものが合わさって起きたのが土地バブルです。もちろん、日本という国には財産として土地を買うという伝統がありました。戦後コンスタントに価格を上げてきたのは土地です。貨幣（流動性）はインフレであることで嫌われ、資産価値として土地神話が形成されていたわけです。

　こうした土地バブルにはいずれにしろ終焉の時が来ます。しかし、おりから煽られた内需政策によって、未曾有のバブルが起こってしまいました。バブルの余韻は１９９３年くらいまで続いたのですが、同年には自民党政権の崩壊という結果を招きます。こうした国民の政治判断は間違っていませんでした。自民党は戦後、１９５５年に民主党と自由党が合併してできた政党で、アメリカが日本の保守安定を目論んでつくった政権ともいえるものでした。この政権は、日本が安保条約によってアメリカの軍門に下ることで、米ソ対立の防波堤となり、それによって経済的利益を引き出すという構造のもとにのみ存立できる政権でした。

　ところが冷戦が崩壊して、その必要がなくなったことで自民党の役割が終わった。さらにバブルが崩壊し、日本経済は大きな借金を負った。そして気が付けば、技術的にも、組織的にも日本経済は、新しい世界の動きに後《おく》れをとっていたことが明確になったわけです。

　そのころ私は、毎年ヨーロッパへ調査旅行に行っていました。そこであちらの銀行や郵便局に行く機会が多かったのですが、窓口の銀行員の数が少ないことに気付きました。そしてその窓口の職員が一人で、なんでもこなしているということにショックを覚えました。銀行のフロントは投資業務で、バックは銀行での預金受託業務。要するに銀行は多くの人員をフ

ロントに振り向けているのです。そしてバックはコンピューター化をして人員を減らし、オールラウンドな業務をさせていたのです。当時日本では、銀行は数多くの高卒、短大卒の女性を雇用し、そこで事務仕事に従事させていたのですが、すでにヨーロッパではここをばっさりカットしていたわけです。まさに生産性の問題です。そうした日本の銀行は、バブル崩壊で収益がなくなり、コストが増大するという状況に直面していました。

湾岸戦争

ソ連の衰退は世界のパワーバランスを狂わせ、イラクのクウェートへの侵攻（1990年）と湾岸戦争（1991年）が始まった

冷戦崩壊は、1991年のアメリカとイラクの戦争とも大きく関係しています。ソ連は中東に大きな影響力を持っていましたが、その重しが外れてしまったわけです。ソ連の衰退はパワーバランスを狂わせてしまいます。イラクのクウェートへの侵攻（1990年）と、それに対するアメリカの攻撃（1991年）が始まりました。1982年の英国とアルゼンチンのフォークランド戦争のような戦争が再現されたわけです。しかし、この戦争は、中東から中央アジア地域に新たな火種をばらまきました。それをサミュエル・P・ハンチントンは「文明の衝突」と呼びました。

ソ連崩壊以後、中央アジアではソ連に連邦化されていた国々が独立し始めます。そしてあちこちで紛争が起きます。東欧においてもユーゴスラヴィアを中心に解体以後の戦争が勃発します。

西欧の一人勝ちと、対立なき平和なグローバリゼーションという夢は立ちどころに消えてしまいました。ソ連がつまずいたアフガニスタン問題は、今度は反アメリカ的なイスラム主義の問題へと発展し、アメリカはその後この地域の処理に苦しむことになります。

ハンチントンの『文明の衝突』はまさにこの問題を明らかにした書物です。

サミュエル・P・ハンチントン

1927〜2008年。アメリカの国際政治学者。著書に『第三の波』『文明の衝突』など。写真は『文明の衝突』刊行（1996年）の翌年にドイツのインターナショナル・マネジメント・シンポジウムで講演したときのもの［Regina Kühne, 1997］

冷戦体制を超えるには

冷戦の崩壊は、米中ロ間の緊張関係を失わせました。その結果、とりわけアジア地域では、日本の役割が激減します。アメリカは冷戦の崩壊以降、仮想敵国を日本に定めます。経済的覇権を狙う日本を仮想敵国とすることで、欧米に対する脅威を排除するというわけです。アジアには、日本と〝アジアの虎〟とも呼ばれる韓国、台湾などがありました。これらの国は日本同様、欧米が開発した商品を低価格で生産し、利益を上げているという現実がありました。

製造業の強い日本ですら、基本ソフトをほとんど持っていない状態で、多くの電気製品、

冷戦の崩壊以降、経済的覇権を狙う日本をアメリカが仮想敵国とすることで、日本はアメリカの同盟国から敵国へと転落

終身雇用制、勤勉と忠誠心、年功序列などの社会風土がむしろ足かせとなり、日本はソフト開発に後れをとる

自動車などは欧米由来でしたから、アメリカが仕掛けた知財競争は、円高攻勢、原料資源の不足、ドル不足とも相まって、アジアの地域経済に大打撃を与えます。中国に対する防波堤の役割を喪失した日本は、アメリカの同盟国から敵国へと〝転落〟するわけです。

そうすると、戦後の冷戦体制で培われた米国依存が大きな問題となります。日本はアジアで孤立し、アメリカ以外の友人がいないという状況でしたが、そのアメリカも敵となり、八方塞がりの状態に陥ります。

１９８０年代に進んだモノの生産からサービス業への転換という時代に、最も後れをとったのが日本でした。海外で日本製品を見かけることは多いのですが、日本が開発したソフトは見かけない。ソフトにおける日本の劣位は、パソコン時代には明確になりました。パソコン自体は日本製だが、それを動かすシステムは日本製ではないという問題です。パソコンだけに限りません。それまで最大の強みと言われていた日本の風習というソフト、終身雇用制、勤勉と忠誠心、年功序列などがむしろ足かせとなり始めます。こうした日本の社会風土が、男女平等や、若者の活躍の弊害となり、すぐれたアイデアを生み出す障害となって、そこかしこに後進性をもたらす要因となります。不平や文句をもらさず、上司の指示にただイエスと言うだけの忠節心では、新しいアイデアを生み出せません。とりわけソフトの分野では、奇想天外な発想と自由が必要ですが、それが旧套墨守《きゅうとうぼくしゅ》によって阻害されるのです。

グローバル化の中、世界は大きく変わりました。モノ作りはコストダウンができる低賃金の国へ移転し、コストの高い国は、生産性とアイデアを重視するソフト開発が中心になりま

す。要するにモノではなく、アイデア（考え方）を重視する時代が来たわけです。こんな時代に年齢が上であるとか、男であるとか、高学歴であるとかというだけでは、アイデアは生まれません。日本的風習とアイデンティティといったものが、かえって日本社会の硬直性を促進してしまいました。

追い上げるアジアの国々にもやがて追撃され、先進的アイデアに欠ける日本という国は、第二の敗戦、経済敗戦という事態を招きます。

冷戦の崩壊は、日米関係について再考するよい機会のはずでした。しかし、戦後の冷戦体制の崩壊に気づかず、戦後体制の延長を図ろうとした日本は、ますます衰退の罠にはまっていきます。

戦後の冷戦体制の崩壊に気づかず戦後体制の延長を図ろうとした日本は、経済敗戦という第二の敗戦を招いた

ヨーロッパは、この動きに敏感に反応しました。それはEUの構想です。1970年代に衰退を経験したヨーロッパは、それまでの組織を解体し、ヨーロッパをあたかも一つの国とするようなヨーロッパの連合体という発想を生み出しました。その中でとりわけ重要なものは、通貨統合、外交、軍事であり、ヨーロッパ合衆国のようなイメージを描きます。もちろんフランスのミッテラン大統領とドイツのコール首相は当初、西欧の12か国だけを前提にして連合体を組み立てようとしていたわけですが、そこにソ連・東欧の崩壊が起こります。

東欧を外枠に置くことで中立地域、緩衝地帯をつくるのか、それとも東欧をEUに組み込むことで、それまで不安定だったヨーロッパを統一し、ロシアと対峙するのかという問題です。すなわち拡大EUという問題が、2000年代に具体化することになるのですが、それ

東欧を組み入れることでロシアとの勢力的安定を図り、強力な国家連合を形成しようとする、ＥＵのヨーロッパ立て直しの戦略

はこの地域における防衛体制や経済体制の変革という課題を生み出します。ミッテランとコールは、ＥＵによるヨーロッパ立て直しの戦略として、東欧を組み入れることで、ロシアとの勢力的安定を図り、強力な国家連合を形成できると踏みました。11か国から27か国へと加盟国が増え、域内人口は約5億人。これは当時、中国、インドにつぐ人口です。これによって、ドイツの立場が大きく変わりました。それまでは日本ほどではないものの、アメリカとの関係が強く独立性が低かったものが、ＥＵの中心国として存在感を増してきました。もちろん、ウクライナ問題を含め、ロシアに圧力をかけるアメリカとどういう関係に立つか、またアメリカに配慮しながらもアジアの中国との関係をいかに築くかという点で、今でも苦しい立場に立っています。

しかし他方で、日本は１９９３年に40年近く続いた自民党一党優位体制が崩れたものの、すぐに自民党は社会党と組んで復活し、相変わらず日米関係一辺倒という冷戦時代そのまま

1989/11/22

ベルリンの壁崩壊からドイツ再統一、さらにヨーロッパ統一へ

1989年11月9日のベルリンの壁崩壊直後に会談するヘルムート・コール独首相（左）とフランソワ・ミッテラン仏大統領（中央）。右はエンリケ・バロン・クレスポ欧州議会議長［European Communities, 2017/EC-Audiovisual Service, 1989］

1993年に自民党一党優位体制が崩れたものの、すぐに自民党は社会党と組んで復活し、相変わらず日米関係一辺倒という冷戦時代そのままの思考停止状態を持続させた

の思考停止状態を持続させることになりました。企業は、当然ながら中国やロシアとの関係を構築していこうとしているのですが、つねにアメリカの決定に翻弄されるという危険な状態になりました。アメリカに安価なモノを売ってドルを獲得し、それで日本の経済成長の糧にするといった戦後体制を維持するのは、GDP590兆円（2023年は591兆円）の現在の日本においては、もはやほぼ不可能です。中国や中東などへの独自の自由な外交のできない日本は、冷戦構造という過去の遺制に縛られた状況です。

ドイツとは対照的に、衰退国への一途をたどった日本の30年

衰退国日本の30年

日本とドイツは、1990年代にはほぼ同じくらいの一人当たり個人所得だったのですが、今では遠く水を開けられています。この30年の日本を一言でいえば、衰退国ということにならざるを得ません。経済成長のみならず、あらゆるものが衰退に向かったのはなぜか。本書はまさにこの問題を解き明かすことを主題とします。

中藤玲の『安いニッポン 「価格」が示す停滞』（日経プレミアシリーズ、2021年）は、日本の物価、賃金などを他国と比較した本ですが、マクドナルドのビッグマックの価格を比較すると、ほぼタイの価格と等しいと指摘しています。これは私のタイでの経験ともほぼ一致します。海外を知る人ならば、これは当たり前の事実ですが、日本に住む人たちにはぜひ知ってほしい話です。

第一部 1991－2008年

第1章 1990年、東西ドイツの統一

ドイツ統一は、吸収か合併か？
冷戦の終結とドイツの立ち位置は
今どこにあるのか？

1990年7月22日、前年に崩壊したベルリンの壁のオリジナルを手に入れる最後のチャンスを利用しようとしている「マウアーシュペヒト」（壁キツツキ）たち［ロベルト・レスケ/ドイツ連邦公文書館, 1990］

「つねに前進、後退はない」〔エーリッヒ・ホーネッカー〔東ドイツ首相〕〕

「遅れすぎてやってくるものは、人生において罰せられる」〔1989年10月7日東ドイツ建国40年での演説　ミハイル・ゴルバチョフ〔ソ連書記長〕〕

「アデナウアーの言ったことは今も真実ですし、将来も真実になるでしょう。ドイツ連邦共和国はアメリカ合衆国の忠実なパートナーであり、そのままでの状態になるでしょう」〔1982年ワシントンでのレーガン米大統領との共同宣言　ヘルムート・コール〔西ドイツ首相〕Mathias Lunz, *Das deutsch-amerikanische Verhältnis unter Helmut Kohl und Donald Reagan*, Grin Verlag, 2011. p.221〕

「東ドイツが終焉を迎えるとか、ドイツ統一労働者党が権力を放棄するとは、はっきりしていなかった。まして、まさに始まった革命が、結果として無血で進むだろうということもはっきりしていなかった。――私が知らなかったことは、その夜世界が変わったということ、冷戦が終わり、新しい世界秩序が形成されるということだった」〔1989年11月9日ベルリンの壁崩壊に関する東ドイツCDUのロタール・デメジエールの回想　Lothar de Mazière, *Ich will, daß meine Kinder nicht mehr lügen müssen: Meine Geschichte*, Verlag Herder, 2011. p.17〕

ベルリンの壁をめぐる日本とドイツの違い――はじめに

1989年から今に至るまで続くロシア（ソ連）・東欧の変化は、ある意味で19世紀が生み出した国民国家の変遷の過程だと考えられます。活火山のように爆発を繰り返し、治まることのないこの地域の問題は、帝国の崩壊、第一次大戦、第二次大戦、そしてロシア革命、動乱、民族対立、宗教対立、イデオロギーの対立、東西文化対立などへと発展し、西洋と東洋の代理戦争のような状況を呈します。この火山の活動は今も終わっていません。拡大EUとウクライナ問題、ドイツの立場、NATOとロシア、中国といった形で、今なお世界最大の噴火の可能性を秘めた地域であることは、変わりません。

日本から見たこのロシア・東欧地域は、一括してヨーロッパと見られがちであり、100年の変化が、なんとなくEUを中心としたヨーロッパに落ち着いたように見えるかもしれませんが、いまだに分裂・対立の危機はなくなったわけではなく、近い将来、大きな変動が起こる可能性があります。

その意味でも西洋と東洋の結節点であるドイツは、重要なカギを握る国です。かつてドイツは東西に分かれ、体制を異にし、冷戦構造の真っただ中にいました。その東西ドイツの対立は、ベルリンという都市の中でも西ベルリンと東ベルリンに分裂する形で現れていました。

この分裂は韓国と北朝鮮との関係に近いのですが、ソウルにはベルリンのように北朝鮮地域があるわけではありませんし、またピョンヤンが二つに分裂しているのでもありません。

国境がもたらす切迫感が希薄な島国日本にとって、冷戦はリアルな危機ではなく、イデオロギー的な不安

1961年8月13日のベルリンの壁の建設で、隣国の影響を人為的に断つ

まずそこを認識する必要があります。

その意味で日本は、かつてのドイツや韓国のように直接冷戦の相手国に直面しているわけではなかったのです。日本海が大きく大陸を隔てていたこともあり、冷戦はあくまでイデオロギーの部分が大きかったわけです。その分、ある意味での疑心暗鬼が横行し、逆に、リアルな経験がない分だけ、イデオロギーの中で恐れおののき、今でもおののいているわけです。

国境がもたらす切迫感の希薄さがそのことを象徴しています。陸続きの国では、隣国の変化をもろに受けます。国境近くの町であれば、二つや三つ外国に面している場合がざらです。例えばスイスのバーゼルは、国境を挟んでフランス、ドイツと接していますが、そういう場所では、国境を超えて自由に行き来できるかどうかは別として、すぐに隣国の変化の影響を被ります。自由に行き来できる場合、所得格差や物価の高騰などが人々の生活に大きな影響をもたらしますが、結果として、それが両国を均衡へと向かわせることになります。つまり、隣国・隣接地域同士が所得や物価レベルで近づくのです。しかし、これを人為的に阻止すればどうなるか。そうすると人々の不満が高まります。

冷戦構造というのは、まさにこうした意味での交流の人為的阻止だったのです。１９６１年8月13日のベルリンの壁の建設はまさにその典型で、ベルリンの米英仏ソに分割された地域に壁を築くことは、隣国の影響を断つということです。もちろん、西ドイツと東ドイツとの国境には、リューベックからホーフまで１３００キロメートルにわたる国境という壁がありました。

しかし、こうした人為的な壁は簡単に崩れるわけではありません。ではなぜベルリンの壁の崩壊は起きたのでしょうか。このことこそ、現在の冷戦以後の世界を理解する重要なモメントです。現在の歴史は、まさにベルリンの壁の崩壊から始まっていると言ってよいのです。

日本が冷戦構造の変化に対応できず、衰退と停滞の中にいると序章で述べました。これから、ドイツがなぜ衰退を避けることができたのか、また東西統一は西ドイツの強引な吸収であったという話をしていきます。まさに冷戦を強引に終わらせたことがポイントですが、そこにはレーガン、コール、ゴルバチョフ、ミッテランという人物の問題だけでなく、東ドイツのホーネッカーの後を継いだ人々の政治力の欠如も付け加えなければなりません。このベルリンの壁の崩壊は巧妙に仕組まれたものであったこと、そしてそれは西

◆ベルリンの壁

ドイツとアメリカの合作であり、しかも東西ドイツの統一と同時に、東欧のＮＡＴＯ圏への吸収を行ない、ソ連に包囲網をかけ、そのソ連をも崩壊させることで、冷戦の原因である対立そのものを崩壊させたということも付け加えなければなりません。

そしてそれは、ヨーロッパ圏のアメリカからの独立を目論んだものであり、ドイツにとっては、ヨーロッパ圏の中心となり、米ロに対して優位に立つとともに、敗戦国からの真の脱却を果たすのが悲願でもありました。もちろん、それは独米、独仏、独ロなどの対立の不安を生み出しますが、ドイツはこれによってむしろ発展することができたのです。当初ドイツは、東西統一で巨大な赤字を背負い、ドイツ経済は衰退するであろうと言われていたのですが、逆に西欧と東欧の中心として発展していくことになりました。

日本がこうした変化を理解できず、相変わらず反中、反ロ、親米という戦後枠組みを維持して戦後の整理ができなかったのに対して、ドイツは少なくとも当面はそれを克服したのです。

当初ドイツは、東西統一で巨大な赤字を背負い、経済は衰退するであろうと言われていたが、逆に西欧と東欧の中心として発展していくことになった

レーガンとコールの密約

西ドイツは戦後、１９４９年の独立以後、マーシャルプランをはじめ、アメリカの支援を受けることによって戦後復興を遂げました。ドイツを占領していた英仏は、むしろドイツの復興を懸念していたのですが、アメリカは戦後すぐに始まった冷戦の前線基地として西ドイ

戦後のアデナウアー政権による親米政策から、1970年代のシュミットとブラント政権によるソ連・東欧への接近に政策が転換

ツを支援することで、西ドイツに対して大きな力を持ちました。1963年1月、フランス大統領のド・ゴールは、西ドイツのアデナウアー首相と仏独友好条約（エリゼ条約）を結び、西ドイツに対する不信の問題を解決していきます。

英仏が占領地区から撤退していく中で、米軍基地は西ドイツに残ります。それは冷戦下で原子爆弾の使用を含む戦争の脅威から保護できるのは、アメリカしかいなかったということもあります。と同時に、戦後長く西ドイツ首相をしていたアデナウアーが親米政権であり、その中でNATOが組織され（1949～）、東のコミンフォルム（1947～56）、ワルシャワ条約機構（1955～91）に対抗する組織が西ドイツの米軍基地を中心として機能していたからです。

しかし、1970年代に雪解けが始まり、ドイツ社会民主党のシュミットとブラントの政権（1969～82）の時代に、ソ連・東欧との接近が進み、アデナウアーの政策からの転換が進みます。しかしソ連のブレジネフは、西側からの技術や資金を導入する一方、ワルシャワ条約機構内で引き締めを行ないます。こうして再び東西対立が深まる機運が出てきます。決定的だったのが、ソ連による1980年代のミサイル配備、そしてNATOによるそれに対する防御です。こうしてシュミット政権は窮地に立たされ、西ドイツで初めてといわれるリコール運動で退陣に追い込まれます。その次に出てきたのが、ヘルムート・コールですが、彼は単独では政権を維持できず、自由民主党のゲンシャーと組み、キリスト教民主同盟が政権を奪取します。

ソ連・東欧嫌いの米レーガン政権に従属しつつ、ひそかに東西ドイツの統一を狙う独コール政権

コールはある意味でレーガンと似た政治家でした。彼は自らの直属のキャビネットを閣僚とは別に持ち、そこで即決していく政治手法を採ります（Roman Möhlmann, *Helmut Kohls Politik der Wiedervereinigung in den Jahren, 1989/1990*, Grin Verlag, 2005）。コールは、西ドイツの体制を再びアメリカ寄りに戻すことになりますが、それはレーガン政権の徹底したソ連・東欧嫌いと呼応します。レーガン政権は、ターゲットをソ連・東欧に絞り、あらゆる策略をめぐらせました。秘密外交政策、技術的戦略、資源作戦、宇宙戦争など、明らかにソ連崩壊を狙った作戦を立てました。その一つが、金融による高利作戦だったわけです（レーガノミクス）。ポーランドの連帯（ソリダノスチ）運動への財政支援、アフガニスタンの反政府勢力への支援、石油価格を下げることで原料輸出に圧力をかけること、ソビエト指導部への心理作戦、ハイテク技術の輸出の禁止、偽情報作戦などですが、これが80年代のソ連経済を衰退させていく外的要因です（Peter Schwize, *Victory: The Reagan Administration's Secret Strategy that hastend the collapse of the Soviet Union*, Lume Booj, 2016）。

コールは、早速レーガン詣《もう》でを実施します。そこで本章の冒頭に引用している言葉が出てきます。これは戦後日本の安保政策と同じで、アメリカに従属することで、西ドイツの地の利を生かそうというものでした。レーガンは、シュミットに比べアメリカになついてくるコールを利用することになります。もちろんコールには別の野心、すなわち東西ドイツの統一という野心がありました。

この統一という野心は、フランスのミッテランが進めていたＥＵという発想とも深く関係

ドイツの拡大を恐れる英仏の反対を封じて東西ドイツの統一を成し遂げるためには、EUが不可欠

しています。EUがなければ、東西ドイツの統一など、英仏が反対するに決まっています。英仏にとっては、ドイツの拡大ほど恐れるものはないからです。二つの大戦による英仏のトラウマは、英仏に戦後ドイツを弱体のままに置くという作戦を採らせていました。西ドイツだけでも強国になっているのに、さらに東と統一するなど考えられませんでした。1970年代、80年代を通して、西ドイツの通貨マルクだけが好調で、西ドイツ経済はすでにヨーロッパの中心になっていたのです。その意味で、英仏を含めほかのヨーロッパ諸国はドイツに足かせをはめる必要があったのです。それがEU拡大構想です。

レーガンによるソ連・東欧への圧力、英仏によるEUの安定という二つの流れの中で、コールの野心が進みます。コールは、『私はドイツ統一を望んでいた』(*Ich wollte Detuschlands Einheit: Dargestellt von Karl Deikmann und Ralf Georg Reuth*, Ullstein Taschenbuch, 2010) という書物でも述べて

1984

対米従属と東西ドイツ統一の野心

1984年11月3日、米ホワイトハウスのローズガーデンで報道陣に挨拶するドイツ連邦共和国のヘルムート・コール首相（左）とロナルド・レーガン米大統領（右）[White House Photographic Collection, 1/20/1981 - 1/20/1989]

いるように、彼はベルリンの壁が崩れる前から、西ドイツによる東ドイツの吸収統一を考えていたということです。

東ドイツは長い期間、ホーネッカーが書記長を務めていましたが、1988年10月にドイツ建国40周年祝典を最後に失墜します。西ドイツも東ドイツも戦後のこの間、国家の代表はそう変わっていません。東ドイツはウルブリヒトとホーネッカー、西ドイツは、アデナウアー、エアハルト、キージンガー、ブラント、シュミット、コールしかいません。こうした伝統はその後も続き、コールの後は社会民主党のシュレーダー、そしてその後メルケル（キリスト教民主同盟）と、この30年間で二人しかいません。日本の30年間を振り返ると、あまりにも首相の数が多すぎて思い出せないくらいです（戦後の首相は36人、1987年の竹下登以後は、19人の首相が出ています）。東西ドイツ統一という勲章を得たコールは、1982年から1998年まで16年間、首相の座に君臨します。

◆東西ドイツおよび日本の歴代政治指導者

	日本の首相	西ドイツ（BRD）の首相	東ドイツ（DDR）の最高指導者
1945	東久邇宮稔彦王／幣原喜重郎		W・ピーク&O・グローテヴォール（ドイツ社会主義統一党議長）
46	吉田茂		
47	片山哲		
48	芦田均／吉田茂		
49		K・アデナウアー	
1950			W・ウルブリヒト
51			
52			
53			（中央委員会第一書記に変更）
54	鳩山一郎		
55			

56	石橋湛山		
57	岸信介		
58			
59			
1960	池田勇人		
61			
62			
63		L・エアハルト	
64	佐藤栄作		
65			
66		K・G・キージンガー	
67			
68			
69		W・ブラント	
1970			
71			E・ホーネッカー
72	田中角栄		
73			
74	三木武夫	H・シュミット	
75			
76	福田赳夫		（中央委員会書記長に変更）
77			
78	大平正芳		
79			
1980	鈴木善幸		
81			
82	中曽根康弘	H・コール	
83			
84			
85			
86			
87	竹下登		
88			
89	宇野宗佑／海部俊樹		E・クレンツ
1990			L・デメジエール

91	宮澤喜一		（消滅）
92			
93	細川護煕		
94	羽田孜／村山富市		
95			
96	橋本龍太郎		
97			
98	小渕恵三	G・シュレーダー	
99			
2000	森喜朗		
01	小泉純一郎		
02			
03			
04			
05		A・メルケル	
06	安倍晋三		
07	福田康夫		
08	麻生太郎		
09	鳩山由紀夫		
2010	菅直人		
11	野田佳彦		
12	安倍晋三		
13			
14			
15			
16			
17			
18			
19			
2020	菅義偉		
21	岸田文雄	O・ショルツ	
22			
23			
24			

東ドイツから見たベルリンの壁崩壊

ベルリンの壁崩壊は、西側からすれば、まさにしてやったりの勝利ですが、東からはどう見えたのでしょうか。また東ドイツの国民は、西ドイツに吸収されることを望んでいたのでしょうか。コールは、ハンガリー経由による東ドイツ人の亡命を促進するために、まず東ドイツ国民の西ドイツ滞在を認め、さらにはハンガリーと交渉して、ハンガリーに援助する約束で東ドイツ人のオーストリアへの移動を促進しました。やがて東ドイツがチェコへの流出を禁止した後、ポーランド経由が認められました。こうした東ドイツからの亡命への一連の処置は、コールとアメリカによってもたらされたと言えるかもしれません。

ベルリンの壁の崩壊を目的としたCIAなどの策略は、ウクライナのマイダン広場でのCIAの仕掛け（182ページおよび350ページ参照）同様に存在したのでしょうが、実際には東ドイツはすでにこの壁を維持する能力を失っていました。だからこそ、冒頭の引用にあるように、ゴルバチョフは、制度改革が遅れている国にはそれなりの報いがあると述べたのです。また、ソ連もやがて同じ報いを受けますが。

東ドイツの市民は、全体主義的な独裁体制を望んではいませんでしたが、かといって資本主義体制を望んでいたわけでもありません。東ドイツの新しい政府は、その当時の動きを民主化とエコロジーを基礎とした新しい国造りの運動であったと述べています。体制が崩壊し、大混乱を期待したわけではなかったわけです。

東ドイツの市民は、全体主義的な独裁体制を望んではいなかったが、かといって資本主義体制を望んでいたわけでもなかった

東ドイツの政権は制御能力を失い、ドイツ統一労働者党はその後、後退し、総選挙ではキリスト教民主同盟のロタール・デメジエールが暫定首相に選ばれます。彼の眼から、1990年10月に至る流れを見てみましょう。

デメジエールは、もともと東ドイツのキリスト教民主同盟に属していました。東ドイツは一党支配ではなく、国民民主党、キリスト教民主同盟、自由民主党などの弱小政党が存在していました。とくに教会を中心とした組織には、アンゲラ・メルケル（ちなみに、メルケルはこのデメジエール首相の補佐をしていました。ソ連に関しては彼女のロシア語能力を高く買っていたのです）をはじめとするメンバーが入っていて、ベルリンの壁崩壊は、こうした弱小政党のメンバーを前面に押し出します。

デメジエールは、ドイツが統一されるまでの首相ですが、彼に残された課題は、東ドイツを国家としてどう存続させるかでした。コールと違って多くの東ドイツ人は、この国家は存続すべきだと考えていました。

1990
東ドイツに残された道

1990年8月、全ドイツ選挙への支持を表明する東ドイツ最後の首相（閣僚会議議長）ロタール・デメジエール（左）。右は当時副報道官だったアンゲラ・メルケル［ドイツ連邦公文書館、Allgemeiner Deutscher Nachrichtendienst - Zentralbild (Bild 183), 1990］

ソ連は西ドイツからの財政支援を、アメリカはNATOの領域拡大を、英仏はEUの拡大をそれぞれ望み、結果、東ドイツという国家が消滅

まず経済的に見ると、ソ連・東欧に対して経済力を持っており、ワルシャワ条約機構のメンバーであり、しかも背後にはソ連軍が控えている。そもそも西ドイツとは経済制度や政治制度が違うのだから、東ドイツは存続するべきだと考えていました。

しかし、次第に現実的な面での厳しい状況に直面します。まずソ連が東ドイツと西ドイツの統一を認めてもいいと考えたのです。その代わり、西ドイツがソ連にどれほど財政支援できるかという問題が浮上します。アメリカは、NATOの領域拡大を望み、フランスやイギリスはドイツの拡大を恐れながらも、EUの拡大を望んでいるため、徐々に外堀が埋められていきます。そして通貨統合という経済政策へと進みます。西ドイツマルクに東ドイツマルクが吸収されて自国通貨を失った東ドイツは、経済政策を打ち出せなくなりました。さらに西側市場での東ドイツ商品の価値はないわけで、この時点でほとんど東西の勝負は決まりました。

この統合は、ある意味でEUとアメリカ、そしてソ連の利益が一致したから実現しました。人々の主義主張以上に、トップによる統一への合意が重要な意味を持ちました。ブッシュ（シニア）とゴルバチョフはマルタ島で会談し、統一は避けられないものとなります。こうして、40年続いた東ドイツは消滅し、最後にはユーゴスラヴィアに至る東欧の社会主義体制の崩壊というドミノ現象が起こります。

こうして冷戦は崩壊していきました。しかし、それは決してすっきりと進んだわけではありません。むしろ、東欧諸国がEUに随時入っていく21世紀となり、次第にEUはロシア、

トルコなどEU外の大国との軋轢を抱えつつ、EUに入りそびれている東欧諸国との複雑な関わりを解消できないまま、いまだに不安定な状態にあります。

ただ、決定的なことは、ひとまず社会主義対資本主義という東西対立の冷戦はなくなったということです。対立の焦点は、国家間や民族間の対立に移りました。

ヨーロッパ統合と冷戦の終結

冷戦の終結は、日本にも大きな影響をもたらしました。1980年代、鄧小平の政策によって、日中関係は冷戦を乗り越えていました。1970年代のニクソン、田中角栄の中国訪問によって、アジアでは冷戦下においても中国が例外的存在になっていきます。ソ連と北朝鮮のみが、冷戦の砦として残されたわけですが、1991年のソ連崩壊は決定的で、〝第三世界〟を除き、もはや北朝鮮以外には社会主義国は存在しなくなったのです。

1970年代のニクソン、田中角栄の中国訪問、1980年代の鄧小平の政策によって、日中関係は好転し、冷戦下においても中国は例外的存在に

その後、日本はむしろ冷戦の延長を望みます。日米安保、アメリカへの従属とその見返りとしての利益供与という戦後の発想を変えることなく、つねに潜在的に中国、ロシアを仮想敵国にすることで、この関係を延長することになります。アメリカも、この愚かな日本をロシア、中国、北朝鮮脅威論を煽ることで支援します。

ドイツは冷戦時代の発想から完全に脱却しました。これはEUによってもたらされたものです。東西ドイツ統一のヨーロッパにおける懸念は、ドイツが強国になることでしたが、そ

アメリカの家僕として旧社会主義国を仮想敵国とすることで、アジア市場とアジアの友人を失い、次第に経済力を削がれていく日本と、それとは対照的に、国家としてアメリカと対等な関係を築くドイツ

れはＥＵの一員になることで回避されます。ミッテランとコールは、ＥＵを進めることで、統一ドイツの脅威を払拭していきます。そうすることで、ドイツはアメリカ以上にヨーロッパに承認され、他のヨーロッパ諸国との信頼関係を築くことになります。

残された最大の問題はＥＵ軍の創設ですが、それは実現していません。２０１９年、フランスのマクロン大統領がアメリカのトランプ大統領に対してＥＵ軍の創設を提唱していますが、実際、ＥＵはほぼまるごとＮＡＴＯに加盟しています。もちろんＮＡＴＯの中でＥＵはアメリカに対して一つの結束した組織であり、アメリカの命令通りにはなりません。２００３年のイラク戦争などにおいて、ＥＵの足並みが乱れたこと、またＥＵの戦略にとってロシア・東欧、中国との関係が重要になったことも大きな変化です。冷戦によって閉ざされていた市場、ロシア・東欧・中国市場が開かれ、その最大の利益を享受したのがドイツであるとすれば、ロシアはドイツの敵ではありません。そうなると、ドイツの経済的拡大が始まり、ドイツとアメリカとの関係はぎくしゃくすることになります。

ドイツは、ＥＵ域内で市場を拡大し、ＥＵでのイニシアチブを取ることで外交上の主導権を握り、国際的舞台で大きな存在になっていきます。しかし、日本は、相変わらず冷戦思考を引きずり、アメリカへの盲信と旧社会主義国を仮想敵国とすることで、アジア市場とアジアの友人を失い、次第に経済力を削がれていきます。これがまさに、ソ連・東欧の崩壊以後のドイツと日本に対するアメリカの政策に明確に表れていきます。日本は、アメリカの家僕のままであるのに対し、ドイツは国家としてアメリカと対等な関係を築きます。高度成長、

つまり冷戦時代まではよかった日本経済がその後衰退する一方であるのに対し、ドイツは堅調に成長するという状況が出現します。

日本は冷戦崩壊以前の状態にあり、ドルベースでのGDPは、冷戦崩壊以後ほとんど成長していません。冷戦崩壊によってグローバル化する近隣諸国との友情関係も築けていないのです。アジアでの孤独とアメリカへの屈従が、日本のただ一つのスタンスです。日本はその意味で、冷戦後にまるで「冷戦以前の亡霊」として存在し続けています。東京オリンピック、万国博覧会など冷戦時代の〝成功体験〟に酔いながら、昔を懐かしみ続けているという状況でしょうか。

日本は東京オリンピック、万国博覧会など冷戦時代の〝成功体験〟に酔いながら、昔を懐かしみ続けている

追記

1990年9月、私は統一直前のドイツにいました。記憶の中の印象では、ドイツ統一は、前年のベルリンの壁崩壊の時のような感動をもはや生み出していませんでした。その後、1993年1月に旧東ドイツを訪れました。メルゼブルクというハレの近くの町に数日いたのですが、そこで見たものは、真新しいバスと電話ボックスでした。インフラ設備と称してコールが旧東ドイツに送ったものはそれだけでした。町の雰囲気は相変わらずで、人々の気持ちも沈んでいるようでした（民宿に宿泊していたのでわかります）。東西統一の急激な展開がもたらした反動ですが、東ドイツには予想したような繁栄は生まれなかったのです。いや、ド

東西統一でも東ドイツには予想したような繁栄は生まれず、ドイツはいまだに東西に分裂している

イツ全体が統一の負の遺産の処理で数年間成長しなかったのです。ちょうどそのころ、東ドイツ時代にベトナムから来たベトナム人労働者が、ネオナチのスキンヘッドに攻撃されるという事件が起こり、西ドイツ側ではトルコ人に対する人種差別攻撃が同じように起こっていました。私はアジア人ですから、滞在していたのは田舎の町とはいえ、夜に外出するときは注意しながら歩いたものです。経済的不満が弱い人種に向けられるというのは、コロナ禍で起こったアメリカでのアジア人への暴力と似ています。1995年の春にベルリンに行きましたが、そのときはすでに大きく変わっていました。しかし、その後も何度か東ドイツ地域を訪ねていますが、東西が分裂しているという印象は拭えませんでした。

第2章 ヨーロッパ連合

冷戦構造下で生き残るための
西欧の結束として出発したEUだが、
ベルリンの壁崩壊後に東欧が入ってくると、
新しい理念が必要になっていった。

1953年12月9日、欧州石炭鉄鋼共同体の最高機関（後の欧州委員会）の初代委員長を務めたジャン・モネ（1888-1979、左）が、委員長就任時の外遊でボンの西ドイツ首相コンラート・アデナウアー（右）と会見した［ロルフ・ウンターベルク／ドイツ連邦公文書館, 1953］

「北方ヨーロッパと中央ヨーロッパからの民族の移住を、フランス人は「大侵入」とよび、ドイツ人は「民族大移動」とよびました。ヨーロッパ人が自分たちの歴史についていつも意見を同じにするとはかぎらないのがわかります。事実、移住民族の大部分は同じ民族集団であるゲルマン人、すなわちドイツ人の祖先に属し、〔侵入された側の〕ガリア人はフランス人の祖先に属していたからです」（ジャック・ル・ゴフ『子どもたちに語るヨーロッパ史』前田耕作監訳、ちくま学芸文庫、２００９年、52ページ）

「この国は自ら進んでドイツに隷属するようになったという事実を相変わらず認めない。これは必然的なことだと言わなくちゃならない。なにしろ、いま言ったことを認めるには、フランスはまずドイツが擡頭したという事実と、フランスがドイツを制御できるレベルにないという事実とを完全に認めなければならないのだから」（エマニュエル・トッド『「ドイツ帝国」が世界を破滅させる』堀茂樹訳、文春新書、２０１５年、28ページ）

「１９６０年代の末まで子供たちに教えてきたこうした歴史（国民の歴史）、この歴史はフランソワ・フュレのまわりの新しい歴史学によって、個人、人権、そしてナショナリズムに敵対するという名のもとに、すこしずつ排除されていったのである」（Eric Zemour, *Le Suicide Français*, Albin Michel, 2014, p.319.）

戦争と条約のヨーロッパ史――はじめに

ベルリンの壁の崩壊、東欧社会主義の崩壊、そしてソ連の崩壊という激動の時代の中で、もう一つの大きな出来事は、ヨーロッパ連合（ＥＵ）の成立でした。ＥＵは、ソ連・東欧のワルシャワ条約機構やコミンフォルムに対抗する形で進展していきました。その意味で、ソ連・東欧の崩壊は、ＥＵの在り方そのものにも大きく影を落とすことになります。

そもそもヨーロッパは、戦争を繰り返してきました。その理由は、人口密度が高く、面積が小さいということ、そして気候があまりよくないということです。歴史的に収奪と殺戮が繰り返されてきました。

それゆえに、国際法というものが発展する下地ができたことも確かです。大きな帝国が支配した地域は、その支配のもとで相対的に均衡が保たれていたのですが、小さく分かれた地域では群雄割拠とならざるを得ず、万人の万人による闘争といった状態が起こります。それを避けるためにフーゴー・グロティウス（１５８３～１６４５）などによって国際法という枠組みがつくられていきます。

こうした対立を避けるには統一ヨーロッパが実現すればいいのですが、そもそもローマ帝国が分裂し、４世紀に東西に分かれたとき、西ローマは民族大移動の中で崩壊し、分裂していきます。そのときすでに、フランスの歴史家ジャック・ル・ゴフが語るように、後の国民同士の対立に至る要因が生まれていました。つまり、ヨーロッパの歴史を知るには、それぞれの歴史書を比較しなければならないほど、各国民の歴史認識が対立していったわけです。

神聖ローマ帝国初代皇帝のカール大帝（シャルルマーニュ、742～814）が再統一を図りますが、長く続かず、神聖ローマという教会支配は形骸化し、次第に小さな地域に分裂し、イギリスやフランスが国家として独立していきます。これがある意味でヨーロッパの歴史の不安定さをもたらし、戦争が何度も起こり、そのたびに条約が生まれ、これがまた破られる。その繰り返しでした。

19世紀の前半にフランスのナポレオンがこの対立を乗り越えるべくヨーロッパを統合しますが、結果的に1814年に崩壊し、ウィーン条約が生まれます。ウィーン条約の結果、再び分裂が起きます。そして国民国家が誕生していきます。こうして国民国家が誕生し、1919年ヴェルサイユ条約の中で国家の民族自決権としてヨーロッパ全土へと拡大していきます。その後ナチスが出現して、ヨーロッパを支配します。ナチスドイツがナポレオン同様にヨーロッパ連合をつくった（第三帝国ですが）という主張もありますが、これは暴論でしょう。

ヨーロッパの歴史は、統合の歴史ではなく、分裂の歴史であった

少なくともヨーロッパの歴史は、統合の歴史ではなく、分裂の歴史であったといえます。その最終結果が、第二次大戦となったのです。第二次大戦で国家間の関係が悪化し、それが国民相互の憎悪と殺戮の嵐をもたらしました。第二次大戦後、そうした結果をいかに乗り越えるかということが問題となっていったわけです。

EUに至る歴史

以上がEUの前史を形成しています。２０１７年の冬に1か月ほどパリ13大学の招聘教授としてパリに滞在していたとき、私のアパートの近くに教会があり、ふと教会の横の建物の銘板が目につきました。そこには「この家でジャン・モネがフランスの再建とヨーロッパの建設を準備した」と記されていました。すぐ近くに国民議会があるので、こういう人物が住んでいたというのは当然ですが、モネが１９４６年から52年にかけて、ヨーロッパ統合の計画を立てていたというのはいささか興味深い話でした。

ジャン・モネ（１８８８～１９７９）とはいかなる人物か。ヨーロッパ統合といえば、すぐに出て来る名前がロベール・シューマン（１８８６～１９６３）です。ドイツとフランスの血を継ぐルクセンブルク出身のシューマンが、戦後の混乱の中でヨーロッパ統合を計画しました。その最初の試みが石炭と鉄鋼の共同体（後の欧州

ロベール・シューマン
1886 ～ 1963 年。ルクセンブルク生まれ、ドイツ系のフランス人政治家。欧州連合の父の一人［Reino Loppinen / Lehtikuva, 1953/4/10］

ジャン・モネ
1888～1979 年。フランスの実業家、政治家。欧州連合の父の一人［Keystone France, 1952/8/21］

ジャン・モネはヨーロッパの経済共同体だけではなく、政治・防衛も含む〝ヨーロッパ合衆国〟構想を描いていた

石炭鉄鋼共同体）の創設でした。これにジャン・モネも参画し、これがその後のヨーロッパの政治・経済の共同体の実現へ向けた第一歩となるのです。モネは経済共同体だけではなく、政治・防衛も含む共同体を考え、〝ヨーロッパ合衆国〟という構想を描いていました。

確かに最初は、経済復興のための燃料や鉄の確保が最重要課題でしたが、経済を越えた政治的枠組みの問題も議論されていきました。1951年4月にこの石炭・鉄鋼共同体の設立が決まったのですが、実は最大の課題は防衛にあったわけです。

1946年、戦後すぐに冷戦が始まり、1949年までには東欧地域が社会主義圏＝ソ連圏となる中で、西側は復興のためのマーシャル・プランと北大西洋条約機構（NATO）が導入・創設されます。

そうした中で、アメリカ軍が東西対立の防波堤の役割を担うものとして存在したことも確かです。しかし、当初はアメリカ軍ではなく、ヨーロッパ軍による防衛という議論がなされていました。そしてヨーロッパ防衛共同体という構想は、ルクセンブルク、オランダ、西ドイツ、イタリアなども批准したのですが、これを破ったのがフランスでした。当時フランスの首相は、ピエール・マンデス＝フランス（1907〜82、在任：1954〜55）でした。なぜマンデス＝フランスが反対したのかといえば、西ドイツの力が増大することを懸念したからです。こうして西ドイツはNATOに入り、NATOがヨーロッパの防衛をつかさどるという形になります。

先の経済共同体はその後、ヨーロッパ共同体（EU）として発展することになりますが、

1970年代、西欧をスタグフレーションが襲った際に、通貨安定のための単一通貨の議論が起こり、またデタント（融和政策＝雪解け）によって、西欧がアメリカから独立する可能性が出てきた

しかし1970年代に西欧を襲ったスタグフレーションとデタント（融和政策＝雪解け）によって大きく変容していきます。まず通貨安定のための単一通貨の議論が起こったこと、そして雪解けによるヨーロッパのアメリカからの独立の可能性が出てきたことです（1971年にヨーロッパ中央銀行と単一通貨の議論が始まります。そして1974年にヨーロッパ統一会議が始まります）。

ヨーロッパの行く手を阻んでいたのは、良きにつけ悪しきにつけ冷戦構造でした。冷戦が、アメリカが西欧に深く介入していく口実となります。ヨーロッパ諸国はソ連・東欧に対する守りという点で、ヨーロッパ内部の問題よりもアメリカとの関係を第一に考えざるを得なくなったということです。これはヨーロッパのアメリカに対する相対的地位の低下を意味していたわけです。

そこで、冷戦構造が弱体化し、経済が停滞することで、再びヨーロッパの統合の夢に賭けようとすることになります。しかし、現実には東西ドイツが存在し、東欧・ソ連が存在していたわけです。

1989年6～7月

ドイツとフランスは歴史的に微妙な関係にありました。フランスは、ある意味でドイツの東西分裂を喜んでいました。東西に分裂すれば、過去に二度にわたって挑まれたドイツのフランス侵略の野望を以降は断つことができるということです。東西分裂後の西ドイツはフラ

ンスとほぼ同等の規模の国です。西ドイツにはオーストリアという同胞がいますが、そのオーストリアは小国であり、西ドイツと仲がいいわけではありません。

しかし、旧ドイツと旧オーストリアはその配下に東欧地域を抱えていました。ドイツにはチェコ、ポーランドが、オーストリアにはポーランド、スロバキア、スロヴェニア、クロアチア、ハンガリー、ルーマニアが控えます。こうした国々はすべて東欧圏にあり、西ドイツとの関係を直接には持ちません。当然ながら、これらの地域が西ヨーロッパの圏域に組み込まれるならば、ドイツの力は一気に高まり、EUはゲルマン圏によって支配されることになるはずです。

1993年11月1日にEUがスタートしたときは、当然ながら西ドイツがEUに加盟するというだけの問題だったわけです。フランスのドイツへの嫌悪は、エマニュエル・トッドが語っているように現実に存在しています（52ページの引用参照）。それは当然で、二つの大戦の際、ドイツ人によって多くの人々が殺戮されているからです。ドイツよりもイギリスや南欧諸国のほうが、フランス人にとって親しみが持てる。フランスにとってドイツの問題は、戦後処理の最大の問題だったのです。

しかしイギリスも、実際にはフランスと良好な関係を保っていたわけではありません。イギリスは、単なる一国ではなく、アングロサクソン圏という巨大な人口と面積を持つ連合国家です。ですから、フランスとイギリスの二国だけであれば対等ですが、アングロサクソン圏とでは対等ではない。ではスペインやイタリアはどうかといえば、フランスは歴史的にこ

フランスは、ヨーロッパの統合でドイツが再び強くなることを憂慮したが、アングロサクソン圏という巨大な人口と面積を持つ連合国家イギリスはこの不安から自由だった

の二つの国とは仲がよくない。それはドイツ、オランダ、オーストリアの関係に似ています。さらに、後者は経済的には深くつながっていますが、前者はそうではありません。なぜなら、イタリアもスペインもフランスと似た規模の国だからです。フランスはある意味孤独です。そこである時はイギリス、ある時はベネルクス（ベルギー、オランダ、ルクセンブルク）などと手を組むしかない。

１９８０年代に歴史は大きく変わりました。ソ連・東欧で民主化運動とペレストロイカが始まり、次第に東欧圏が崩壊する萌しが見えてきました。これはフランスをはじめとした西欧にとって、二重の問題を孕んでいました。ヨーロッパの統合を人類愛的に考えれば喜ばしいことである。しかし、そうなるとドイツが再び強くなり、パワー・バランスが崩れる。それはフランスならずともすべての国が憂慮するところです。イギリスだけはこの不安から自由でいられます。イギリスは、ＵＫＵＳＡ《ユークーサ》協定、別名ＦＩＶＥ ＥＹＥＳ（アメリカ、カナダ、オーストラリア、ニュージーランド、イギリス）によって兄弟国を持っているからです。

１９８９年６月、ゴルバチョフがボンのヘルムート・コールを訪ねます。その時のことをコールは次のように述べています。

「私にとって忘れられないのは、ゴルバチョフが１９８９年６月にボンを訪ね、ドイツ問題における硬直状態を乗り越えようとするに至ったことです。――ゴルバチョフは、「ドイツの二国化はおかしくない歴史の結果です」と繰り返した。しかし、私はライン川を指さして、こう言った。「川が海に流れるのが確かなように、ドイツ統一が来るこ

フランス革命200年祭のとき、フランス人は「フランス国民」から「ヨーロッパ人」「世界人」へと変化を遂げた（ゼムール『フランスの自殺』）

とも確かなことです」と」（Helmut Kohl, *Ich wollte Detuschlands Einheit*, Berlin Ullstein, 2010, S.I-II）

その1か月後、1989年7月14日、パリではフランス共和国記念式典、革命200年祭が催されます。この時、パリのラ・デファンスに凱旋門を真似て建てた高層建築グランダルシュで、サミットが開かれました。日本からはその後すぐに辞任することになる宇野宗佑（1922〜98）首相が出席し、ホストのミッテラン、アメリカのブッシュ（シニア）、イギリスのサッチャー、ドイツのコールが参加していました。フランス革命の人権宣言と中国の天安門事件（1989年4月15日〜6月4日）が最大の話題でした。式典では、フランス人権宣言と人類愛を謳った大きな機関車の山車が凱旋門をめぐりました。

フランスで2014年にベストセラーになった右派のエリック・ゼムールの『フランスの自殺』という書物では、当時を振り返って「そのとき歴史の見方が変わったのだ」と述べています。どのように変わったのか。それはフランス人という国民からヨーロッパ人、世界人へと、歴史認識の主体が変化を遂げたと言うのです。私は同年8月にフランスに行きました。パリでは、毎日革命の行事が凱旋門の前で行なわれていましたが、ある種のユーフォリアに酔っていたことは確か

エリック・ゼムール

1958年〜。フランスのアルジェリア系ユダヤ人のジャーナリスト、政治家。2014年に『フランスの自殺』を上梓して話題に。写真は2023年11月12日、反ユダヤ主義に反対する行進に参加するゼムール［Siren-Com, 2023］

です。この夏は妙に暑く、あちこちで山火事があり、電車が線路わきの火事で停まったことを覚えています。

フランスの歴史とは、当然ながらフランス国民の歴史であり、それは19世紀の歴史家エルネスト・ラヴィス（1842～1922）の教科書『フランス史　基本教程』に始まります。同書は、とりわけアルザス・ロレーヌ地方を普仏戦争で失ったとして、ドイツの非情さに対する怒りの中で書かれています。そうした歴史観は、ジャンヌ・ダルクやフランス革命やナポレオンについての記述にも生かされています。フランス革命は世界に人権を広めた革命であり、ナポレオンはヨーロッパにそれを普及させた人物であるというわけです。しかし、フランスの外から見たらこうした話は逆転します。フランス革命は不幸をもたらし、ナポレオンはヨーロッパを蹂躙《じゅうりん》・支配し、多くの若者を殺したと。

ゼムールが過激な発言で知られるジャーナリストであることを差し引く必要はありますが、彼はフランス人が国民の歴史を忘れ、世界史、すなわち人類愛の歴史へと流されてしまったと主張しています。彼は、元共産党の過激派から人権派に転向したフランソワ・フュレ（1927～97）のフランス革命修正主義をやり玉に挙げ、彼らはフランスの歴史をすべて相対化し、良きフランスの価値を破壊し、〝人類のためのフランス史〟に変えてしまったと述べます。フランス国民の歴史は、どうしてもナショナリズムに満ちています。このナショナリズムからすれば、他国に対する憎悪から逃れられません。

ゼムールは、フランス人の多くが世界のグローバル化と、人権による世界の平和に酔いし

フランス史は世界史に変わり、フランスという偉大な祖国を喪失し、人類史という名の一地域の民衆の歴史に堕落してしまった（ゼムール）

れたのだと言うのです。フランス史は世界史に変わってしまった。それとともに、フランスという偉大な祖国を喪失し、人類史という名の一地域の民衆の歴史に堕落してしまったと。

ゼムールの言っていることは、ＥＵがなぜヨーロッパ統合を可能にしたかという問題と関係しています。

ＥＵの実現

確かにＥＵは戦後ヨーロッパの悲願でもあったのですが、冷戦、ＮＡＴＯ、国家相互の憎悪などといった対立の構造の中で、その実現は困難を極めました。

ミッテランはドイツの巨大化を恐れていました。だからこそ、他のヨーロッパ諸国にドイツの統一を阻止するように働きかけました。しかし、そこに東欧の崩壊が起こったのです。

こうして東欧問題が西欧に降りかかってきます。もともと西欧と東欧は歴史的に明確な違いがありました。４世紀に崩壊したローマ帝国は東西に分かれ、東ローマ帝国はビザンチンを首都として、その後も帝国として残ります。この帝国がオスマントルコによって崩壊するのは１４５３年であり、それまでは正教会を中心として一つにまとまった帝国を形成していました。その影響を受けたのがバルカン諸国であり、ロシアです。やがてオスマントルコが侵入してきた後は、オーストリアとの攻防を繰り返しつつも、かなりの国が旧東ローマ帝国の中にいました。もちろん、東欧といってもバルト三国や、ポーランドからクロアチアまでは、オーストリアの地域にありましたので、カトリック文化圏に属しています。しかし、西欧であるオランダ、フランス、イギリスなどで起こった民主化などの動きは起こりませんでした。ヨーロッパの東の帝国、オスマントルコとして存在していたわけです。

フランスとドイツには、東欧の崩壊を処理する責任があります。1980年代まで12か国だったEUに東欧が入ってくると、冷戦構造における西欧の結束という問題には収まらなくなってしまいました。またフランスなどにとっては、ドイツを弱体化させるための共同体であるという認識も不要になりました。

多様な歴史を持った多様な国々を統合する概念=「ヨーロッパとは何か」という難題

そこで出現したのが、ヨーロッパ統合という新しい概念です。どういう理念でヨーロッパを統合するのか。まずはキリスト教ということになりますが、ヨーロッパにはユダヤ教徒もイスラム教徒もいる。そこで「ヨーロッパとは何か」という問題が問われることになります。多様な歴史を持った多様な国々が存在しますが、それを統一するのはどういう思想か。これは厄介な問題でした。市場圏の統一であるとか、単一通貨であるとか、軍事統一であるとか、政治統一であるとかといった問題の前に、何をもってヨーロッパとするかという問題が難題として立ち上がったのです。

この問題に大きな影響を与えたのが、1989年のフランス革命200年だったことは間違いありません。それは人権宣言に現れています。フランス人一国民の宣言ではなく、普遍的人間としての人権宣言です。具体的には、天安門事件に端を発する民主化問題として議論されたのですが、民主主義、個人の自由はヨーロッパ共通の理念となり、これらを共有する者がＥＵに参加できるとしたわけです。

しかし、東欧圏だけでなく、北欧も南欧もあらゆる地域がそれぞれに異なっています。それらをこうした理念で束ねるとどうなるかといえば、アメリカ合衆国のような〝世界国家〟となります。しかし現実には各国はそれぞれ、理念とは別に存在しているのです。

ＥＵはマーストリヒト条約、シェンゲン宣言を通じて、国境と通貨を廃止し、ヨーロッパ議会、ヨーロッパ裁判所、ヨーロッパ中央銀行などを設けていきます。最初は気心の知れた者同士の集まりが、ヨーロッパ人一般の集まりへと拡大するにつれて、さまざまな問題を引き起こします。

２００４年のヨーロッパ連合憲法（ＥＵ憲法）については、フランスが国民投票で拒否の意思を示しました。しかし、２００７年のリスボン宣言で、ＥＵ憲法の批准は国会の議決で承認するものとしてよいという条項を使って結局承認しましたが、各国民の不満はその後も続きます。２０００年代になって東欧諸国がどんどん加入することで、失業問題、移民問題が発生します。

ヨーロッパ議会は人口比で議員数が決まっています。もちろん最大の議員を送り込んでいるのはヨーロッパ最大の人口を持つドイツです。28か国で７５１名（現在イギリスが抜けて27か国、７２０名）、ドイツは96議席、フランスは76議席です。ＥＵ事務局は、議会とは別の官僚組織で、３万５０００人の官僚が本会議の置かれるフランスのストラスブールではなく、ブリュッセルで働いています。この行政組織を構成するのはヨーロッパ議会の議員ではなく、

ヨーロッパ議会は各国の人口比で決まっている議員が構成するが、EU事務局は各国の首長や大臣からなるため、EUは首長による連邦に近い

各国の首長や大臣たちです。その意味で、国家の首長に力があり、議会の力が弱いといえます。いわばEUは首長による連邦に近いのです。

EUは1992年のマーストリヒト条約でとりあえず船出しましたが、2008年のリーマンショックと2015年の移民騒動は、EUの欠陥を暴露してしまいました。人類愛によって移民をどこまで拡大してよいか、経済的に弱体した国家をどう救うか。こうした問題が噴出しているのが現在です。

第3章 新自由主義とグローバリゼーション

冷戦構造が無くなって不要になった保護主義に代わり、地球規模の新しい自由主義が再浮上した。

1983年9月29日、ホワイトハウスにロナルド・レーガン米大統領（左）を訪ねたマーガレット・サッチャー英首相（右）
[White House Photographic Office, 1983]

「いったい、イギリス人によって最もはやく政策的な貿易制度が形成され最もはなはだしく世界主義的原理が誤解されてきたというのに、それにもかかわらず、イギリス人に地上のあらゆる富とあらゆる勢力とがあたえられるべきだということをこんにち世界主義的論拠から承認するのは、このうえもなく不当であろう。自由貿易が自然に即した作用を持ちうるためには、まず後進諸国民が人為的な措置を用いて、イギリス国民が人為的に高められているのとおなじ発展の段階に高められなければならないであろう」（フリードリッヒ・リスト「政治経済学と世界主義経済学」『経済学の国民的体系』第11章、小林昇訳、岩波書店、2014年、195ページ）

「これらの制度（自由主義――引用者）は、大陸では、イギリスで支配的だった進化論的観念とはまったく異なった哲学的伝統の中で解釈された。すなわち、理性の原理による社会全体の意識的再建を主張した合理主義的ないし設計主義的見解によって解釈されたのである」（フリードリヒ・ハイエク『市場・知識・自由』田中真晴・田中秀夫編訳、ミネルヴァ書房、1986年、201ページ）

「それは、グローバリゼーションという言葉は、冷戦の終結によって生じた空白、また冷戦体制がつくり出した二極対立的な世界像（東／西、北／南）によって取り残されていた空白を埋めるものである、ということだ」（J＝C・リュアノ＝ボルバラン、S・アルマン『グ

ローバリゼーションの基礎知識』杉村昌昭訳、作品社、２００４年、16ページ）

オランダモデルはグローバル化の帰結――はじめに

財政赤字と高失業率で〝オランダ病〟とまでいわれたオランダが、新しい「オランダモデル」を構築し、高い経済成長を達成

私は、１９９５～96年までの1年間、社会史国際研究所の客員研究員としてアムステルダムに滞在しました。それまでにもオランダは何度か訪ねていたのですが、この1年間の生活は私にとって衝撃的でした。

かつて財政赤字と高失業率で〝オランダ病〟とまでいわれたオランダが、「オランダモデル」と呼ばれる新しいシステムを構築し、高い経済成長を達成していた時期でした（詳しくは長坂寿久『オランダモデル　制度疲労なき成熟社会』日本経済新聞社、２０００年）。10年前の１９８５年、アムステルダムでの学会に参加したときに見たオランダとは見違えるようになっていました。

たとえば銀行と郵便局です。私はアムステルダムに隣接するアムステルフェーンの、市電の最終駅がある町の真ん中に住んでいました。銀行や郵便局、スーパーマーケットなど商店がある利便性の高いバウテンプレインという場所でした。銀行に行くと、カウンターには行員が一人しかいません。そこで用件を言うと部屋に通されるのですが、振り込みなどはカウンターの外にあるボックスに勝手に入れます。円をギルダー（２００２年までのオランダの通貨）に交換するときには、必要な書類と円札をそのボックスに入れ、真空の装置で送る。そうするとすぐにギルダーが送り返されてきます。郵便局では郵便や振り込み以外にも、たとえば

免許の書き換え、市役所への届出、職業の紹介、引っ越し手続きなど、なんでもできる。

なぜこのようなワンストップのサービスを提供しているのかといえば、それはEU内でドイツとの激しい競争が始まったからです。当時、ギルダーはマルクと為替連動していました。オランダ政府は、弱いオランダの銀行を統廃合した結果、事実上、ING系とAMRO系の二つの銀行になっていました。郵便局は民営化され、1985年に利用したアムステルダムの中央郵便局はテナントビルにかわり、おしゃれな店が入っていました。

それまでは改革が遅々として進まず、〝オランダ病〟と揶揄されたオランダでしたが、EUの進展の中で改革せざるを得なくなったのです。オランダ人はドイツ人よりもイギリス人に似ています。きわめて合理的で、かつ民主的です。個人の見解を尊重する。つまり、法の支配は浸透しているのですが、それがあくまで個人の責任の上に成り立っている。

もちろん、問題もあります。オランダには旧植民地のインドネシアとスリナム（ギニア）から多くの移民が来ていて、人種差別もある。アムステルダムは人口の半分が外国人のインターナショナルな町であり、16～17世紀、ヨーロッパ各地で追放されたユダヤ人を多く受け容れました。オランダがきわめて商業的な国であることは、アムステルダムが首都であり、議会や王、女王のいるハーグではないことに表れています。

そうした経緯はあれ、オランダの金融機関や郵便制度の変化はEU創設の一つの結果ですが、それ以上に1980年代から推し進められてきた自由化、グローバル化の流れを受けたものであったのです。

グローバリゼーションとは何か

国民国家時代の終わりを意味する「グローバリゼーション」という言葉

グローバリゼーションという言葉は、1980年代に盛んに話題になりました。冒頭の三つめの引用にあるように、それが最も明確な形で出現したのは、冷戦崩壊の後でした。社会主義圏と資本主義圏の対立がなくなった後、その空白を埋めるように、これからはグローバルな時代だという言説がもてはやされていきます。

グローバルということは地球化という意味ですが、丸い地球が一つになってきたということを示し、それまでのように社会主義圏、南の後進国圏、はたまた植民地というものがすべて姿を消し、一括して世界市場が出現したことを説明する言葉でした。

長い間、我々は国民国家という枠の中に暮らしていました。もちろんこの国民国家も16世紀に西欧で始まったものが、1815年のウィーン条約、1919年のヴェルサイユ条約によって次第に世界中に定着したものであり、それほど古い概念ではありません。19～20世紀は大方この国民国家の成立の時代で、それが終わり、新しい時代が始まりました。それを意味するのが、グローバリゼーションという言葉でした。

戦後、アジア・アフリカの植民地が独立国、すなわち国民国家となり、200あまりの国家ができ、それを束ねる形で国際連合が形成されました。戦後世界は、多数の国民国家によって形成され、それぞれの国民国家の中で一つの世界が営まれ、それを集めて〝世界史〟が構

グローバルな商業取引が進むと、国際法が次第に国内の商法に優越するようになり、次第に国家の規制が取り払われる〝構造改革〟が進んだ

成されていたのですが、国民国家を超える新たな動き（グローバリゼーション）が出てきたことで、戦後のさまざまな制度が機能不全を起こし始めたのです。

一つの国家の中にそれぞれ憲法や法律があり、それらがその国民を縛り、保護してきました。いや、ときには圧政で国民を苦しめてきました。ところが、それを乗り越える新しい第三の勢力が出現したのです。

グローバル化というのは経済の問題です。後でアダム・スミスやフリードリヒ・リストといった経済学者の議論を取り上げますが、商業取引によって世界が均一化していくという現象です。

商業取引には、国内の商法と海外取引の国際法と、法律が二つ存在しているのですが、国際法が次第に国内の商法に優越するようになったのです。それは当然で、企業が大きくなればなるほど、海外輸出が増加します。そうするとこうした企業は国際法に準じなければならなくなります。また海外で資本調達、工場建設、労働者の確保を行なうようになると、一つの企業の中で別々の制度では困ることになります。そこで、次第に国家の規制が取り払われていきます。それが〝構造改革〟と言われるもので、それまでの国内で完結していた法律を、国際的観点から変えざるを得なくなります。もっとも、大企業といえども国家を背景に持つ以上、グローバル企業を多く抱える国、具体的にはアメリカの法律がデファクトスタンダードとして世界化します。アメリカが自国の法律を世界に流布しようとするのは当然です。もっといわゆるグローバル化とアメリカ化という現象が、世界各地で同時に進行します。もっと

広く言えば、アメリカ的アングロサクソンの法律がどんどん、ほかの国々の法律を壊していく。それは、アングロサクソンの言語である英語を国際語にしていく過程であり、彼らの通貨ドルを世界通貨にしていく過程です。

グローバル化とアメリカ化という現象が世界各地で同時に進行

自由主義

東側対策として、日本とドイツはアメリカから経済の面でも保護主義が承認されていたが、冷戦の崩壊で保護が不要になった

しかし、当然ながらほかの国家はそれに抵抗しようとします。冷戦下では、国家の存在が重要でした。とりわけソ連・中国・東欧に接する西側の国家には、アメリカも配慮していました。その意味で日本とドイツはアメリカの軍事的保護と同時に、経済的保護があったわけです。そのことによって、保護主義が承認されていました。

ドイツはアメリカによる経済的保護からＥＵへの参加へ切り替えたが、日本は相変わらずアメリカの保護下の道を進んだ

しかし冷戦が崩壊すると同時に、それが不要になってきます。ヨーロッパではそれがＥＵとなって消滅し、日本ではアジアや世界への全方位外交が取って代わるはずだったのですが、日本はそれに失敗し、相変わらずアメリカの保護下の道を進みました。それによって日本は、グローバル化から取り残されます。アメリカも安保条約を維持する都合上、日本をグローバルで過酷な戦場に送り出すことはできないと考え、日本を保護下に置くとともに拘束します。その構造が日米地位協定や安保条約などの日本のアメリカ側への配慮となりますが、日本はその利益をかすめとることに奔走することになります。だから日本では独自のグローバルな基準が少しも育たなかったのです。ＩＴ化、教育の国際化、企業の競争、政治の国際性など

など、まるですべてが冷戦時代のまま取り残され、鎖国下の江戸時代のようになってしまったのです。

もともとこういうグローバル化の議論を支えたのが、新自由主義という発想でした。本来の自由主義という言葉には実は深い歴史があり、国家を自由に開放することを意味しているわけではありません。しかし、資本主義の必然性が自由にあることは間違いありません。資本が利潤を得るためには市場が必要です。その市場は大きければ大きいほどいい。まず小さな局地的市場圏で始まった資本主義が、やがて国家という市場を支配していきます。国民国家は、資本主義を発展させるにあたって、本源的蓄積を進めるための最適規模の市場圏であったわけです。イギリスやフランスを見ればわかりますが、両国の市場圏は、ほかの国に対して保護主義を採り、国内で資本が蓄積され、海外に進出できるようになるまでその蓄積は続きます。イギリスのような先発の資本主義圏は、たちまち一国内の市場圏を乗り越え、ヨーロッパ、そして世界へと羽ばたいていきます。

こうしてイギリスは、自国の保護主義をやめると同時に、海外諸国の保護主義を撤廃させようと自由主義貿易を要求していきます。その旗振り役を果たしたのがアダム・スミス（1723～90）です。一方、これを迎え撃つ資本主義が未発展の国は、イギリスに食い物にされないように、保護主義を採ります。その考えを主張したのが、ドイツのフリードリヒ・リスト（1789～1846）です。

自由主義は資本主義の必然的論理であり、地球全体の市場を目指すというのは当然のこと

自由主義貿易を要求するイギリスの旗振り役がアダム・スミスに対し、ドイツのフリードリヒ・リストは、資本主義が未発展の国は、イギリスに食い物にされないように保護主義を採るべきと主張

資本主義がもとから世界資本主義としてしか成り立たない以上、最初は一国内での労働者階級と資本家階級との対立だったものが、地球規模での支配する側とされる側の対立に波及する（マルクス）

です。このプロセスをうまく説明しているのがマルクスです。資本主義が世界を均一化し、世界を支配するようになると、支配する側とされる側の対立が地球規模で起こります。最初は国内でその現象が起こりますが、それがイギリスにおける労働者階級と資本家階級との対立でした。しかし、これは世界市場に波及します。資本主義はもとから世界資本主義としてしか成り立たないというのです。

自由主義とは何か

自由主義＝リベラリズムは、ヨーロッパでは二つの流れがあると自由主義の旗手フリードリヒ・ハイエクは語ります。そもそも自由主義は、イギリスでは個人主義としての自由主義でした。個人の自由とそれを侵害しないこと、これがイギリスを支えたものです。先にオランダ人がイギリス人に近いといったのは、この意味です。もちろん、これにはカルヴィニズム（カルヴァンによって創始された宗教）といったプロテスタントの宗教的影響もあります。それと同時にバイキングのような北欧の伝統もあります。

1215年のマグナカルタ（大憲章）にして、すでにそれが表れています。国王の権力に対抗する地方の権力を承認する契約を国王と結びます。国王はあくまで地方の貴族と契約した上での国王です。やがて名誉革命（1688〜89）によってイギリスでは民衆の権利が確定しますが、その流れは個人の自由を守るために、ひたすら権力の集中を避け、できれば権力を廃止したいという願望でした。

東インド会社や西インド会社といった国策会社においても、イギリスでは国家よりも出資者の力が強く、フランスのような国家による独占は生じませんでした。だからフランス風のコルベール主義（ルイ14世時代のフランスの財務総監コルベールの政策）といった重商主義はイギリスでは生まれませんでした。それはオランダにおいても同じです。

こうして18世紀に自由主義の論客が登場します。それがアダム・スミスとデイヴィッド・ヒュームです。スミスは、商業社会は自ずから市民社会と自由な社会を生み出すという議論を展開していきます。彼の『国富論』(*The Wealth of Nations*)は正確に翻訳すると、『諸国民の富』です。一つの国家の富ではなく、世界の諸国民の富を増やすことが問題であるという内容です。しかし、これが「国富論」と訳されたのは大正時代の国家主義的な日本を反映したものです。その意味で『諸国民の富』とした大内兵衛《ひょうえ》らの訳のほうが正しい翻訳タイトルなのです。

その論理はこうです。一人ひとりが自ら独立し、その利己心によって仕事（ビジネス）に励めば、次第に個人の利益は公の利益になる。商業の論理は、詐欺や瞞着を起こさせない合理的な取引を生み出す。労働によって生産された価値という取引を正義化するものは、すべてが等価交換で行なわ

一人ひとりが自ら独立し、その利己心によって仕事に励めば、次第に個人の利益は公の利益になるのであり、商業社会は自ずから市民社会と自由な社会を生み出す（アダム・スミス『諸国民の富』）

アダム・スミス

1723～90年、スコットランド生まれのイギリスの哲学者、倫理学者、経済学者。主著に『道徳感情論』(1759)、『国富論』(1776) などがある

自由な商業取引は法制度がその自由を保障するから可能であり、法と商業取引の成立のために国家が不要であれば、国家は夜警国家でいい（ヒューム）

れているということです。等価交換に詐欺が介在する余地はありません。だから商業の論理をどんどん敷衍《ふえん》していくと、結果的に国家や法律を超越した世界が形成されるというのです。

もちろん、これは言い過ぎであって、ヒュームは法制度がその自由を保障するから可能なのだと述べています。いずれにしろ、法と商業取引さえあればうまくいく。法と商業取引の成立のために国家が不要であれば、国家は要らない。だから夜警国家でいいというのが自由主義の考え方です。

デイヴィッド・ヒューム

1711～76年、スコットランドの経験論哲学者、経済思想家。主著は『人間本性論』（1739）。［アラン・ラムジー画、スコットランド国立肖像画美術館蔵］

一方、大陸ヨーロッパでは、イギリスとまったく違いました。大陸とりわけフランスでは絶対主義政権が成立しました。ドイツやオーストリアでも同じです。それは国家権力が民衆や貴族といった人々の上に君臨する社会であり、カトリックという宗教的背景もありますが、ローマ帝国以来の中央集権的発想が支配的だったのです。

よくイギリス人は経験的な民族で、フランス人は理論的な民族だと言われますが、これは思想家の論理の展開にも当てはまります。スミスの論理はまさに経験的論理です。先に理論的に理想国家を持ってきて、それをつくり上げるにはこうしたことが必要だと上から頭ごなしに示すのではなく、人々の小さな商行為が国家をしのぐという論理です。しかし、フランスではこうしたことは現実に考えられません。個々人の営為ではなく、国王の英知が正義を貫徹するというのです。

大陸ヨーロッパの自由主義は、決して個人の自由を目指さなかったという冒頭に引用したハイエクの言葉（68ページ）は、そのことを意味しています。私は、ハイエクがいたドイツのフライブルク学派の自由主義は、秩序（Ordnung）ある自由主義であり、今世界で進行している新自由主義とは別の自由主義だと考えています。

フライブルクという町は、ドイツ南方のバーデン・ヴュルテンベルク州にあります。フランスとの国境の町で、昔のロートリンゲン公国（ロレーヌ公国）、その後は長い間、オーストリアの支配下にありましたが、独立した王国でした。ここで西南ドイツ自由主義という学派がナポレオン体制の崩壊後に生まれます。この地域はフランス革命の影響が強く、のちにこうした思想をコルポラツィオーン（職業団体）と呼びました。これは個々人の自由ではなく、集団の自由を重んじる自由主義です。

ドイツは、個人の自由主義を重んじるイギリスと比べれば中央集権的ですが、その基盤には職業組合が存在しています。より正確にいえば、人々はそれぞれが独立した個人である以前に、いずれかの組織に属しているということです。それが州

フリードリヒ・ハイエク
1899〜1992、オーストリアの経済学者、自由主義思想家。主著に『貨幣と景気循環』（1929）、『隷従への道』（1944）など［Vladimír Krupa 81］

であり、コルポラツィオーンであったりするのですが、ここでの自由主義は、決して手放しで個人の自由を守るものではありません。むしろ、個人の自由の根本にある組織の自由を確保することが眼目です。ですからハイエクが大陸の自由主義と言った場合、個人の自由ではなく、組織の自由ということになるわけです（ドイツの企業では、経営は労働者側の参加もあり、経営者だけによる経営ではありません）。

ドイツ・フライブルク学派のハイエクの説く自由主義は、個人の自由ではなく、その根本にある「組織の自由」を確保することに眼目がある

南のフライブルクで今でも緑の党などの新しい組織的で自由な動きが出てくるのは、このような伝統があるからです。『国家学事典』を編集したカール・ロテック（１７７５〜１８４０）を中心とした西南ドイツの人々は、この地域でこうした思想を育んだわけです。ハイエクもその系統にあります。

さて、その中にこの地域の出身であるフリードリヒ・リストがいます。リスト研究については、日本では小林昇氏と諸田實氏の作品が有名です。

リストは、スミスのような自由主義に対して、別の自由主義を主張しています。もっとも、リストは一般には保護主義者として見られていますが、彼はイギリスにもアメリカにも滞在経験があり、イギリス的（スミス的）自由主義に通暁《つうぎょう》しており、行き過ぎた自由主義を批判した人物だと考えたほうがいいと思います。

リストは、『政治経済学の国民的体系』（*Das Nationale System der Politischen Ökonomie*）という書物を著します。ここでNationale（National）とPolitischen Ökonomie（Political Economy）という言葉に着目してください。リストは政治経済学（世界経済システム）という名前の国民的

スミスら古典派経済学の政治経済学は、世界の経済学を標榜しながら、実は国民、すなわちイギリス人のための自由主義の経済学になっている(リスト)

(Volk)経済システムを批判しようというのです。批判の相手は、アダム・スミスから始まるデヴィッド・リカード(1772~1823)などの古典派経済学です。彼らの経済学体系は、政治経済学という名前で世界の経済学を標榜しながら、実は国民、すなわちイギリス人のための経済学になっているという批判です。だからこの本の中で、後発ドイツにとっての問題を展開するのです。

イギリスの政治経済学(古典派経済学)は自由主義の経済学です。その経済理論はイギリスだけを対象にして書かれているのではなく、世界がイギリス的自由主義でなければならないという前提で書かれています。それは結局、イギリス人のためだけの経済学なのです。

これはイギリスの自由主義であり、ドイツのそれではない。ドイツはあくまでも個人主義の国ではなく、集団主義、コルポラッツィオーンです。ドイツの自由は組織の自由である。

ドイツの組織はまだイギリスと自由に戦える段階にはない以上、ドイツは対等に戦える時を待つべきであると、リストは言うのです。同じ土俵に立つためには、機会の平等が不可欠です。機会不平等な場所に自由競争はない。

こう見るとリスト的、あるいはドイツ的自由主義は当面、保護主義を求めることになります。とはいえ、彼らも広義の自由主義と敵対しているわけではなく、保護主義をいつかは脱

フリードリヒ・リスト

1789~1846、ドイツ歴史学派の経済学者。主著は『政治経済学の国民的体系』(1837)[ヨーゼフ・クリーフーバーによる石版画, 1845]

し、自由に戦うと覚悟はしているわけです。しかし、イギリス的個人主義ではこういう発想が出てこないのです。

こうしたフライブルク学派の自由主義は、ハイエクが移ったアメリカのシカゴ大学ではイギリス的な自由主義に変転し、それが世界のグローバリゼーションになってしまったことで、大きな禍根を残すことになります。

1990年代の経済

自由主義の歴史的背景とその解釈を探ってきましたが、ここで少し現実の世界の動きを見てみます。1990年代にEU市場が拡大し、ソ連がロシアになり、世界経済が一つに融合する中で、世界の経済発展はまったく違った様相を呈し始めました。それまで停滞していたアジア地域に先進国から大量の資本が投下され、アジア各国はそれまで自国の資本蓄積ではかなわなかった経済成長が進んでいきます。〝アジアの虎〟と呼ばれた韓国や台湾がまっさきにこの先頭に立ちました。しかしその後、突然資本が逃げたことで、1997年7月にアジアの金融危機が起こり、さらに翌98年8月にロシアの金融危機が起こりました。

それらに抗して、1999年のWTO（世界貿易機関）のシアトル大会以降、世界各地でデモが起こり、オルタナティブなグローバリゼーションを求めるNGOの動きが活発化します。また一方で原子力発電や炭素エネルギーに対する批判も高まり、こうした動きもグロー

1990年代、それまで停滞していたアジア地域に先進国から大量の資本が投下され、経済成長が進んだ

突然資本が逃げたことで、1997年7月にアジアの金融危機が、翌98年8月にロシアの金融危機が起こった

グローバル化に対する猛烈な抵抗が世界各地で起こり、オルタナティブなグローバリゼーションを求めるNGOの動きが活発化するなど、世界中に大きな社会運動をもたらした

先進諸国の左派はグローバリズムに耐え得る政党の実現にその復活を賭けた

バル化します。２００１年、私も「アソシエ21」の会員としてパリに行き、そうした運動の実態を見たことがあります。たとえば、難民の居場所を確保する運動では、役所の前にテントを張り、住宅難の人々の住宅を要求する実力行使闘争が行なわれていました。これについては、クリストフ・アギトンとダニエル・ベンサイドの『フランス社会運動の再生』（湯川順夫訳、柘植書房新社、２００１年）を参照してください。

グローバル化に対する猛烈な抵抗は、先進国のみならず世界中に大きな社会運動をもたらし、ブラジルのポルト・アレグレでの「世界社会フォーラム（World Social Forum）」という組織の立ち上げにつながり、下からのグローバル運動をつくっていきます。

また一方、先進諸国での政治的変化ももたらしました。たとえば、ソ連・東欧圏の崩壊後、左翼政党が急速に支持層を失っていく中で、左派はその復活を賭けた新たな改革に取り組んでいきます。グローバリズムに耐え得る政党を実現することがその目的でした。

たとえばイギリスです。イギリスではキャラハン労働党政権が、１９７９年にサッチャーの保守党に政権を奪われ、その後10年以上、保守党の支配が続きます。その間、サッチャー主義という新自由主義が、イギリスを席巻します。石炭産業などの衰退、大学の組織改革により、支持層である労働者の支持を失っていった労働党は、サッチャー退任後の選挙でも負けてしまいます。しかしその後、トニー・ブレア党首の時代に、労働党は大きな変革を遂げます。それまでマルクス主義的ともいわれた党の綱領を変え、国有化という文言を避け、個人の福祉を発展させる方向に舵を切ります。こうして保守党に流れていた支持層を労働党に

村山富市の社会党連立政権は、社会党の組織変革というものではなく、自民党という政権党への便乗

引き戻し、ブレアが保守党のメージャーから政権を奪還します。

これと逆のことが起こったのはフランスで、パリ市長を長く務めた保守派のジャック・シラクが政権に就き、保守化していきます。とはいえ大統領当選直後に核実験を行なったシラクに対する批判は大きく、その年、1995年フランスでは12月に大ストライキが決行され、3週間にわたって交通が遮断されました。これと並ぶストライキは2019年のエマニュエル・マクロン政権でも起こります（黄色いベスト運動）。

私は1995年12月、アムステルダムにいたので、自動車で家族とともにストライキ直後のフランスを見て回りました。どこのホテルも客が少なく、格安で、ずいぶん贅沢をしたことを覚えています。もちろん、それには円高という恩恵も受けていました。

他方、日本では、社会党政権（1994〜96）がこうした動きの中で行き場を失い、自民党、新党さきがけと連立政権を組み、村山富市首相を出すことになります。これは社会党の組織変革というものではなく、自民党という政権党への便乗でした。その前には、1955年以来の自民党一党支配体制に風穴を開けた1993年の総選挙があり、日本新党という新政党に合流した革新政党さきがけが政権の座に就いたことがありました。しかし、社会党の連立内閣についていえば、政権のうまみを自民党との連立で享受するというだけのことで、社会党としての内容を持っておらず、社会党の息の根を止めました。日本社会党はどういう政党であるかを、フランス社会党やイギリス労働党のように明確にすべきだったのです。

フランス社会党は、シラク政権に対抗して、若手を中心としてグローバル主義的社会党へ

の脱皮を図っていきます。ミッテランは、初期は国有化に取り組んだのですが、それをやめました。その後フランス社会党は、保守派と急進派に分かれていきます。オランドやセゴレーヌ・ロワイヤルなどは急進派で、社会党をグローバリズムを促進する政党に変えようとしました。

なるほど当時、アメリカはビル・クリントンの民主党政権時代で、グローバル主義を掲げ、アメリカ経済が復活しつつあった時代です。日本はこうした中で孤立していました。日本への風当たりが強くなったのは当然で、バブル崩壊以前から続いていた日本潰しがいよいよ本格化していきます。「失われた30年」の始まりでした。それとともに、1995年1月に阪神淡路大震災、3月にオウム真理教による地下鉄サリン事件が起こり、政府の対応のまずさが、国家の脆弱さを露呈した時代でもありました。

1990年代に入り、バブル崩壊以前から続いていた日本潰しがいよいよ本格化し、「失われた30年」が始まった

土地バブル崩壊による銀行の負債を国家が埋め、企業は内部留保に励み、投資をしなくなるという状況に陥り、結果として戦後ずっと上昇してきた物価が下がり始めるという現象が起きます。デフレとはモノ余り現象です。賃金が上がらないので、消費が停滞する。消費が停滞するので、物が売れない。物が売れないので、生産が停滞する。生産が停滞するので、賃金は上がらない。これが「デフレスパイラル」と呼ばれる現象ですが、大恐慌の時にも起きた現象でした。

土地バブル崩壊による銀行の負債を国家が埋め、企業は内部留保に励み投資をしなくなり、結果、戦後ずっと上昇してきた物価が下がり始め、「デフレスパイラル」現象が発生

デフレ下にあっては、投資や消費を避け、お金を持ち続けるのが有利になります。物価はどんどん下がってくるので、価格が下がり切った時に買えばいいと人々は考えます。となる

2008年の世界的バブル崩壊（リーマンショック）を、日本はそれ以前に経験しつつあった

と、ますます消費は落ち込む。恐慌が長引くのはそうしたところにあります。だからケインズは、有効需要という政策を考えたのです。やがて2008年に訪れる世界的バブル崩壊（リーマンショック）を、日本はすでに経験しつつあったのです。

2004年2月、ユーゴ内戦で破壊されたクロアチアの街ヴコバルの建物［GNU Free Documentation License］

第4章 〈帝国〉の時代
――ユーゴ紛争を契機として

冷戦構造の崩壊によって
連邦国家としての求心力を失ったユーゴスラヴィアで、
分離独立を求めた共和国間の紛争が起きる。
内政問題が国際紛争と化してゆくその背後には、
すべてを西欧化しようとする〈帝国〉の欲望があった。

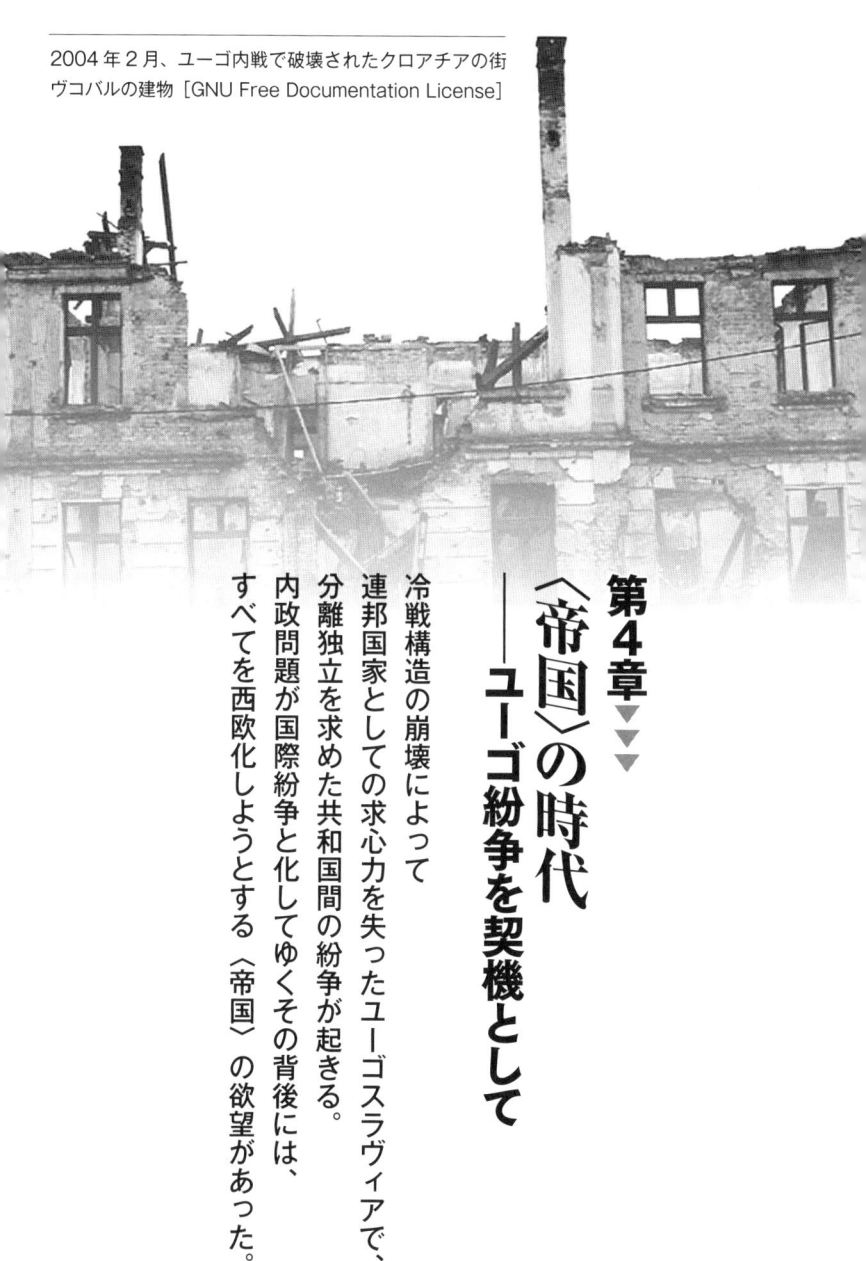

「いま現在起きているさまざまの変容をとおして、政治的統制・国家機能・規制機構は、経済的かつ社会的な生産と交換の領域を支配しつづけてきているのだ。それゆえ、私たちの基本的な前提はこうなる。すなわち、主権が新たな形態をとるようになったということ、しかも、この新たな形態は、単一の支配論理のもとに統合された一連の国家的《ナショナル》かつ超国家的《スプラナショナル》な組織隊からなるということ、これである。この新しいグローバルな主権形態こそ、私たちが〈帝国〉と呼ぶものにほかならない。

国民国家の主権の衰退と国民国家が経済的・文化的な交換をますます規制できなくなっているということが、〈帝国〉の到来を告げる主要な徴候のひとつである。国民国家の主権は、ヨーロッパの列強が近代という時代を通じて築いた帝国主義の礎をなしていた。しかしながら、私たちは「〈帝国〉」という言葉によって、「帝国主義」とはまったく異なる事態を指し示している。(中略)

〈帝国〉への移行は近代的主権が終わりにさしかかったころ、その黄昏のなかから姿を現わす。帝国主義とは対照的に、〈帝国〉は権力の領土上の中心を打ち立てることもなければ、固定した境界や障壁にも依拠しない。〈帝国〉とは、脱中心的で脱領土的な支配装置なのであり、これは、そのたえず拡大しつづける開かれた境界の内部に、グローバルな領域全体を漸進的に組み込んでいくのである。〈帝国〉は、その指令《コマンド》のネットワークを調整しながら、異種混交的《ハイブリッド》なアイデンティティと柔軟な階層秩序、そしてまた複数の交換を管理運営するのだ。要するに、帝国主義的な世界地図の国別にきっちりと塗りわけられた色が、グローバルな〈帝国〉の虹色のなかに溶け込んでいったわけである」（アントニオ・ネグリ、マイケル・ハート『〈帝国〉』水嶋一憲他訳、以文社、2003年、4ページ）

「たとえば、セルビアと北大西洋条約機構（NATO）が一九九九年にコソボ紛争の解釈をめぐって、翌年にセルビアでの事態の解釈をめぐって戦った。二〇〇〇年一〇月のミロシェビッチ大統領を辞任に追い込んだ抗議行動の起こる前、セルビアの成人の四五％が自由ヨーロッパとVOA（アメリカの声——引用者）を聞いており、国営のラジオ・ベオグラードを聞いていたのは三一パーセントにすぎなかった。また、セルビア国内の独立系ラジオ局、B92は欧米にニュースを流していたが、政府が放送を中止させようとしたとき、インターネットを通じてニュースを提供しつづけた」（ジョセフ・S・ナイ『ソフト・パワー』山岡洋一訳、日本経済新聞出版社、2004年、168ページ）

「しかしながら、文明のファクターについては、それ以上の力が作用している。それは、正教文明でもなく、イスラム文明でもなく、カトリック・プロテスタント文明こそが近代社会思想・近代社会科学を生み出す母体となった文明であるという歴史的事実である。そして、現代世界のアカデミズム、芸術（音楽、絵画、映画）、ジャーナリズム（新聞、テレビ）、行政、外交、ビジネスで活躍する知識人、知的職業人、専門家のすべてがこの近代社会思想・近代社会科学で教育を受け、その概念体系に頼って、思考し、判断し、記

憶するのである」（岩田昌征『ユーゴスラヴィア多民族戦争の情報像　学者の冒険』御茶の水書房、1999年、8ページ）

「本書は現在の記録であり、サバイバルのためのガイドであるが、同時にサラエボを戦火の犠牲地としてではなく、機知によって恐怖を克服するための実験場として伝える、未来に残す記録でもある。この実験場は現代SFの「デイ・アフター」が（超）現実となったものであり、「マッドマックス5《（ママ）》」の現実のシーンなのである。この本はひとつの文明が意図的な暴力の中で破壊され、そして別の、21世紀の文明が生まれねばならない現場で執筆された。本書は戦火の中から生まれる文明がどういうものかを描いている。それは無からなにかをつくりだし、未来になんらかのメッセージを残すだろう。未来が必ずしも戦争と災禍に満ちたものになるとは限らないにしても、人類はこれまで以上に危険にみちた世界に生き、年老いていくわけだから……」（FAMA編『サラエボ旅行案内――史上初の戦場都市ガイド』三修社企画、1994年、序文）

ユーゴ幻想の解体――はじめに

1982年9月、私は、現在のクロアチアのザグレブに在住していた日本人夫妻の自動車で、私が住んでいた家の家主の女性とともに、ザグレブから南にあるスラヴォニアのヴィンコヴツィに向かいました。家主の親戚の家を訪ねたのです。秋祭りを兼ねたスラヴォニアの民族衣装の祭典を見るのが目的でした。私たちはその親戚の家に泊まり、翌日、その近くの都市ヴコヴァルの町を訪ねました。ドナウ川沿いの町で、川べりには高層のホテルがありました。

1991年、ユーゴ崩壊とともに起こったセルビアとクロアチアの戦争で、この町は壊滅的打撃を受けます。そのホテルはその後、跡形もなく消えました。やがてこうした破壊が起こることを、その時の私はまったく想像することさえできませんでした。

1991年から始まるユーゴ紛争は、なぜ10年も続いたのか。これが本章のテーマです。

東西冷戦の崩壊、ベルリンの壁の崩壊からソ連・東欧の崩壊まで、まるであたかも西欧の勝利のように語られていました。平和的な無血革命と見る向きさえあった〝成果〟が、実は幻想であったことを知らせてくれたのがユーゴ紛争だったのです。90年代に起こったことは、アメリカ支配の一極化であり、それによってユーゴ紛争は起こります。それは〝人類の勝利〟が嘘であったことを証明するものにほかなりませんでした。結局、西側世界が世界を再び手中に収めただけということだったのです。

アメリカのNATO戦略は、冷戦下においても、今現在においてもある意味で変わっていません。その主眼はロシア、中国に対する分断作戦です。ヨーロッパの再編はその一つで、東欧をアメリカ陣営に組み込むことで、ロシアを威圧するわけです。一般に、これは自由と正義の実現であると思われているかもしれませんが、実はそうではなく、新たなる緊張関係

1991年から10年も続いたユーゴ紛争は、平和的な無血革命などではなく、東西冷戦の崩壊によって西側世界が世界を再び手中に収めたことを示しただけだった

をもたらすものでした。東欧の多くの国は、それまでは安定していたのです。それが、NATOに入ることで、やがて大きな不安定を生み出します。

他方、非同盟の第三諸国の一つであったユーゴスラヴィアの解体は、ベルリンの壁の崩壊とは違う経路をたどりました。非同盟は、ベトナムやカンボジア、中東など世界の各地に広がっています。ユーゴスラヴィアは、米ソの取引の外にあった地域でした。

NATOは今でも、EUの東欧へのさらなる勢力拡大、ロシアと中国の分断、バルカン半島、グルジア（ジョージア）、アゼルバイジャン、トルクメニスタン、ウズベキスタン、キルギスタン、タジキスタンから、ネパール、タイ、ベトナムに抜ける分断線を考えています。これらの地域こそ、21世紀の現在、まさに紛争多発地域となっていることがわかります。

ユーゴスラヴィアは、ソ連・東欧崩壊によって勢いを得たNATOにとっての最初の分断作戦の地域であり、その後に展開されるアフガニスタンに至る作戦を見据えた実験的作戦の場であったといってもいいのです。

ユーゴは、NATOにとっての最初の分断作戦の地域であり、その後のアフガニスタンに至る作戦を見据えた実験的作戦の場であった

ユーゴスラヴィアとは

よく言われますが、ユーゴスラヴィアは創造された国家であり、その国民は創造された国民です。そんな国は歴史的に存在したことがありません。「南スラブの国《ユーゴスラヴィア》」は、１９１９年のヴェルサイユ条約の後、バルカンの安定のために人為的に造られたのです。実際その国家

バルカンの安定のために人為的に造られた「南スラブの国」

を構成するのは、スロベニア、クロアチア、セルビア、マケドニア、ボスニア＝ヘルツェゴビナ、ツルナゴーラ（モンテネグロ）という六つの共和国、そしてヴォイヴォディナとコソボという自治州です。さらにカトリック、ギリシャ正教、イスラム教という三つの宗教を背景とする分断の地域でした。

　1980年5月にチトー大統領が亡くなったとき、発行されたフランスのある雑誌の特集タイトルは「チトー以後」というものでした。そこに、イギリスの歴史家J・P・テイラーの「チトーは最後のハプスブルクだ」という言葉が引用されています。確かにそうかもしれません。ユーゴスラヴィアは

◆ユーゴスラヴィア社会主義連邦共和国

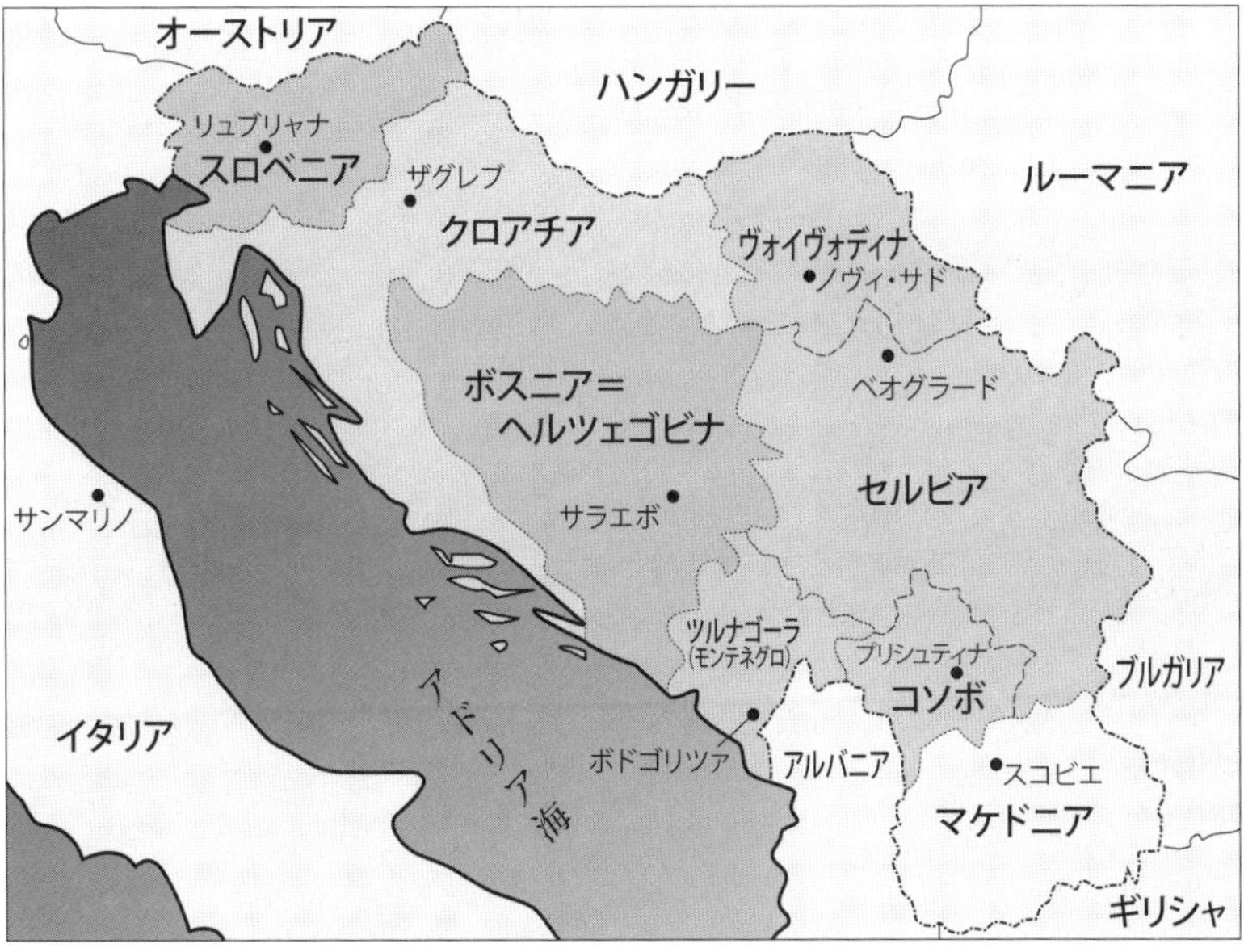

多民族国家ハプスブルク帝国を継ぐ多民族国家ユーゴスラヴィア

多民族国家であり、かつてその傘下にあったハプスブルクとその構造において似ている。クムロヴァッツというチトーが誕生した村は、ザグレブからスロベニアに向かって1時間ほどのところにあります。彼が生まれた時、実際にここは、ハプスブルクでした。しかしハプスブルク帝国は解体し、残っている旧ハプスブルクの多民族国家は、ユーゴスラヴィアしかなかったのです。

そんなユーゴでチトーが死んだらどうなるか。「共産主義者同盟王朝」が支える「国王」チトーの死後、この地域は解体するしかありません。その後すぐにアルバニア系住民によるコソボ紛争（1998年）が起きます。しかし、すでにその10年近く前にユーゴスラヴィアは解体に向かっていたのです。

1960〜70年代にかけて、「プラハの春」と同様、ユーゴスラヴィアでも「クロアチアの春」がありました。『プラクシス』という雑誌が発行され、クロアチアの民族主義が台頭したのです。そこには初代クロアチア大統領フラーニョ・ツジマンもいました。この動きの中で、ユーゴスラヴィアは緩やかな連邦制への道を進み始めます。しかし、その結果として起こったのがコソボ紛争であり、その後には次々と国民の不満が現れました。世界経済の低迷によりインフレーションが進行し、1989年にはハイパー・インフレがユー

ヨシップ・ブロズ・チトー

1892〜1980、パルチザンの総司令官を経てユーゴスラヴィアの第2代（のち終身）大統領。[Digital Library of Slovenia, 1961]

「第二のチトー」をめぐるクロアチアのツジマンとセルビアのミロシェヴィッチとの一騎打ち

ゴ全土を襲っていました。

　こうした中、少しずつスロベニアやクロアチアの分離運動が力を持ち始め、セルビアの首都ベオグラードでは、ミロシェヴィッチ大統領が登場します。彼こそ国を束ねる「第二のチトー」になるはずでした。ただチトーが国民の象徴としてのカリスマ性を持っていたのに対し、彼にはそれがなかった。あるとすれば、セルビアのチトーであるという点です。こうなると、クロアチアのツジマンとミロシェヴィッチの一騎打ちは時間の問題です。しかし、ツジマンは西欧とのパイプがあるが、ミロシェヴィッチはセルビア以外にはほとんど関係を持っていない。この二人の性格は、後々問題を大きくする原因になります。

スロボダン・ミロシェヴィッチ
1941～2006、ユーゴスラヴィア第3代大統領、セルビア共和国初代大統領[Stevan Kragujević, 1988]

フラーニョ・ツジマン
1922～99、初代クロアチア共和国大統領［Mark Reinstein, 1995］

ユーゴスラヴィア紛争の始まり

東欧の嵐は、ユーゴスラヴィアにもやって来ます。東欧圏におけるソ連の地位が失われ、

1974年のユーゴ憲法が共和国に独立性を付与したことで、それぞれの共和国が軍を持ち、それが武力衝突の要因に

分権的連邦国家ユーゴ内の分離独立は、内政問題なのか民族独立運動なのか

西欧の地位が高まったことは、ユーゴスラヴィアの中で旧西欧圏であったスロベニア、クロアチアの地位を高め、さらに１９０８年にオーストリアが併合したボスニアの独立への期待も、西欧の支援の可能性によって高まってきます。

ユーゴ紛争を二期に分けるとすると、第一期はまさにこの旧オーストリア（ハプスブルク）地域を西欧が奪還する時代（１９９１～95）、第二期はユーゴスラヴィアを解体し、西欧化する時代（１９９５～99）となります。

経済危機を端緒として緩められた１９７４年憲法（ユーゴ憲法）から帰結されることは、各共和国の独立でした。かつてはセルビアに属していたコソボとヴォイヴォディナも、社会主義自治州に改組され、共和国に近い独立した地位が与えられました。

連邦制は、共和国に独立性を付与したことはよかったのですが、それぞれの共和国が軍を持つことで武力衝突の要因を生み出していました。ユーゴ軍と各共和国軍との対立は、やがて三つの共和国が独立宣言を発していく中で、次第に強まっていきます。

ユーゴスラヴィアが集権的国家であれば共和国軍を抑えることは可能ですが、この国家は分権的連邦国家です。だから、憲法による強制が十分ではありません。分離独立は内政問題なのか、それとも民族独立運動なのか。それは明確ではなく、国際問題と見なされたのです。これが国内問題ならば外国の干渉は内政干渉となりますが、西欧はこれを国際紛争として処理していったのです。

ユーゴスラヴィア議会は、１９９０年代に分離独立が始まる中で、北の共和国を引き留め

ることができなかったのです。最初に独立したのがスロベニア、やがてクロアチアです。独立は宣言するだけでは無効であり、それを認める他国があって初めて実効性を持ちます。すぐに認めたのがドイツです。バルカン地域をかつて支配していた宗主国のドイツやオーストリアにしてみれば、第一次大戦で失った地域が再び転がり込むというので、大喜びでした。

　しかし、そうなると残された地域はどうなるか。国家には領土があるだけでなく、国民がいる。クロアチア人であるとか、セルビア人であるとかいうのは、その人の意思によるわけです。なかにはユーゴスラヴィア人だと主張する者もいる。彼らが各共和国に混住している。そこでクロアチア国家が独立すれば、セルビア人はクロアチア人にならねばならない。先進地域といわれるスロベニアを除いて、クロアチアにも多くのセルビア人が居住する地域があります。

　ツジマンがクロアチア人の国を造るとすれば、それらの地域からセルビア人は出ていくか、そうでなければセルビア人の居住地域をセルビアの領土とするしかない。

　それが本章の冒頭で紹介したヴコヴァル地域です。この地域はヴォイヴォディナの西側に位置する、ドナウ川が流れる平野の農業地帯で、セルビア人の居住地区が多数あります。そのためこの地域の帰属をめぐって91年に戦争が起こるのです。

西欧諸国はクロアチア、スロベニア、ボスニアを支持し、セルビアを悪役として非難した

　この戦争はやがて、ボスニアに波及していきます。ボスニアも独立を宣言し、それをドイツが認めたこともあり、西欧諸国はクロアチア、スロベニア、ボスニアを支持し、西欧のマスコミも一斉にセルビアを非難するという形ができ上がります。その背後にいたのがアメリ

力です。

その後に起こる戦闘では、つねにセルビア人が悪役となり、セルビア人によるボスニア人およびクロアチア人の虐殺というパターンのニュースが流され続けます。岩田昌征氏は『ユーゴスラヴィア多民族戦争の情報像 学者の冒険』（御茶の水書房、1999年）という著書で、根本的な問題までさかのぼって議論しています。

それは世論がどのように形成されていくかという問題です。世論というのは、一つの規範によって形成されていきます。これには地域や国の土壌、文化や風習が大きな影響力を持ちます。19世紀に確立された西欧的視点は、現在なお世界を支配しています。それは学問、ジャーナリズム、芸術とあらゆる領域に及びます。だからこそ、メジャーリーグで活躍する大谷選手は偉いが、日本で活躍するプロ野球選手は大したことがない、という判断がなされるとも言えるのです。こうした規範文化に左右されない地域が中央文明国で、日本は日々それに左右される周辺国です。今残っているほかの中央文明国は中国ぐらいでしょうか。その他の国・地域は西欧によって支配されています。こうした支配体制を帝国主義的支配と呼びますが、この構造を最もよく示したのがユーゴスラヴィア紛争でした。

NATOという〈帝国〉

ソ連の解体と弱体化によって東欧に空洞ができました。それが東欧の崩壊でしたが、ユー

具体的な個々の国を超えた先進国連合としての〈帝国〉が、世界を創る先進国優位の経済世界を創る（ネグリ&ハート『〈帝国〉』）

ゴスラヴィアは第三諸国の集まりです。既述の通り、非同盟諸国運動の中心でありました。1961年に第一回非同盟諸国首脳会議がベオグラードで開催され、1989年にも同地で開催しています。第三諸国から多くのアジア・アフリカの国が参加しています。これらの国は非同盟とはいえ、現実的にはつねに米ソのどちらかに支配されていますが、それなりに独立性を持っていました。

NATOはソ連の衛星国・東欧を手中に収めた後、第三諸国である非同盟諸国を宗主国から引き離し始めます。

20年ほど前にアントニオ・ネグリとマイケル・ハートの『〈帝国〉』という書物が話題になりました。それはこの書物が、当時の東西冷戦崩壊後の世界を説明してくれたからです。本章冒頭（88〜89ページ）の引用文中にあるように、〈帝国〉は具体的な国ではありません。アメリカが〈帝国〉ということでもないのです。〈帝国〉とは先進国連合で、はっきりいえばG7です。1975年から始まる先進国首脳会議＝G7（当初はG5）は、それまでに存在していた東側を粉砕し、そして南である第三諸国を分断し、世界を支配しようという行動に出ます。その一つが経済的自由主義です。世界を自由主義経済の中に飲み込むことで、先進国優位の経済世界を創るというのが目的であり、WTO（世界貿易機関）やIMF（国際通貨基金）はまさにそれを具現していきます。

その価値観は、自由と民主主義、人権です。もちろんこうした言葉だけでは、抽象的で何を言っているのかわからないので、具体的な側面から攻めていきます。それが人々の価値規範や感情です。西欧的生活、西欧文化を仰ぎ見させるような憧れをつくっていくのです。

昔、パリの小さな中華レストランで、中国系と黒人の少女が、西欧のファッション雑誌を熱心に見ていたことを思い出します。その雑誌のモデルはほとんどが白人で、自動車や高級住宅などのきらびやかな写真が並んでいましたが、少女たちがそんなものに憧れを抱いても、とてものこと手には入りません。しかし、いつかシンデレラになることを思い描いて思春期を過ごしていたのでしょうか。彼女たちも今は50歳を過ぎていると思いますが、どうなったでしょうか。

西欧志向の価値規範から繰り出される、フェイクニュースまがいのセルビア&ミロシェヴィッチ批判

とりわけ高学歴者は、こうした西欧文化の誘惑の洗礼を受けます。まずは外国語。たいていは欧米語で、それも英語です。そして留学先は英語圏。音楽は西欧音楽、芸術は西欧芸術。ワインやフランス料理、なにからなにまで西欧志向なのです。

セルビアとミロシェヴィッチへの批判が湯水のごとく出てきたのは、ジャーナリストがこうした西欧志向の価値規範を持ち、一方的に書きまくったからです。今ではネットなどのフェイクニュースと言われるものに該当するでしょうが、当時はれっきとしたテレビや新聞、それも信頼すべきとされる筋から流れていたものです。

先に著書を紹介した岩田氏が翻訳したドゥシコ・タディチ『ハーグ国際法廷のミステリー』（社会評論社、2013年）という本があります。タディチは、最初にハーグ国際法廷に立たされ、15年の刑を受けた人物です。フランツ・カフカは『審判』の冒頭でこう書いています。

「だれかがヨーゼフ・Kを中傷したに違いなかった。なぜなら、何も悪いことをした覚

1995年の夏の「ボスニア・スレブレニツァの虐殺」報道では、セルビアだけを一方的に悪人と決めつける情報戦が展開

えはないのにある朝逮捕されたからである」（中野孝次訳、新潮文庫、11ページ）

タディチは、ボスニアの収容所でのリンチと虐殺の罪で刑を受けたのです。ドイツに滞在中に逮捕された彼は、ハーグ、ミュンヘンに収容されたのですが、この国際法廷に引き渡されたのはほとんどがセルビア人であり、最後にはミロシェヴィッチも引き渡され、獄中で亡くなります。

1995年の夏、世界中の人々はボスニアのスレブレニツァの虐殺に驚きます。セルビア人によるイスラム教徒のボシュニャク人虐殺のニュースが世界に広がっていきました。フランスの『エクスプレス』誌の1995年7月27日号の記事には、セルビア人による浄化(Nettoyage)、スレブレニツァ（Srebrenica）という言葉が並び、ボスニア人側からの証言とボスニア人が列車で逃げる写真が満載されています（実際はどちらかわからないのですが）。一方で、銃を持って勝利を祝う残忍なセルビア人の様子が撮影されています。これは真実でしょうか。

岩田昌征氏は、私の尊敬する大先輩でもあるのですが、彼は当時、危険を顧みず現地に乗り込み、この悲惨な戦場で取材を続けていました。なぜセルビアだけが一方的に悪人になるのかという点が、まさに彼の批判の焦点でした。

これはいわば情報戦というものであり、それ自体とりわけ珍しいわけではありません。カフカの『審判』のヨーゼフ・Kが経験したような不可解な逮捕が多発しますが、逮捕の理由は後からどうにでもなるのです。ただ、それがいかにも正義として扱われ、それに対する抵抗ができないまま歴史の闇に葬られてしまいます。

コソボでの民族浄化でも、本当にそうした虐殺はあったのか検証されないまま、セルビア人とアルバニア人の対立を、ユーゴ内部からではなく外部の西欧からきた情報が煽動した

西側で〝悪のセルビア〟というイメージが最高度に高まるのは、セルビアの大統領ミロシェヴィッチに対してです。スレブレニツァの虐殺の後、NATOは執拗に新ユーゴスラヴィアの大統領ミロシェヴィッチをターゲットにします。ミロシェヴィッチはヒトラーのような独裁者であり、非人道的な人物として描かれるようになります。当時、クリントン政権の国務長官だったマデレーン・オルブライトは、『ファシズム——警告』という書物で、こう書いています。

「法廷が取り扱った人物の中に、ミロシェヴィッチがいた。彼はボスニアのジェノサイドの責任者であり、コソボから数十万人の強制移民の責任者であった」(Madeline Albright, *Fascism. A Warning*, 2018, p.105)

1991年には、ツジマンもミロシェヴィッチも、もともとユーゴ共産党の仲間で民族主義の権化として描かれ、西欧もその二人のどちらを支持するというわけではなかったのですが、1999年には、先の『エクスプレス』誌には、大きく死体の写真と収容所の写真が掲載され、ミロシェヴィッチの悪の数々だけが描かれます。

『エクスプレス』誌ではボスニアでもなく、クロアチアでもなく、コソボでの民族浄化が問題になっています。コソボの人口はセルビア人とアルバニア人がほぼ半々でした(オルブライトは、強引にセルビア人は少数だと言っていますが)。セルビア人がアルバニア人を虐殺し、追放しているというのは一方的な話です。その逆はないのか。もちろん逆があったとしてもやっていいことにはならないのですが、本当にそうした虐殺はあったのかどうかという点が問題

なのです。ある意味、市民レベルでは二つの民族はそれほど敵対しているわけではないのですが、それが煽られる。そうした煽動が、内部からではなく、外部の西欧からやってきました（ずっと後、コソボの大統領のもとに、ハーグ国際法廷からこの虐殺追放問題で逮捕状が届きましたが、フランスの独立系新聞『ル・モンド・ディプロマティーク（*Le monde diplomatique*）』紙の２０２０年12月号には、「戦争から20年後、コソボ解放軍の長の逮捕　コソボに正義はあったのか」という記事が掲載されています）。

グローバルな〈帝国〉の時代は、徹底した情報戦争の時代

ハーバード大学の有名な政治学者ジョセフ・ナイ（１９３７〜）は、『ソフト・パワー』という本を書いています。彼は民主党政権のブレーンですが、まさにベオグラードの爆撃は民主党のクリントン時代です。その彼が、戦争は武器による戦いではなく、むしろ情報の戦いなのだと述べています。カール・フォン・クラウゼヴィッツ（１７８０〜１８３１）が「戦争は政治の延長だ」と言ったのと同じです。グローバルな〈帝国〉の時代は、徹底した情報戦争の時代だといえます。

市民が聞いていた独立系の放送メディアをCIAが支援

実際、ベオグラードの市民を反政府的にたきつける方法が、ナイの本には書かれています。政府系の放送ではなく、独立系の放送を市民は聞いていたと喧伝します。こうした独立系メディアを、ＣＩＡはしっかりと支援していくわけです。まさに情報時代の幕開けなのです。

「アラブの春」でも〈帝国〉の正義、価値規範を信奉しない者は悪であるというイメージが喧伝

ソフト・パワーの勝利

ソフト・パワーの問題を明確に示したのが、「アラブの春」かもしれません。オバマ政権時代（2009〜17）に起こったチュニジア（ジャスミン革命）やリビアなど中近東における革命は、一般的には民衆の勝利といわれていますが、これは疑問です。実際には、まずこれらの地域にアメリカがコンピューターを無料で提供し——具体的にはCIAや金融資本のジョージ・ソロスなどが手を回してインターネットの整備などを無料で行ない——、SNSを通して現体制への批判的論調を活性化させ、あるいはフェイクニュースを流すことで、現地の人々を動揺させることによって生まれたともいえるのです。昔はビラやラジオ放送が情報操作の主力だったのですが、今やネットによる世界への情報拡散という形で行なわれるわけです。

そこで喧伝されるのは、〈帝国〉の正義、価値規範であり、それを信奉しない者は悪であるというイメージです。

そう考えると、10年近くも続いたユーゴ紛争は、冷戦崩壊後の〈帝国〉の時代の始まりであり、実験場だったのかもしれません。皮肉なことに、このセルビアが「アラブの春」作戦におけるアメリカ側の情報戦の中心となるのです。

エドワード・スノーデンとジュリアン・アサンジの問題は、まさにこの情報戦の情報を敵に売ったという点が問題でした。情報局の情報や国家機密を公開することは、国家の情報戦

エドワード・スノーデンとジュリアン・アサンジの問題は国家の情報戦に痛手を与えたが、市民運動が情報公開を支持した

に痛手を与えます。したがって、国家はこれを許すわけにはいかないのです。しかし、市民運動が情報公開を公益通報として支持するという事態となります。またＣＩＡの局員だったスノーデンのように、敵国ロシアへ亡命するということになれば、相手が強すぎてユーゴ紛争のときのように一方的な攻撃を仕掛けることは、〈帝国〉も簡単にはできないのです。

２０２１年５月、ギリシャからリトアニアへ向かうアイルランドの旅客機が、ベラルーシの首都ミンスクに強制着陸させられた事件がありました。これをプーチンとルカシェンコという独裁者の横暴だと非難する声があったのですが、２０１３年７月２日の事件を忘れてはいけません。モスクワに出かけたボリビアのモラレス一行の大統領専用機が、ウィーンの飛行場に強制着陸させられた事件です。

２０２１年の強制着陸は、スノーデンがモスクワからボリビアへ逃げるという噂があり、この飛行機に乗っているという情報から強制的に着陸させたものです。しかし、このニュースはほとんど問題にされませんでした。話は同じですが、都合が悪いときは話題にならないということです。

ウィキリークス（Wikileaks）が最近おとなしくなっているので心配なのですが、最近はユーチューブの「テレビ・ロシア」（ウクライナ戦争の際、西欧ではロシアのプロパガンダ放送ということで強制的に解散させられました）が活躍しています。もちろん、ロシア政府が支援していると注釈が付けられますが、ロシア政府が支援しているがゆえに、裏のニュースがわかります。ロシアを擁護するつもりはないのですが、イギリスで開催されたＧ７にしろ、その外でどんな

騒ぎがあったかということを知りたければ、テレビ・ロシアを参考にすればいいのです。もう一つ「スプートニク」を見るといいかもしれません。

セルビアが情報戦で負けた理由は、英語などによる放送を軽視していたことが挙げられます。英語は敵国の言語だとしても、広く知ってもらうためにはなるべく英語で放送したほうがいい。アメリカはまさに言語においても国際的規範を持っているので、きわめて強力なのですが、それに対抗するためには英語で放送すべきなのです。

21世紀の〈帝国〉

ロシアの衰退によってG7各国は、一気に世界の支配者〈帝国〉となりました。それ以降の歴史をもっともらしく説明したものとして、フランシス・フクヤマの『歴史の終わり』やハンチントンの『文明の衝突』などというポスト冷戦の書物が話題を呼びました。

しかし、これらの書物の耐久性はきわめて短いものだったといえます。フクヤマの喧伝する規範はあくまで西欧的価値規範であり、それが現代世界を分析するのに堪え得るものかどうかというのは、中東問題ですでに破綻しています。一つの価値規範だけで世界は動かないのです。資本主義、民主主義、人権と声高に並べられる言葉、それに対して社会主義、全体主義、独裁は〝悪〟であるという批判さえも、実は歴史の瞬間、瞬間でしか当てはまらないといえます。イスラム教とキリスト教との「文明の対立」といった理論なども、きわめて単

一つの価値規範だけによる世界の見方は、歴史の瞬間、瞬間でしか当てはまらない

もう一つの〈帝国〉としての中国の台頭で、〈帝国〉が二つになったが、そうなると〈帝国〉という議論はもはや無効だ

純な発想です。英仏の侵略の歴史、ユダヤ教、イスラム内部での闘争、石油の利権など、さまざまな要因の中で動いている複雑な構造を捉え損ねています。

もちろんそれはネグリとハートの『〈帝国〉』にも当てはまります。2000年までは小国で問題にすらならなかった中国が、今ではアメリカはおろか、G7の西側先進諸国を脅かしています。〈帝国〉が二つになったのです。となると、〈帝国〉という議論はもはや展開できません。

こうした現状の原因となったのは、実はリーマンショックにも通底する資本主義の危機です。

（ユーゴスラヴィアの歴史に関する最もいいテキストとして柴宜弘『ユーゴスラヴィア現代史』〔岩波新書、1996年〕を挙げておきます。2021年に改訂版が出版されました。それを補うには、月村太郎『民族紛争』〔岩波新書、2013年〕も読んでください）

第5章 バブルの時代

人が合理的に行動しても
経済は破綻するのか、
そもそも人は不合理にしか
行動しないのか。
資本主義が資本主義であるかぎり
恐慌の可能性はつねに潜在する。

1987年、安田火災（当時）が約57億円で購入したゴッホの「ひまわり」。バブル経済を象徴する絵画となった

「売りと買いという、二つの過程の独立がある点まで達すると、二つの過程の統一は強力に「ひとつの恐慌」を生み出す。（中略）だから、この形態は、恐慌の可能性を含んでいる。しかしながら、それは可能性でしかない。この可能性が現実になるには、単純な商品流通の立場からはまだ展開できていない関係が、展開するのを待つ必要があるのだ」（マルクス『資本論』第一巻、拙著『超訳『資本論』』祥伝社新書、2008年、95ページ）

「（投機に参加するには——引用者）二つのタイプがある。第一のタイプは、何らかの新しい価格上昇の状況が根づいたと信じるようになり、市価が下がることなしに際限なく上昇を続けるであろうと期待する。つまり、市価は新しい状況——収益および価値が引き続き大幅に増大するような新局面——に適応しつつあるのだと考える。第二のタイプは、第一のタイプの人よりも、表面上はもっと保守的で、またおおむね少数である。彼らはその時の投機のムードを察知する。あるいは察知したつもりになる。そして上昇気運に便乗する。（中略）「群衆というものは、結構まともな個人を馬鹿者に変えてしまう」というシラーの言葉を証明するものであって、シラーはまた、こうした狂気に対しては「神々でさえ抗しがたい」と述べている」（ジョン・K・ガルブレイス『［新版］バブルの物語』鈴木哲太郎訳、ダイヤモンド社、2008年、19〜21ページ）

「資本主義経済においては、投資の決定や、投資へのファイナンス、投資行動、利潤、そして未払いの債務によって支払いを行なうという行為は、それぞれ結びついている。資本主義経済の行為を理解するには、雇用、所得、価格を説明するのに、金融関係を導入する必要がある。どんなときにも、資本主義経済の遂行は、債務者が遂行する当面の成功、今日の借り手が遂行する能力の現在に対する視点に密接に結びついている」（ハイマン・ミンスキー Hyman Minsky, *Can "It" happen again?*, Routledge Classics, p.15.）

土地投機の実感——はじめに

２００７年11月、在外研究でフランスのリヨンにいました。私は毎週、小さな田舎町を散策するのを習慣にしていました。リヨンの小さな駅サン＝ポールから1時間ばかりのところにあるサン＝ベルという町を訪れ、そこの不動産の価格を調べてみました。１４０万人の大都市リヨンに通えるところですので、田舎ではなく郊外の町と言ったほうがよいでしょう。小さな町で、村のように山あり牧草地ありで鄙《ひな》びた趣きがありますが、しかしそこの家の不動産価格に驚きました。いずれも５０００万円を超えているのです。当時１ユーロ＝１７０円くらいだったということもありますが、30万ユーロ以上でした。大体パリはどこも高いのですが、パリに比べればリヨンは安いと思っていました。しかも田舎です。にもかかわらず、こういうところまで土地投機が進んでいるのだなと感じました。

２００８年3月、スペインのマドリッドに行ったのですが、町中がクレーンだらけだった

1929年の大恐慌と2008年の大恐慌は、ともに不動産投資が拡大の原因

ということです。2008年9月のリーマン恐慌は、まさにこうした土地投機が世界中に蔓延したことから起こったわけです。

古今東西、バブルは避けることのできない経済現象です。よほどの規制がない限り、人々は賭けに興じ、きわめて楽観的に未来を予測するのです。本章では、それはなぜかについて考えます。バブルにいろいろなバブルがあるとしても(たとえば17世紀前半のオランダのチューリップバブル、18世紀の南海泡沫会社やジョン・ローの信用バブルなど)、それが巨大化するには何らかの投機対象があります。1929年の大恐慌と2008年の大恐慌は、ともに不動産投資が拡大の原因となりました。不動産は人生最大の買い物です。自動車、家具、電気製品も安くはないとしても、人生最大の買い物とはいえません。なにしろ住宅にはそれらのすべてがそろっているのですから、これほど高い投資はありません。

もちろん、バブル崩壊の時代は後進諸国の勃興の時代ですが、所得格差拡大の時代でもあり、セキュリティネット喪失の時代でもあります。戦後一貫して楽観的に描かれていた未来が、いよいよ不確実なものになってきたのです。

世界貿易センタービルへの攻撃(2001年9月11日)、アフガニスタン戦争(2001～21年)、イラク戦争(2003～11年)、インドネシアの大地震(2004年12月)、地球温暖化など、東西冷戦下の図式には当てはまらない説明できない事件が起こっています。この時代は世界のIT化が進む時代で、それまでと違ってすべてがスピードをもって進むと同時に、その影響が加速度的に大きくなり、その衝撃はとてつもなく大きなものになるのです。

バブルはなぜ起こるか

日本でも、1985年以降にバブルが発生しました。その始まりは、中曽根政権下での国営企業の民営化であり、低利子率（公定歩合、今は政策金利といいます）による金融の緩和でした。しかし、それだけでバブルが発生するわけではありません。そこに関わる人間の意思というものが大きく作用しています。未来に対する楽観的予測が全体を覆い、それに挑戦する人々や組織が多数いることが条件です。

資本主義社会である限り、つねに生産と消費のバランスが崩れる可能性を秘めています。本章冒頭のマルクスの『資本論』の引用は、このことを指摘しています。貨幣の流通機能について、「まことの恋はままならぬ」というシェークスピアの『夏の夜の夢』の科白を使いながら、商品の売りと買いの分離を説明しているのです。生産したものが売れるとは限らないという深刻な問題が、資本主義経済には最初からあります。しかし、これがすぐに恐慌、すなわち経済全体の破綻につながるわけではありません。だからマルクスは「可能性」といっているだけで、それが「現実性」として現れるには、信用制度などの複雑な絡み合いを説明しなければならず、この「可能性」が現実になるには、単純な商品流通の立場からはまだ展開できない関係が展開するのを待つ必要があるのだ、というわけです。

幼いころに大恐慌を経験した経済学者のハイマン・ミンスキーは、この問題の解明に生涯

1929年10月の大恐慌が本当に悪化したのは、その後フーバー政権が小さな政府を謳って有効需要を創出しなかったから（ミンスキー）

を捧げました。景気循環としての「長期波動論」を唱えた経済学者ニコライ・コンドラチェフ（1892〜1938）も、経済破綻の研究にすべてを捧げた人物です。

ポーランド系ユダヤ人のハイマン・ミンスキーは、1933年の恐慌後の経済破綻の問題を追究しています。1929年10月に起こった大恐慌が本当に悪化したのは、当時の大統領フーバーが在位していた1933年以降のことです。確かに1929年10月の出来事は象徴的なものですが、それはあくまで象徴であり、その衝撃を経済破綻へ導いたのは、その後の政策の失敗であったということも事実です。

ミンスキーは、第二次大戦後の安定した景気を分析し、それが突如崩壊しかかった1966年の例と、1933年の例を比較します。ミンスキーによると、1966年の景気悪化が恐慌に至らなかった原因は、最後の貸し手としての連邦銀行、そして政府の財政支出があったことによります。他方、1933年が崩壊した理由は、当時フーバー政権は小さな政府を謳っており、政府が有効需要を創出しなかったからだというのです。同じことは連邦銀行の役割にも該当し、連邦政府とともに連邦銀行が、崩壊しつつある金融不安を積極的に下支えしなかったからだと指摘しています。

ミンスキーの考えからすれば、連邦政府や連邦銀行がそれぞれの役割を果たしていれば、恐慌は

ハイマン・ミンスキー
1919〜96、イリノイ州シカゴ出身の経済学者。セントルイス・ワシントン大学の経済学部教授。『投資と金融——資本主義経済の不安定性』など［Pontificador, 2016］

経済理論の前提である「経済人」（合理的に利己心に従って行動する人間）に対して、現実の経済人がどういう行動をするかということが、今日の経済学からは抜け落ちている

起きないということになります。つまり国家や国立銀行が経済に介入するケインズ経済学が一般的である限りは、恐慌は起きにくいということです。

とはいえ、ミンスキーは知り合いの銀行家とともに、金融不安が経済に与える現実の問題を詳しく研究した人物です。それまでの経済学理論では、金融現象は十分取り扱われていませんでした。さらにいえば、今日ますます複雑化していく金融システムに経済学が追いついていません。経済理論の前提である「経済人」（合理的に利己心に従って行動する人間）に対して、現実の経済人がどういう行動をするかということが、ここからは抜け落ちているのです。制度をいくら改善してみても、その制度を越えていく人間というものが現実には存在するのです。

1933
悪化する世界恐慌
1933 年、銀行に駆けつける人々［アメリカ国立公文書記録管理局］

投資家

賭博場であるカジノでもそうですが、そもそも投資家、言い換えれば投機家は、なぜ無茶

実際に投資や投機を行なう人間は、借金していてもさらに借金をして投資するポンジ型が少なくない

なことをするのかが、経済学では最初から問題にされていません。一般的な人間の在り方（経済人）が経済学では前提されていますので、それも致し方がないのですが、実際に投資や投機を行なう人間は、普通の人間とは少し異なるのかもしれません。一攫千金を狙う一発屋であり、賭け事を好み、突飛な行動をする人間かもしれません。実際には多種多様な人間によって社会は構成されているわけです。

ミンスキーが言うように、ポンジ型（ポンジとは一種のネズミ講組織。チャールズ・ポンジが１９２０年代に考え出した詐欺商法）の考えを持つ者が少なくないともいえます。借金していてもさらに借金をして投資する。借金を返すのではなく、次に大きなチャンスがあると思ってさらに借りて投資をするのです。競馬や競輪にはまってしまう人がいますが、冷静に見れば勝てるわけがないものに賭けるのはなぜなのでしょうか。

大恐慌が起こらないまでも、景気循環は存在します。国の機関が財政、金融支援をすることで大恐慌は回避できるということですが、その分、財政赤字が膨らみ、インフレ現象が進行します。インフレを止めるには金融を引き締めればいいのですが、そうすると景気は上向きません。しかもインフレは、貨幣価値の減少を意味しますから、より一層投資を促し、人々は投資に進みます。

ここで、次の景気循環が生まれます。インフレ→投資→破綻→国家の財政投入、銀行券の発行→インフレ。これを破綻させないようにするためには、つねに経済が成長し続けていけばいいのですが、１９７０年代になって欧米先進国では経済成長が止まりました。その結果、

ケインジアンに代わって、シカゴ学派のような需要サイドの経済学（マネタリスト）が登場し、資金は海外へと流れ、国家の自主決定権を制限するようになりました。そしてそれまであった、国家のさまざまな規制制度の変更を迫ります。恐慌に至らしめない国家の独自の歯止め（制度）が次第に緩んでいきます。こうした事態がレーガン時代から進んでいくのですが、これは欧米諸国の経済停滞という現象から発しています。

制度的ブレーキがなくなった資本は、世界中に投資され、複雑な金融取引に利用されていきます。国内においても国外においても規制が外されていくと、金融のセキュリティーが担保できなくなるのです。

制度的ブレーキがなくなった資本は、世界中に投資され、複雑な金融取引に利用されて、金融のセキュリティーが担保できなくなる

不合理な行動？

そうなると、投資家心理がそのまま経済行動となる時代がくるのです。スーザン・ストレンジは「カジノ資本主義」という言葉を使っていますが、まさに金融市場がカジノ化していきます。ストレンジはその著書でアメリカの経済学者フランク・ナイトに言及し、こう述べています。

投資家心理がそのまま経済行動となる「カジノ資本主義」（ストレンジ）

「（人は――引用者）自分自身の幸運に非合理的な確信を抱いている。これに加えて、彼らは従事している事業の成功の統計的確率を過大評価しがちである」（『カジノ資本主義』小林襄治訳、岩波書店、1989年、152ページ）

投機家の性格には、今まではうまくいかなかったが今回はうまくいくと考えるタイプ（新しいもの好き）と、今株価が上がっているから買っておこうというタイプ（流れに乗る）の二つがある（ガルブレイス）

これは、ナイトが若いころに書いた博士論文からの引用ですが、人間というものがいかにユーフォリア的なものに囚われるかが説かれています。カジノなどの賭け事にのめりこむ人には、とりわけそういう傾向があるのでしょうが、一般的に人間は楽観的に考えがちであるというのです。

ジョン・ケネス・ガルブレイス（1908〜2006）も、こうした投機家の性格を二つのタイプに分類しています。一つは「新しいもの好き」で、今まではうまくいかなかったが今回はうまくいくと考える人たちです。新しいことを始めるにはこれくらいの確信がないと始められないのですが、いささか単純にものごとを判断する人ともいえます。過去にもこうした例がいくつかあって、失敗したという事実を学習しない。今度こそは大丈夫だと盲信してしまうのです。

もう一つは「流れに乗る」タイプで、これはある意味で賢い人たちです。今株価が上がっているから買っておこうという人たちで、こうした便乗組が一気に株価の上昇を加熱させていきます。ガルブレイスは「バンドワゴン効果」という言葉も使っていて、これは多数の人が支持しているものに、より多くの支持が集まるという効果を指します。それによって人々は煽られていくのです。

ナイトは、リスクの背景としてこうした人々の存在を前提にします。彼の著書はずばり『危険・不確実性および利潤』というタイトルです。彼は経済学について次のように書いています。

「経済学は、人間科学である。その基礎は人間の行動原理にある。その結果、われわれ

「一度ある種の目的を遂行しようと決めると、それが絶対的な価値となる」（ナイト『危険・不確実および利潤』）

「人は価格や品質でものを選ばず、不合理な基準で選ぶ」（アリエリー『予想どおりに不合理』）

は、あらゆる経済生活を条件づけている人間行動の心理学への観察をもって始めねばならない。――多くの人間の衝動は、ゲーム精神に同化しようという傾向がある――一度ある種の目的を遂行しようと決めると、それが絶対的な価値となり、それを生活に合わせ、それに没頭するようになる」（Frank Knight, *Risk, Uncertainty and Profit*, Dover Publications, 2006, p.53）

まさに資本主義的利己心を持った人間（経済人）の行動をどのように分析するかということが中心課題になるわけですが、たいていの経済学は、ナイトが指摘するように人間をあまりにも単純化しすぎているわけです。フランスの作家バルザックのように、人間の多様性について周到に描ける経済学者はあまりいません。

最近は「行動経済学」という分野がありますが、その中でも有名な『予想どおりに不合理』（熊谷淳子訳、早川書房、2013年）というダン・アリエリーの書物があります。副題には「我々の決定をつくり上げる隠された力」（邦訳の副題は「行動経済学が明かす「あなたがそれを選ぶわけ」」）とあります。そこにナイトが主張した「人間の先験」と同じことが書かれています。アリエリーの著書では錨の「アンカー」という言葉がつけられていますが、私たちには初めから予見条件が設定されている、そうした実験を彼は大学で試したのですが、人は価格や品質でものを選ばない。ある意味で不合理な基準で選ぶ。だから不合理な行動が思わぬ事態を招くと

フランク・ナイト
1885〜1972、アメリカのシカゴ学派の経済学者。『危険・不確実性および利潤』など

いうのです。

合理的に行動すればうまくいくのか

なるほど人間は不合理だから、その行動の結果として不合理なことが起きる。では、もし人間が合理的な行動を採ると、結果も合理的になるのかという問題が一方であります。バブルが不合理なものであるとすれば、それは人間の不合理な行動が生んだ結果であり、もし合理的な行動を採れば、バブルなどは生まれないということになります。

ここでまず想起すべきなのは、アダム・スミスかもしれません。スミスは偉大な経済学の祖ですが、実は多くのことについて何も証明していないのです。ある意味で漠然とした仮説を立て、その上ですべてを説明しているようにも見えます。

彼の最大の仮説が、「神の見えざる手、または予定調和」というものです。神の見えざる手というのは、無政府的な市場経済の中で、最終的には神の見えざる手によって、調和が保たれるだろうという仮説です。しかし、これは仮説であり、証明されてはいません。だからこそ、商品経済社会ではつねに、均衡が保たれず、不均衡が起きる可能性がある。こうした仮説を立てることで、規制なく均衡が保たれるというのが、古典派経済学の最大の貢献でした。このおかげで、市民は国家権力に従属することなく自由に経済を運営できたからです。

それは19世紀後半には一般均衡理論へとつながり、20世紀には新古典派、そしてマネタリズムへとつながっていきます。

その理由は、人々が利己心にしたがって自由に振る舞うことは合理的な選択であり、こうした合理的選択によって社会は最終的には均衡するからです。しかし、これに文句をつけたのがジャン＝シャルル＝レオナール・シモンド・ド・シスモンディ（１７７３〜１８４２）というフランスの経済学者で、均衡は達成されず、恐慌が起こると噛みつきます。その後は、社会主義経済学者が現れます。マルクスはその一人です。そして20世紀にはケインズが登場します。

合理的に行動すればすべてうまくいくのか、それとも、合理的に行動しても不合理はつねに生じるのか

では合理的に行動すればすべて合理的でうまくいくのか。こうした理論を批判したのが、現在では「制度学派」と呼ばれる経済学です。だいたい人々は、うまくいかなかった場合、どこかに不合理なことが生じたからだと考えます。失敗したのは、不合理なことがあったからだ。すべてが合理的であれば、決して失敗することはないと考えたがるのです。

バブルが生じたのは、どこかで度を越した投資が行なわれるなど、不合理なことが起こったからだと考えたがるのですが、もしすべてが合理的であっても、つねに不合理が生じるとするならばどうでしょうか。これはさらに突っ込んでいうならば、個々の合理的行動と全体の合理的行動とは位相が違うということを意味しています。菊澤研宗《けんしゅう》の著書『組織の不条理日本軍の失敗に学ぶ』（中公文庫、２０１７年）は、制度学派の経済学を使った日本軍の失敗（とりわけインパール作戦の失敗）の話ですが、バブルもそれに似たことがいえます。

個々の合理的行動と全体の合理的行動とは位相が違う

人によってポジションが違うので、その合理的行動が異なるのも当然です。たとえば大学

バブルという現象は善（合理的）なる行為で防げるものではなく、自らの利益を上げるための合理的行為が、全体的にとてつもないバブルを生み出し、それが最後に爆発した

において大学全体をよくしようとすると、個々の教員の質を高めねばならない。これは合理的ですが、しかし個々の教員にとってそれは合理的ではない。なぜなら、彼らは首を切られる可能性があるからです。だから、彼らは職を守るために改革に反対する。この二つの合理性は相反し、誰もが納得できる合理的な結果は生まれません（とりわけ株主の行動と企業家の行動の対立がこれです）。

複雑になった社会においては、こうした限定的な合理性はますます増えています。だからこそ、それぞれが良かれと思って採った行為が、全体としては悪くなる。バブルという現象は、決して善（合理的）なる行為で防げるものではないということです。それぞれが善なる行動で動けば動くほど、全体は悪へと進む。日本のバブルにしろ、リーマンショックにしろ、日本やアメリカを破壊するためにやっている人はいません。自らの利益を上げるための合理的行為が、全体的にとてつもないバブルを生み出し、それが最後に爆発したと理解するのが一般的でしょう。

資本主義はバブルか

その意味で、マルクスも、ミンスキーも、ナイトも、資本主義である以上、その経済社会には必ずバブルのような状況が起きると述べています。これは資本主義経済が無政府的であるがゆえに必然であるというわけです。しかし、これを回避できるのかどうかという点に関

金融技術によって自己資金を持たなくても投資ができるため、借金をしてでも投資を重ねる

CDS（借金のツケを保障する証券）という巧妙な仕掛けによって偽りの安心感が生まれ、2008年のバブル崩壊につながった

しては、それぞれ意見が違います。

マルクスは、資本主義社会の生産力と生産関係との矛盾という形で、これを人ではなく経済制度の構造として分析します。ミンスキーとナイトは人間のユーフォリア的楽観主義として、その過程を分析します。金融技術によって、人々は自ら資金を持たなくても投資ができるため、借金をしてでも、投資を重ねます。そこには人間の射倖心があります。借金以上に利益を得られれば、借金も返せるし、次の投資もできると考えるわけです。金融（信用）という手段を使って、この深みにどんどんはまっていくのです。

自分だけは失敗しないという確信は、人々を楽観的にし、試験を受ける前に合格すると確信する受験生のように、努力もしないで運を天に任す。しかし、現実には、そんな幸運がそうそうあるわけではありません。たとえたまたまある時、自分だけに運があっても、すべての人に幸運があるわけではない。ここに崩壊が始まっています。

しかし、2008年まで続くバブルには巧妙な仕掛けがありました。借金のツケを保障する証券（CDS――クレディット・デフォルト・スワップ＝損失を補償する証券です）がはりめぐらされたことで、落下防止ネットのついた空中ブランコのように、落ちても失敗しても死にはしないという安心感が生まれたことです。土地を買った人は、最後は売ればいい。地価が上がれば利益がある。地価が下がっても、不動産業者は、それを銀行に補填させればいい。銀行は保険会社に補填させればいい。保険会社は、国家に保障させればいい。結局2008年のバブル崩壊は、最後の貸し手である国家によって何とか収まったのですが、1000兆円を

超えるバブルは保険会社でも、銀行でも保障できない。国家ですら、長期の赤字にさいなまれるという結果を生み出しました。

しかも、生産すればその分だけ売れるといった戦後の経済成長の時代と違って、長期的な生産停滞という状況に至っていたこともあり、その後の経済復興はままならない状況になっていました。あれから10年以上経っているのですが、株価は別として、全体としての生産拡大にはつながっていません。

本章はバブルがなぜ起こるかという問題を取り上げました。次章では、金融資本主義が惹き起こす国家破綻の問題、債務問題、そしてそれによる国家の疲弊、それらへの抵抗の問題を扱います。

第6章▼▼▼ 金融資本主義

ソ連崩壊によって金融資本主義は
世界市場を実現した。
一方でソ連崩壊は
アメリカにとって利用価値のなくなった国々を
破綻させていった。
裏切られた破綻国家が
かつての支援者であるアメリカに牙を剥く。

タリバンによって大仏が破壊されたバーミヤン渓谷の石窟 [Cultural Landscape and Archaeological Remains of the Bamiyan Valley, photo by Mario Santana, 2011, UNESCO Photobank Folder 086 UNESCO 30212189]

「アメリカでの九月一一日の事件が起こるまで、アフガニスタンは忘れられた国でした。今でさえも、アフガニスタンに向けられる関心は、そのほとんどが人道的なものではないのです。(中略)

ついに私は、仏像は、誰が破壊したのでもないという結論に達した。仏像は、恥辱のために崩れ落ちたのだ。アフガニスタンの虐げられた人びとに対し世界がここまで無関心であることを恥じ、自らの偉大さなど何の足しにもならないと知って砕けたのだ」(モフセン・マフマルバフ『アフガニスタンの仏像は破壊されたのではない恥辱のあまり崩れ落ちたのだ』武井みゆき、渡部良子訳、現代企画室、2001年、8ページおよび27ページ)

「これではまるで、パレスチナ人はそのなかの誰かがテロ行為を行なったときを除いては存在しないかのようだ。そういうときにだけ、世界のメディア装置はわきかえり、呼吸をして感覚をもった人間としての、本当の過去と本当の社会をもった民族としてのパレスチナ人の現実の存在に、テロリストという言葉の巨大な覆いをかぶせることによって圧殺してしまうのだ。ときおり異議の声があちこちであがるとはいえ、現代史において、これほどまでに系統的な人間らしさの剝奪が行なわれた例は、それに近いものでさえも、わたしは見たことがない」(エドワード・W・サイード『イスラエル、イラク、アメリカ』中野真紀子訳、みすず書房、2003年、30〜31ページ)

失われた戦争の現実感――はじめに

2001年9月11日、それは日本では火曜日の夜のことでした(現地は朝)。ちょうど私は大学のゼミ合宿を二つ抱えていて、嬬恋での一つ目の合宿を終え、月曜日に自宅に帰ってきて、水曜日から二つ目の合宿地である湯河原に行くちょうど間の日で、大学に行って調べ物をして帰ったら、テレビのニュース番組「ニュースステーション」で大変なことが起こっているという久米宏の声が聞こえてきました。もちろんテレビに釘付けになりました。最初のビルの攻撃の後、二機目の旅客機が突入するのを、テレビで見ていました。その後、二つのビルは倒壊し、一面の埃《ほこり》で何も見えなくなりました。

都合三回、私はこのビルが建っていた場所に行ったことがあります。一度目は、1997年の1月。上には昇らず、1階のスターバックスでコーヒーを飲みました。その時は、1993年の2月26日の世界貿易センタービルの地下駐車場での爆破事件のことを考えてい

2001/9/11

アメリカ同時多発テロ事件

アメリカン航空11便とユナイテッド航空175便が世界貿易センタービルに衝突した直後に撮影された写真[the Grandfather of YouTube user “Aviation Michael,” 2001]

戦争というものは、アメリカ人には非現実的な、ハリウッド映画の中のような世界に見えていた

ソ連崩壊後の世界は、自由と民主主義の天国になったのではなく、むしろ自らを守る者すらいない最悪の世界になっていたことに、先進国の人々は無関心だった

ました。二度目の訪問もその年の9月で、学生の語学研修を引率してフィラデルフィアに1か月滞在しました。今回は、しっかりと最上階に昇り、さらに上の屋上の展望台まで昇って、ニューヨーク市街の様子を写真とビデオに収めました。

三回目は2003年、イラク戦争真っただ中の3月末でした。この時、破壊されて何もない跡を見ました。タイムズスクエアでは戦争反対の小さなデモはありましたが、戦争しているとはほとんど思えない街の様子に、アメリカという国の不思議さを感じました。要するに戦争というものは、アメリカ人には非現実的な、ハリウッド映画の中の世界であるかのように見えているのではないかと感じたのです。

ちょうどその2年前の2001年3月、アフガニスタンの山奥のバーミヤンで、古代遺跡の仏像がタリバンによって破壊されました。その後、西側各国は、文化に対する冒涜《ぼうとく》として非難しましたが、それまでどれほどの人々が、この地域で国家が破綻し、多くの人々が飢えていたことを知っていたのでしょうか。ユーゴ紛争以後もこうした悲惨な戦争はずっと続いていたのです。ソ連崩壊後の世界は、自由と民主主義の天国になったのではなく、むしろ自らを守る者すらいない最悪の世界になっていたことを、先進国の人々がどれほど知っていたのでしょうか。

バブルは金融バブルであると同時に、先進国の人々の狂気、すなわち精神的弛緩でもあったということを認識しなければなりません。

1996年の夏にロンドンに行ったとき、それまで見てきたロンドンとは大きく様子が変

わっていたことを思い出します。サッカーのヨーロッパカップとテニスのウィンブルドンの二つのスポーツ・イベントで、街中がごった返していたこともあったのですが、１９８０年代後半の日本とよく似た「匂い」がしていたのです。人々の姿は、不景気に悩んでいた１９７０年代とまったく違って、表面的で浮かれていて何か地に足がついていない気がしました。

金融資本主義

金融資本主義という言葉は、とりわけ新しいものではありません。そもそも資本主義は、最初から金融と結びついていたわけですから。イギリスのような産業資本主義ですら、金融の媒介なく発展することはできなかったし、後発のフランスは、貴族の資金が「金融貴族（オートバンク）」を形成して、しっかりと産業資本主義を支えていました。

19世紀後半には、株式会社の発展と帝国主義によって、資本主義の中心は金融の中心でもあることが一般化します。

しかし、ここでいう金融資本主義はそうしたものではなく、金融以外の産業がその国で空洞化していく資本主義のことをいいます。産業のない資本主義というのは、理論的にはあり得ません。物質的な豊かさを実現するためには産業の発展が必要で、産業が発展しなくなると金融は投資先を失います。金融はつねに産業資本を必要とします。

金融はつねに投資先としての産業資本を必要とするが、それは必ずしも自国の産業である必要はない

先進国では、軍事力を維持するための高度技術とソフトがあればよく、それ以外のあまり重要でない産業は後進諸国に投げたため、多くの産業が海外に進出して国内における空洞化が生まれた

金融に特化することが可能になった金余りの国は、高い利益を安易に稼げるように、金融投資に励むようになった

一国で考えれば、なるほど産業は必然なのですが、一国ではなく世界で考えれば、自国に産業がなくても経済は回ります。ソ連崩壊以降の自由主義の流れを見ると、世界のどこかを産業資本の工場にして、そこに投資することによって資本主義が動くようになったということがわかります。

もちろん、そのためには、それを強制するための巨大な軍事力・政治力が必要です。そこでアメリカを中心として巨大な軍事大国が生まれました。これらの国が武力によって、金融資本の利益を守るために出動する。アメリカが世界の警察官となったのです。アメリカを中心とする先進国のグループは、だから〈帝国〉と呼ばれたわけです。

軍事力を維持するためには、やはり産業力が必要です。最新鋭の技術を開発することで、つねに先手をとって優位にことを進めることができます。軍事技術を高めるためには、当然ながら産業も優位でなければなりません。しかし、あまり重要でない細かいパーツや単純な作業は、後進諸国に投げてもいい。高度技術とソフトがあればよい。そのため先進国では多くの産業が海外に進出することで、国内における空洞化が生まれます。しかし、最終的組み立て、高度な研究所、大学、大企業の本社は本国に置くことで、優位な位置を占めています。

こうしたことを背景に、先進国は金融に特化することが可能になったのです。金余りの国は、高い利益を安易に稼げるように、金融投資に励むようになります。先進国だけを見ていると、活発な金融だけで豊かになっているように見えたのです。〈帝国〉全体では高度な産業技術は保護されていたのですが、そうしたものの収益より、海外投資による収益のほうが

大きく見えたのです。

ソ連崩壊以後の破綻国家

問題は、こうした自由主義的世界市場が実現される過程で、何が起こったのかということです。1991年までは冷戦構造によって、二つの陣営と第三世界という枠の中、すべてが国家単位で動いていました。それぞれの国家が、独裁的であろうと民主的であろうと、国家というセキュリティーが機能していました。だからこそ、防衛は基本的に自国防衛であり、国家間の戦争を前提として軍や作戦が機能していました。

しかし、ソ連・東欧の崩壊は、国家破綻と国家のセーフティーネットの崩壊をもたらします。その一つがユーゴスラヴィアの内戦だったわけです。ユーゴスラヴィア以外にも、各地で起こったことは国家の破綻でした。それは東側の宗主国であったソ連にもいえます。ソ連は傘下の連邦共和国が崩壊し、各地域が独立しましたが、その独立は各国民にとってきわめて過酷なものだったのです。

国家破綻によって、公務員や軍人などは職を失います。そうすると治安が乱れ、社会は混乱します。当時盛んに問題になったのは、カラシニコフ銃やバズーカ砲などが、場末の市場で取引されているという現実でした。国家の統治機能が失われたことで、銃や麻薬が自由に取引され、詐欺や強盗が一般化したのです。

冷戦時代に機能していた国家というセーフティーネットは、ソ連・東欧の崩壊でその機能を失い、ユーゴ内戦につながった

ソ連・東欧の力によって維持されてきた中南米、中東、アフリカなどの第三諸国が、支えを失って破綻状態に陥った

アメリカは各地でさまざまなゲリラを教育し、ソ連の支配下にある国家の政府と対立させていたが、アメリカが支援してきたゲリラ組織が、ソ連解体後はアメリカに牙を剝いた

ソ連から離脱した地域では、国家そのものの枠づくりから問題が生じていました。南オセチアの独立闘争、ナゴルノ・カラバフの解放闘争などが起こり、独立はどこまで可能であるかといったことが問題になります。また、宗教的対立の問題もあります。いち早くヨーロッパに承認され、西側に組み込まれた地域を別として、こうした混乱が陸続します。現在の紛争地域は、この地域との関連抜きには理解できません。

もう一つの大きな問題は、こうした直接的な東欧圏の崩壊による問題とは別に、ソ連・東欧の力によって維持されてきた第三諸国の崩壊です。かつてソ連によって維持されてきた政権が、中南米、中東、アフリカなどに多数あったのですが、それが崩壊していったのです。もちろん、アメリカなどの西側がそれをすぐに組み込んでしまったケースもありますが、実際にはそれらの地域は、強力な国家の支えを失って破綻状態に陥りました。

その典型が、中東からアフガニスタンまでの地域です。ユーゴ紛争を中心とした東欧国家の再編がほぼ終わるころ、新たな紛争地域として出現したのがこの地域です。以前からイスラエル問題として、中東の紛争は存在していたのですが、それはソ連と西側の対立という形で進んでいたわけです。アメリカは自国を支持させるために、各地でさまざまなゲリラを教育し、ソ連の支配下にある国家の政府と対立させていましたが、ソ連が存在しなくなった後に、アメリカ寄りの新しい政権をつくるはずが、それに失敗してしまいました。

その典型がアフガニスタンです。多民族国家であるアフガニスタンでは、民族間闘争の中で、アメリカが支持したゲリラ組織がソ連と戦っていました。ゲリラたちの多くは、アメリ

カ資本主義を支援したのではなく、また共産主義国家を批判していたのではなく、イスラム教の原理主義的思想のために戦っていたのです。彼らは、共産主義はイスラム主義を否定する、しかし、資本主義もイスラム主義を否定していることに気づきます。

オサマ・ビン・ラディンは、まさにこのねじれた構造の犠牲者です。ビン・ラディン家は、サウジアラビアの富豪の家庭であり、オサマもその一員であったことはよく知られています。アメリカは、このビン・ラディンと結びつき、サウジアラビアの開発を行なってきました。建設業を営む企業家であるビン・ラディン一族はその恩恵に与ると同時に、アメリカの政界とも深く関係していたわけです（このあたりに関しては、本山美彦『「帝国」と破綻国家』ナカニシヤ出版、2005年を参照のこと）。

イラクのフセインも同じく、アメリカの意を受けて反イランの中で権力を握ったのですが、オサマ・ビン・ラディンたちはアメリカを後ろ楯に、ソ連が支配するアフガニスタンを攻撃するためにアルカイーダを組織して、アメリカから援助を受けていたわけです。

ソ連がアフガニスタンを牛耳っている時代は、アメリカにとってアルカイーダは存在価値があったのですが、ソ連の崩壊とともに彼らの価値は失われてしまいます。不必要に

オサマ・ビン・ラディンらの「アルカイーダ」は、元々はソ連が支配するアフガニスタンを攻撃するためにアメリカから援助を受けて組織された

オサマ・ビン・ラディン

1957～2011、国際テロ組織「アルカーイダ」を設立、以降アメリカ同時多発テロ事件をはじめ数々のテロ事件を首謀。2011年5月、パキスタンでアメリカ海軍の軍事作戦によって殺害された。[Hamid Mir、2001]

アメリカはソ連撤退後のアフガニスタンを混乱のまま放置し、その無政府的状況でタリバン勢力が伸長

元はアメリカが育てた対ソ用のゲリラ組織だったアルカイーダは、アメリカの武器と旧ソ連の武器を持ち、アメリカの戦術について熟知していた

なった彼らはアメリカから捨てられることになるわけですが、アメリカはソ連撤退後のアフガニスタンを混乱のまま放置しました。そうすると国家は破綻し、無政府的状況に陥ります。そこでタリバン勢力が力を持ち、ソ連ばかりか、アメリカにも敵対心を抱くようになる。なぜなら、裏切られたという側面とアメリカ的資本主義の腐敗に、原理主義的に憎悪を感じるようになったからです。

アルカイーダのような国家をまたぎ、国家の存在を認めない勢力が中央アジア地域で増えていったのですが、彼らの攻撃の対象がアメリカに向かったわけです。彼らはアメリカの武器と旧ソ連の武器を持っています。こうして生まれた組織はイスラム原理主義と結びつき、破綻した国家を脅かす存在として中央アジアから中東、そしてアフリカにかけて拡大していきます。もともとアメリカが育てたゲリラ組織であったこともあり、アルカイーダはアメリカの戦術について熟知しています。

結局このことが、アメリカの戦術を大きく変えることになります。

（本山は先の著書の中でロットバーグの著書に則り、「破綻国家」「破綻しつつある国家」「弱い国家」の3種類に分類して、具体的に以下の国を挙げている。「破綻国家」＝アフガニスタン、コンゴ民主共和国、スーダン、リベリア、シエラレオーネ、ブルンジ、アンゴラ。「破綻しつつある国家」＝コロンビア、コートジボワール、ジンバブエ、イラク、北朝鮮、ネパール、インドネシア。「弱い国家」＝グアテマラ、ハイチ、エクアドル、ガイアナ、ボリビア、中央アフリカ、パラグアイ、マリ、ニジェール、チャド、ギニア、ブルキナ・ファソ、ガーナ、ナイジェリア、中央アフリカ共和国、マラウイ、マダガスカル、ベラルーシ、モルドバ、グルジア、ト

ルクメニスタン、タジキスタン、キルギス、レバノン、ミャンマー、ラオス、カンボジア、フィリピン、パプアニューギニア、ソロモン諸島、フィジー。前掲書、144ページ）

アメリカの冷戦以後の戦略の変化

フランシス・フクヤマは、アメリカのこれまでの戦略は国家間の戦争を前提にしていたが、これからはゲリラ闘争が必要な時代になったと主張していますが、これはアメリカの戦略変化に現れています。

このことがネグリとハートの『〈帝国〉』の中に出てくる「マルチチュード」という概念です。この概念は、既存の国家、すなわち資本制システム下の合理的な統治装置として存在する国家を否定した人民の結合体として考えられたものですが、現実的には、破綻した国家の後に出現した新しい組織のことをいいます。既存の国家体制から見れば彼らはテロリストですが、彼らの自己認識からすれば、生身の人間として生きることを目的とする「バイオポリティクス」（生政治学）の人間ということになります。

「世界市場においてはあらゆる人間が交換可能であるというイデオロギー的幻想を転倒させる

国家破綻の後に、既存の国家を否定して出現した新しい人民の結合体「マルチチュード」は、既存の国家体制から見れば彼らはテロリストだが、彼らの自己認識からすれば、生身の人間として生きることを目的とする「バイオポリティクス」（生政治学）の人間である（ネグリ&ハート『〈帝国〉』）

アントニオ・ネグリ

1933〜2023、イタリアの哲学者、政治活動家。『〈帝国〉』（M・ハートとの共著）、『マルクスを超えるマルクス』など［Fábio Goveia, 2008］

アメリカを中心とした先進国と対峙しているのは、もはやソ連のような国家ではなく、国家に限定されない人民の集団

ことで、マルチチュードはみずからの特異性を肯定する。市場イデオロギーを足で立たせながら、マルチチュードはみずからの労働をとおし、グローバルな交換のありとあらゆる結節点を横切って、人間存在のさまざまな集団と集合体の生政治的な特異化を促進するのだ。（中略）生政治的な生産の諸領域に広がる協働とコミュニケーションが新しい生産的特異性を規定している。マルチチュードは単純に諸々の国民や人民を寄せ集め、無差別に混ぜ合わせることによって形成されるわけではない。つまり、マルチチュードは、新しい国〔都市〕の特異な力なのである」（『〈帝国〉』前掲訳書、490～91ページ）

要するに、アメリカを中心とした先進国と対峙しているのは、もはやソ連のような国家ではなく、国家に限定されない人民の集団だということです。しかも、彼らは原理的に反資本主義的な理念を持っている。「生政治学」というのは、人間らしい生き方をすることで自らを取り戻すということであり、「特異性（Singularity）」とは、ほかに代わり得ない独自性を持つということです。

彼らと戦うには、これまでのような駐留軍という固定的な方法ではなく、ゲリラ戦に備える臨機応変の体制が求められるわけです。2001年以降、小泉政権がアメリカのブッシュ政権に求められた戦略は、この機動性でした。だからこそ、沖縄などの日本の基地はなくてもいい。グアム島で十分であり、日本の基地は米軍と日本の自衛隊との共同とし、適宜利用する。そしてコストを下げ、その分を新しい兵器開発に注ぐということです（もちろん、リーマンショック以後の変化で、中国やロシアが再度力を持つようになったことで、この戦略は終わりましたが）。

戦争経済学

経済の発展のためには局地型戦争は不可避であることを統計的に検証する「戦争経済学」

21世紀の問題は、こうした局地戦が、国家間の戦争と違って、経済発展の中に組み込み可能かどうかということでした。戦争は政治的問題ではなく経済的問題であり、経済の発展のためには局地型戦争はある意味で不可避であり、むしろ経済的利益があるともいえます。「戦争経済学」の登場です。

ポール・ポーストの『戦争の経済学』（山形浩生訳、バジリコ、2007年）という興味深い本があります。これは、戦争というものが経済的に見て利益があるのかどうかを、統計的に考えようという書物です。確かに戦争は有効需要を促進したり、軍需産業を発展させたりして、生産拡大をもたらすように見えます。しかし生産力を破壊したり、膨大な財政赤字を生み出したり、人的被害を増大させる点で、決して利益はないとも考えられます。しかし、実際はどうなのでしょうか。

彼は、19世紀前半のフランスとイギリスが戦ったナポレオン戦争の例も取り上げています。これはイギリスにとってプラスになったというのです。イギリスが世界に冠たる大英帝国になったのは、まさにこの戦争のおかげだったのです。もちろん、イギリスは戦場にならず、生産力を維持できたということが大きいのですが。

では第二次大戦はどうか。これはナポレオン戦争の時のイギリスと同じく、アメリカは戦

アメリカ経済にとってプラスに働いた第二次大戦と朝鮮戦争、マイナスに働いたベトナム戦争

禍を免れています。さらにアメリカは、イギリスやロシアへ武器を売ることで、軍需生産が潤い、それが1929年の大恐慌を吹き飛ばすほどのものであったことも事実です。結果としてこれは、アメリカにとって大きなプラスになったわけです。失業率やGDPが改善され、世界経済を支配するアメリカが生まれました。その反動が戦後に襲いますが、朝鮮戦争によってその不況を乗り切ります。第一次大戦でも戦後不況がやってきましたが、これも土地ブームのバブルによって乗り切ったものの、それが1929年恐慌の原因となりました。

他方、1965〜75年にかけてのベトナム戦争は、アメリカにとって良い結果をもたらしたとは言えないようです。これはアメリカ経済が成熟してきたという問題とも関係していますが、アメリカ経済の勢いを奪った結果になったことは間違いありません。

ではここ30年の戦争はどうでしょうか。ベトナム戦争以降のアメリカの本格的な戦争は、1990年のイラクのクウェート侵攻を発端とする湾岸戦争と、2003年のイラク戦争です。同じイラクが相手ですが、戦争期間の長さという点で決定的に違っています。前者はすぐに終わりましたが、後者はある意味でいまだに終わってはいません。

1991/1/17

湾岸戦争勃発

砂漠の嵐作戦によって撤退するイラク軍の上空を飛行するアメリカ空軍の戦闘機 F-15、F-16［US Air Force, 1991］

湾岸戦争（1990年）からイラク戦争撤退（2021年）までの戦費は、総額3兆ドル

「条件がそろえば戦争は経済にとっては有益だ」（ポースト『戦争の経済学』）

前者は、ブッシュの父シニアの時代で、アメリカ軍の損害は少なかったのですが、利益もなかったという点が特徴的だといわれています。局地型戦争であって、全面戦争ではなく、その後、長期の影響をもたらさなかった戦争だったといえます。

後者は「9・11」のアフガン戦争と併存した戦争ともいえます。米軍のアフガニスタンからの撤退はやっと2021年に行なわれます。イラクにはいまだに米軍が駐留しているので、この戦争は終わっていないともいえるのです。戦費を計算すると膨大なものになっているはずですが、著名な経済学者スティグリッツの計算では、その額は総額3兆ドルとなります（ジョセフ・スティグリッツ、リンダ・ビルムズ『世界を不幸にするアメリカの戦争経済　イラク戦費3兆ドルの衝撃』（楡井浩一訳、徳間書店、2008年）。

いずれにしろすべての戦争が経済に資するわけではないということですが、『戦争の経済学』にポーストはさらりとこう書いています。

「条件がそろえば戦争は経済にとっては有益だ。その条件は、開戦時点での低経済成長、および開戦時点での低いリソース利用度、戦時中の巨額の継続的な支出、紛争が長引か

2003/3/20

イラク戦争（第２次湾岸戦争）勃発

フセイン家の長男ウダイと次男クサイの潜伏拠点を強襲する第20合同任務部隊のデルタフォースおよび米第101空挺師団第327歩兵連隊第3大隊［SPC Robert Woodward, 2003］

ないこと、本土で戦闘が行われない戦争であること、資金調達がきちんとした戦争であること」（『戦争の経済学』104ページ）

アフガン戦争はちょうど2001年、アメリカのITバブルが崩壊するころに起こり、ある意味で景気を引っ張ったのです。とりわけ戦争を経済として捉えるという考え方がかなり明確に出た時代です。ポーストは国家としての経済に焦点をおいていますので、その意味では戦争経済のメリット、デメリットは、その条件次第でしょうが、個々の企業レベルではそれぞれ異なります。戦争で儲かる軍事関連企業が間違いなく存在しています。

ピーター・W・シンガーの『戦争請負会社』（山崎淳訳、NHK出版、2004年）は、兵站《へいたん》など戦争の後方支援がどんどん請負会社によって担われるようになっていると述べています。国家の事業が民営化されること自体、とりわけ新しいわけではないのですが、軍事的なものが民営化されるとすれば、それは傭兵なのかどうかです。実は、軍の糧秣《りょうまつ》を担当する仕事の多くを民間会社が請け負い、高い給与で労働者を募り配置しているのです。労働者たちは軍の警備を担ったり、自ら武器を持って運送に携わります。これらの事業は当然、アメリカ政府と一体で行なわれています。

戦争の後方支援や傭兵派遣をブラックウォーターなどの民間企業が受託

とりわけ有名な会社がブラックウォーターUSA（現アカデミ）で、世界最強の傭兵企業ともいわれています（ジェレミー・スケイヒル『Blackwater 世界最強の傭兵企業』益岡賢、塩山花子訳、作品社、2014年）。2021年6月29日に亡くなったアメリカの国防長官ドナルド・ラムズフェルド（1932〜2021）は、国防省で民間会社への委託を主導した人物です。彼は

戦争経済は、戦争が経済に資するというレベルから、戦争それ自体が企業の発展に資するレベルへと進化している

アメリカは1789年のフランス革命以後、ほぼ毎年どこかと戦争している

国防省の仕事を民営化することに邁進したのですが、2001年9月11日までノースカロライナの小さな企業であったブラックウォーターが突然大きな会社へと発展するきっかけをつくります。ハリバートンやブラックウォーターといった民間軍事企業は、ロビイストとして政府に取り入り、軍事関係の仕事を回してもらいます。その見返りに、支援を受けて政府に働きかけた議員は、議員を辞めた後、その会社の取締役に就くという具合です。

戦争経済は、戦争が経済に資するというレベルから、戦争それ自体が企業の発展に資するレベルへと進化しているのです。そうなると、政府は企業の成長のためにつねに戦争をし、米軍は世界中に駐留をし続けなければならなくなります。これらの企業へ金を支払うのはアメリカだけではありません。むしろ当該国の国民の税金が注がれることになります。それを正当化するためには、テロへの恐怖、自由と人権を守るという大義名分が必要です。

米軍は世界の40か国以上の国に駐留していて、ドイツと日本はその最大の基地を擁し、それぞれ4万人以上軍人がいます。アメリカはほぼ毎日、地球上のどこかで戦争しているといってもいい状態です。ウィリアム・ブルムの『アメリカの国家犯罪全書』（益岡賢訳、作品社、2003年）、『アメリカ侵略全史』（益岡賢ほか訳、作品社、2018年）では、アメリカが世界中でいつも戦争をしている実態を語っています。それによると、アメリカは1789年のフランス革命以後にフランスとドミニカで海戦を行なってから、ほぼ毎年どこかと戦争しているという事実が挙げられています。

最近では、アメリカは人間がほとんど直接関与しない戦争を仕掛けています。それと同時

に宣戦布告をしない戦争も〝テロ対策〟として行なっています。無人の「プレデター」という攻撃機を湾岸で飛ばし、カリフォルニアの基地からレーダーで誘導する攻撃が、イエメンなどに向けられていました。こうしてコスト削減に努めることになります。

ちなみに少し古いですが、戦争と資本主義との関係を扱った文献が二つあります。一つはローザ・ルクセンブルクの『資本蓄積論』（全3冊、小林勝訳、御茶の水書房、2011〜17年）、もう一つはヴェルナー・ゾンバルトの『戦争と資本主義』（金森誠也訳、講談社学術文庫、2010年）です。ゾンバルトはこう言っています。

「しかし、それでもなおかつ戦争がなければ、そもそも資本主義は存在しなかった。戦争は資本主義の組織をたんに破壊し、資本主義の発展をたんに阻んだばかりではない。それと同時に戦争は資本主義の発展を促進した。いやそればかりか、戦争はその発展をはじめて可能にした」（『戦争と資本主義』24ページ）。

「戦争がなければ、そもそも資本主義は存在しなかった」（ゾンバルト『戦争と資本主義』）

負債の構造

冷戦崩壊後、弱小国家の経済は、先進国経済の支配を受けるようになります。それは皮肉なことに民主化でした。開発独裁によって長期独裁が続いていると、利権を享受できる者は限られていたのですが、民主化を図ることで多くの者が利権に与ろうと、アメリカに取り入るようになってきました。アメリカに受けのいい政権は腐敗を続け、民衆の反感を買うことになったのです。

また破綻国家の経済に大きな打撃を与えたのは、それまで保護を与えていたソ連がいなくなって、石油を産出しないこれらの国の原料価格が買い叩かれ経済が悪化したこと、それに追い討ちをかけるように重要な燃料資源の石油価格が上昇して貿易赤字が拡大し、その赤字を埋めるために、アメリカなど西側先進国から多くの負債を抱えるようになったことが原因です。

このような後進地域の負債の構造は、資本主義の宿痾《しゅくあ》であると言ってもいいでしょう。後進地域は原料供出国あるいは低賃金労働供給国として、つねに先進国に従属することになります。冷戦時代は、こうした国家にも価値があったのです。ソ連側につくか、アメリカ側につくかで、先進国の保護を得られるなど、限定的とはいえその支配から逃れることができたのです。しかし、その構造が失われたことで、後進地域は資本市場の中に完全に組み込まれてしまいました。

もちろん、それが特定の国家が統治する地域であれば、赤裸々な搾取にはならず、資本投資による技術の向上や、経済成長の実現が図られるのですが、破綻国家にはそれらが望めないため、あからさまな締め付けが起こります。当時、これといった資源を持たなかったアフガニスタンでは、アメリカによってケシ栽培が促進され、それがアメリカの生産物の代金になっていました。ケシ栽培によるアヘン貿易は、タリバンではなく、先進国が行なっていたともいえるのです。これは戦時中に日本軍が満州で行なったことにも似ています。


ソ連の保護を失った破綻国家アフガニスタンは、資本投資による技術の向上や経済成長が見込めなくなり、アメリカによってケシ栽培が促進され、それがアメリカの生産物の代金になっていた

ソ連の崩壊で、先進資本主義国によるロシア・東欧およびその衛星国への貸付けが拡大し、そこで低価格の製品が生産され、コストの低下で先進国の企業の優位が維持できるという構造が確立

いずれにしろ、19世紀初めに独立した中南米諸国から、20世紀に独立したアジアおよびアフリカ諸国に至るまで、負債の構造は変わらず、負債によってさらに負債が雪だるま式に増え、最終的には先進国に完全に支配されるという状態が続きます。それは、それらの国が開発独裁であろうと、民主的体制であろうと同じことで、むしろ民主制になるほうが、利権をめぐる政治が容易になることで、この負債による先進国への従属は深刻化していきます。

エリック・トゥーサンの『負債システム　国家負債とその否定』(Eric Toussaint, *The Debt System. A History of Sovereign Debts and their Repudiation*, Haymarket Books, Chicago, 2019) では、19世紀後半から債務過多に陥った後進地域が、なぜ債務の連鎖から逃れられないのかについて、その歴史を説いています。

「19世紀をつうじて、外債による支配は、主要資本主義国の帝国主義的支配の重要な部分であった。それは新しい形式で、21世紀にも伝染し続けている」(p.1)

ソ連崩壊以後の先進資本主義国の経済的拡大は、後進地域への大量の資本貸付けと、それによる海外企業の誘致、低賃金での生産、原料価格の低下によって成り立っていました。これが金融資本主義の背景でした。ソ連の崩壊によって、ロシア・東欧への貸付け、さらにはその衛星国への貸付けが拡大し、そこで過剰な製品が販売され、さらにそこで低価格の製品が生産され、コストの低下で先進国の企業の優位が維持できるという構造が確立したのです。

もちろん、その反動として破綻国家における抵抗運動が起こり、それが破綻国家における反政府勢力の拡大、テロ攻撃、大量難民をもたらしたことも事実です。最近ではこうした後

先進国での金融緩和は、「アジアの四小龍」と呼ばれたシンガポール、台湾、香港、韓国などを短期的な経済的興隆に導いた

進地域・破綻国家に、復活したロシアや新しい超国家中国が進出することで、新たな緊張関係が出現しています。

先進国での金融緩和は、こうした新しい市場での先進国企業の拡大と、これらの地域に短期的な繁栄をもたらしました。「アジアの四小龍」と呼ばれたシンガポール、台湾、香港、韓国などを経済的興隆に導いたのですが、これらはつねに先進国の資本に依存する限りにおいてのもので、生《せい》殺《さつ》与《よ》奪《だつ》の権を彼らに握られていました。

こうした状況の中で、世界的な信用（金融）制度の改革が進んでいきます。市場の拡大による高成長が、次第に歯止めのかからない信用の加速化をもたらし、それはやがて先進国内でも投機ブームを生み出し、バブルへと突き進みます。世界市場においては、積極的な海外進出へと向かい、それが一時的にしろ世界は平均化する（トーマス・フリードマン『フラット化する世界』上下巻、伏見威蕃訳、日本経済新聞出版社、2006年および2008年）という幻想を生み出します。

2021年、日本は357兆円の海外資産を有する債権国であるという報道がなされました。日本は海外資産世界一の債権国ですが、2位はドイツで、逆に対外債務の多い国はアメリカ、イギリス、フランスです。問題は、債務に悩む国の多くが後進国だということです。アメリカやイギリスは債務国ですが、世界の資本を集めることで世界の中心にいるということになります。世界の基軸通貨体制（ドル、ポンド、ユーロ）の中心にいるために崩壊する心配がないということが、これらの先進国の国の信用をなしています。

後進地域は、つねに債務返済の義務を負わされることで、政治経済的に先進国に従属させられています。欧米先進諸国（日本を含む）以外は、つねにその恐怖のもと従属しなければならないわけですが、破綻国家などにはそれすらないわけで、この世界経済の構造の外にいることになります。

本章の冒頭に掲載した、破壊されたバーミヤンの石像の写真とそれについての引用文は、まさにこの悲しみと恥辱について語っています。それらの国がふだん問題になることはなく、問題になるとすれば、それらの国がテロを行ない、世界にその存在を知らしめるときだけです。

冷戦崩壊以後、2000年代初頭までの世界の政治経済の構造は、トップのサミット（G7）諸国、その周りの西欧諸国、この下にアジアの四小龍、東欧、その下に中国、ロシア、ラテン・アメリカ諸国、東南アジア、その下にアフリカ諸国、その最底辺に破綻国家が位置するということになります。

この構造は、金融資本主義の中にしっかりと組み込まれ、GDPという言葉が示すように、国内の生産力でいえば上位に来るアジアの諸国も、その実は海外先進国の工場がその地で生産することによるものであり、その意味では資本注入を受けている債務国でもあるわけです。だからこそ、韓国や台湾は債権国になることにこだわっているのです。

日本は国内においては貧困・格差の問題などで落ちぶれたとしても、海外投資によって強力な債権国の地位を維持しており、サミットを形成する一員となっているのです。

後進地域は、つねに債務返済の義務を負わされることで、政治経済的に先進国に従属させられているが、破綻国家などにはそれすらなく、この世界経済の構造の外にいる

GDPでいえば上位に来るアジアの諸国も、その実は海外先進国の工場がその地で生産することによるものであり、その意味では資本注入を受けている債務国でもある

第7章 リーマン恐慌

新しい投資先を求めて
過剰資本が編み出したのは、
債権を小さく切り刻みリスクを分散させる
「損をしない投資」という
夢のような金融工学の手法だったが……。

差し押さえられる前に持ち主自身が売却しようとした家。プレートには「銀行を介する必要なし」とある［Casey Serin, 2006/12］

「一九九九年の「金融近代化法」によって、それまで「グラス＝スティーガル法」（一九三三年）によって分離されていた銀行、証券、保険業務を傘下にもつことが許されるようになったアメリカの金融機関は、巨大なコングロマリットになった。アメリカには、日本の天下りよりももっと壮大な権力機構を構成するシステムがある。金融界の大御所が財務長官になるのである。また、外国の企業がアメリカで上場する場合、会計検査業務のほぼすべてを握っている四大会計事務所に依頼せざるを得ない。重要な企業内情報はここでアメリカの会計事務所に筒抜けになる。そして、会計事務所の上級調査員が各種ファンドを設立する。会計事務所の幹部はアメリカ証券取引委員会（ＳＥＣ）の幹部にもなる。格付け会社がこれに加わる。この格付け会社が企業の生殺与奪の力をもつ。ウォール街の証券会社やアナリスト、そして、法律事務所と政治家。こうした組織が結びついて、金融権力を構成している」（本山美彦『金融権力』岩波新書、２００８年、39〜40ページ）

「市場におけるパイオニアのルイス・ラニエリは委員会に対してこう言った。彼が市場の関係者たちに、機関のない債券の安定化という概念について示したとき、彼らはこう尋ねた。「スタッフはあまり複雑すぎて、どうやって知るべきだろうか。バイヤーはどうやって買うのか」と。ラニエリはこう言った。「解決の一つは、格付けを持っていることだ。そしてそれはビジネスにおける格付け会社がそれを付けている」と」（Final Report of the National Commission on the Causes of the Financial and Economic Crisis in the United States, *The Financial Crisis In-*

quiry Report, Authorized Edition, Public Affairs, New York, 2011, p.68　以下、『金融危機調査レポート』）

格付けしたがる者たち——はじめに

２００８年９月、誰もが予期しなかったことが起こりました。恐慌は二度と来ないと確信しきった人々は、１９２９年以来の大恐慌に驚きました。この驚きは、２００１年９月11日以上の出来事でした。なぜなら、これはその後、長きに及ぶ、世界経済の不安を生み出したからです。それから10年以上が経ち、２０１９年末からはコロナパンデミックにおののいています。資本主義経済にこれまでのような勢いがないのはなぜか。それを示したものこそ、この「リーマンクライシス」と言われるものです。

１９８８年２〜４月の初めまで、私はフランスで資料調査をしていました。そのころフランスは物価が異常に安くて、たまたま地方を回っていたこともあり、『ミシュランガイド』のレストラン評価を参照しながら、地方の星付きレストランを

2008/9/15

リーマン・ブラザーズ倒産

ニューヨーク市マンハッタンの７番街と西49番街にあった大手投資銀行リーマン・ブラザーズのビル。写真は倒産する半年ほど前に撮られたもの［Arnoldius, 2008/3/31］

探して訪ねていました。ずいぶんリッチな旅行だったのですが、パリとは違ってレストランも結構安い。さらに、三つ星は地方にはまずありませんので、行くとしてもせいぜい二つ星か一つ星です。午前中にアーカイブで仕事をすると、2時間の昼休みとなります。フランスはまだのどかな時代でした。この2時間をどう過ごすかが問題です。そこでそうしたレストランへ行くことを思いついたのです。

昼食ですので、取るのはたいてい「メニュー」と言われる定食です。そこで疑問に思ったのは、いったいミシュランの星はどうやって決まっているのだろうということでした。一応その基準枠はありました。まず、グラン・メゾンかホテルか。建物の外観や内装が豪華かどうか。店に入るとまずクロークがあり、その先にバーがあり、そこでアペリティフ（食前酒）を飲み、やがてテーブルに案内される。その周りに絵画が豪快に飾ってあるかどうか。そしてテーブルには前もって銀の食器やリモージュ焼きの器が並んでいる。案内する店員の数、部屋の数なども重要です。ワインの品数も重要です。ワインリストの質はどうか。カーブ（地下ワイン貯蔵庫）があるか。その中にどれほどの高級ワインがあるか。年代もどれくらいのものがあるか。

いよいよ料理ですが、まず料理長がいるのかいないのか。いなければ弟子が調理していることになります。評判の料理は何か。そしてその価格がどれくらいか。昼と夜とでは価格が1・5倍くらい違います。そして客層はどんな感じか。パリのル・グラン・ヴフールは、18世紀からある老舗のレストランで、文豪ユゴーやバルザックが座った椅子が残っています。

能力ほどわかりにくいものはなく、ゆえにメリトクラシー＝能力主義はいつのまにか学歴主義となり、大学の格付けにかかっていく

今では三つ星ですが、私が訪ねた当時は二つ星でした。他にはランスのシェ・ボワイエ、またの名をキュリエールにはヘリポートまである。リヨンのピエール・オルシは町の真ん中の一軒家（グラン・メゾン）で化粧室は大きく豪華である。

ミシュランの星は、こうした外見を総合評価して付けています。いわゆるレーティング（Rating）というもので、今では大学・企業などすべてにこの格付けがつくようになっています。こうした権威付けに弱い国民である日本人は、日々このランキングに悩まされています。一流の高校、大学、企業、あるいはブランドバッグ、自動車などの格付けに、さらに流行が加わり、日々それを追っかけることで人生を終えるようなものです。まさに「儚《はかな》い」人生ですが、この浮草のような儚い国民は、こうした格付けをする企業に絶大なる信用を置いています。とりわけ、かつての身分制や階級制という封建制度にどっぷり浸かっていた日本人は、ここから抜け出ることは難しく、自分の先祖が武士であるとか、公家であるとかといったことを自慢する人がいまだにいます。

本章の重要なテーマとなるのが「人々はなぜ格付けを信じるのか」という問題です。

デイヴィッド・グッドハートという人の書いた『頭 手 心』（外村次郎訳、実業之日本社、２０２２年）という本があります。この本には、いつからメリトクラシーとしての学歴主義が始まったのかが書かれています。メリトクラシーとはつまり能力主義のことですが、実は能力ほどわかりにくいものはありません。だから能力主義が、いつのまにか学歴主義となっていったわけです。学歴主義は、大学の格付けにかかっています。この格付けがおかしいと、その能力も信用で

企業や銀行の能力は、スタンダード・アンド・プアーズ（S&P）、ムーディーズ、フィッチなどの格付け会社が付ける「AAA」といった標識で測られる

きなくなります。しかし、この能力の格付けをとりあえず信用して、我々の世界は機能しているのです。格付けに疑義をはさむ者はいないということが前提にされています。

では、企業や銀行の能力はどうやって測られるのかというと、それはスタンダード・アンド・プアーズ（S&P）やムーディーズ、フィッチ（Fitch Ratings）などの格付け会社が付ける「AAA」といった標識で測られています。もしこの標識が正しくなかったら、いやあえて正しく付けていなかったらどうなるのか。これこそ、リーマンクライシスを生み出した原因といってもいいでしょう。

財界から選ばれた人間が政府系の金融機関の重要ポストに座り、そうした要人が信用会社を設立し、証券関係の高い地位に就き、彼らの意に沿った会社に高いランキングを付ける、という詐欺的構造

金融コングロマリット　格付け会社の存在

本山美彦の『金融権力』（岩波新書、2008年）は、この格付け会社の持つ影響力について言及した書物です。彼は本章の冒頭の引用（148ページ）のように、こうした格付けシステムは、アメリカの国家的プロジェクトの一環であると述べています。それはある種、詐欺的構造になっているというのです。

政府系の金融機関の重要ポストに、財界から選ばれた人間が座る。そして、すべての企業がアメリカの少数の有力会計事務所に調査され、丸裸にされる。こうした要人が信用会社を設立し、証券関係の高い地位に就く。彼らの意に沿った会社には高いランキングを付ける。こうして信用が拡大していく。

このような構造は、なにも会社だけではありません。大学もそうなっています。「THE」（タイムズ・ハイヤー・エデュケーション）のような権威ある格付け会社は、世界の大学を格付けしているのですが、トップ20のほとんどは英語圏の大学です。それを見た一般企業は、これらの大学に財政支援をします。だからランキング上位の大学はさらに強くなる。これはアメリカ的基準のなせる業で、英語で論文が書かれているか、敷地が広いか、留学生が多いか、教員当たりの学生の比率が小さいかなど、アメリカに有利な項目が並んでいます。非英語圏の大学ではこれに勝つために教員が英語で論文を書き、英語で講義することが必要であるとされ、アメリカ人の教員は、英語が普及しているために海外の大学に仕事を求めるのに有利となり、それがさらにアメリカのこの基準の価値を高めていきます。

リーマンクライシスが起こった過程

アメリカ議会は、リーマンクライシスを受けて調査委員会を設置し、数年の調査の後、かなり厚い500ページを超える報告書を提出しました。これが『金融危機調査レポート』です。これより前には、「9・11」に関する調査報告書が出されています。

本章冒頭の二つ目の引用は、ソロモンブラザーズの担当役員ルイス・ラニエリが調査委員会の調査を受けた時の証言です。引用文では、ある債権がリスクの高いものであるかそうでないか、それを知る方法はあるか、あるとすれば、その債権をどんな企業が保証しているかというわけです。その企業が先の格付け会社です。

では、これらの格付けはどうやってなされているのでしょうか。さぞかし、立派な評価基準があり、客観的なものだと思われるかもしれませんが、実際にそんなものがあり得るのでしょうか。また、辛口の点数をつけた格付け会社は、パージされる恐れはないのでしょうか。格付け会社と格付けされる会社とのもたれあいがあるとすれば、その格付けは客観的であるとはいえないことになります。

さて有名な格付け会社といえば、先にも少し触れたムーディーズとS&Pですが、これらは20世紀の初期に生まれた老舗であり、決して新しい会社ではありません。仁科剛平『格付け会社「ムーディーズ」その実力と正体』（祥伝社、1998年）によると、こうした格付け会社がアメリカで発展した理由は、アメリカにおける銀行の資金力の弱さにあるといいます。銀行の資金力が弱かったアメリカでは、企業が銀行から十分な融資を受けることができず、社債、株式の発行に依存するしかなかったので、企業の格付けが必要であったというのです。その意味からいえば、最初からこうした格付け会社に諸悪の根源があるとはいえません。

ただし、2008年のリーマンクライシスに際して格付け会社が果たした役割を見るとき、はたして中立だったのかという疑問があります。議会報告書の中でも、これについて触れています。

格付け会社がアメリカで発展した理由は、銀行の資金力が弱かったアメリカでは、企業が銀行から十分な融資を受けることができず、社債、株式の発行に依存するしかなかったので、企業の格付けが必要であったため

「CDO（債務担保証券）を攪乱する装置は、三つの指導的格付け会社、ムーディーズ、S&P、フィッチによるこうした取引に対して与えられる評価規準なく動くことはな

危険なジャンク債を切り売りしたCDO（債務担保証券）を安全だと評価することで、支払い能力のない人々への不動産販売を促進し、その危険な債権を銀行や保険会社にたらい回ししたことの責任が、格付け会社にはある（『金融危機調査レポート』）

かっただろう。投資家は、自らの信用分析よりも、格付け会社の考えにしばしば基づいていた。ムーディーズにはその取引に応じて手数料が支払われていた。2006年と2007年の「標準的」CDOに関しては50万ドル、複雑なCDOに関しては85万ドルという上限はあったが」（『金融危機調査レポート』p.146）

委員会報告書の結論的部分でも、格付け会社に関してはこう述べられています。

「信用格付け会社によるCDOに間違って与えられた高い格付けは、投資家や金融機関にCDOを買うように促し、プライム（優良――引用者）ではない不動産がつねに売れることをを可能にした。そこには、数万の不動産を支える安全とCDOに対する格付けの質を保障してはいないという、ムーディーズの企業ガヴァナンスの明確な失敗があった」（同レポート、p.155）

ここには、格付け会社が、安易で楽観的な評価によって、危険な不動産ローンに関するジャンク債を切り売りしたCDO（債務担保証券）を安全だと評価することで、支払い能力のない人々への不動産販売を促進し、かつその危険な債権を銀行や保険会社にたらい回しし、バブルを煽った。そのことの責任が格付け会社にはあるというわけです。

もちろん、煽動したのが格付け会社であったとしても、それを具現化していくシステムがなければバブルは起きないし、また崩壊もこれほどひどいものにはならなかったはずです。なので、次はその実質的内容について見ていきます。

『調査レポート』で何が究明されたか

『金融危機調査レポート』では、バブルが起こるシステムから、起こる過程、そしてそれに関連する各部門、住宅購入者、不動産会社、貸付銀行、ファニーメイ（連邦住宅抵当公庫）、フレディマック（連邦住宅抵当金融公庫）、メリルリンチなどの大銀行、ＡＩＧなどの保険会社、連邦銀行を一つひとつ調査し、原因を究明していきます。

まずこの信用システムがどのように成り立ったのかという問題があります。そもそも、１９２９年以降に厳しくなった信用システムがここまで緩くなった原因の一つに、資本主義国での過剰生産と過剰資本という現象がありました。市場が拡大し、新製品が登場し、人口が増大し続け、地球の資源に限りがない場合には、経済成長は止まりません。しかし実際には、ある種の限界に突き当たっていました。１９７０年代になると戦後の成長が止まり、停滞現象が起こってきます。投資先、投資企業が見つからず、資本が滞留してくるわけです。そうすると利潤率も利子率も低いままになります。

そこで資本は、新しい投資先を探さねばならなくなりますが、やがては実体のないものに投資することで、高成長を図ろうとするようになります。しかし、どの企業も投資家もそうしたものに投資するのは危険であるため尻込みします。一般に間接金融である銀行ローンでは担保が必要ですし、社債の発行も担保が要求されます。直接金融である株式の発行に関しても、よほど将来に対する可能性が確保されていないと株価は上がりません。

1980年代に「ブラック・ショールズ方程式」という数学モデルが登場し、損をしないという夢のような投資が可能になったと謳われた

要するに、危険なものへの投資はなるべく避ける、危険を冒さない投資方法という夢のような方法が、1980年代に生まれます。「ブラック・ショールズ方程式」という数学モデルが登場し、損をしない投資が可能になったと謳われます。ノーベル経済学賞が、この方程式を考案したフィッシャー・ブラックの盟友マイロン・ショールズとその発展に寄与したロバート・マートンに与えられます（ブラック自身は受賞していない）。そのほか新自由主義の経済学者にどんどんノーベル賞が授与されることで、こうした眉唾的学問にお墨付きが与えられることになります。

このモデルを使ったCDOは、リスクを分散させるために、債券を小さく切り刻み、ポートフォリオ化して、優良資産とジャンクを組み合わせることでリスクをヘッジ（防御）したものですが、これが最終的にはうまくいかないことはよく考えればわかります。多くの者が債務を支払えなくなれば、いくらリスクを分散してもリスクはトータルでは解消できない。これは鉄則です。

これと同時に、オフショア（専門外）といって、銀行が貸付けや融資といった銀行業務の外に、銀行の法的規制に触れない危険な金融機関をつくっていったのです。こうしてバーゼル合意などの、銀行を縛る手持ち資産の規定が曖昧になってくるわけで

フィッシャー・ブラック
1938〜95年。アメリカの数学者、経済学者。オプションの価格算定式である ブラック・ショールズ方程式を考案
[Dalmatine, 2009]

す。そこでリバレッジ（膨らませる）が登場します。わずかな資金を何倍にも大きく膨らませる。その結果が泡＝バブルですが、こうして、オフショアを規制していたグラス・スティーガル法が消え、銀行そのものが預金銀行でありながら、投資銀行に変貌していくわけです。証券と銀行との分離は、一般の預金が直接そうした危険な投資に向けられないようにする防御壁であったのですが、それがなくなってしまいます（1999年施行のグラム・リーチ・ブライリー法）。

一つの債権が、どんどん切り刻まれることで（collateralized）、一つのリスクが分散する。こうすることで、危険な債権の一部を一般の投資家が持つ（secularization）ようになります。「みんなで渡れば怖くはない」という言葉がちょうど80年代に流行りましたが、まさにそうした状態が生まれたわけです。

1999年、銀行が貸付けや融資といった銀行業務以外のオフショア（専門外）業務に手を出すことを規制していたグラス・スティーガル法が廃止され、銀行そのものが預金銀行でありながら投資銀行に変貌していった

『議会調査レポート』の結論

報告書はまず冒頭で、リーマンショックは大恐慌以来の金融クライシスだと指摘し、さらに「こんな本をもう一度書くことのないように、また再び書かれることのないように、歴史を記録する試みである」（Ibid., XIV）と続けています。アメリカは日本と違って、こうした大きな事件が起こると、必ずしっかりと公的に記録を残します。もちろん公的に記録したからといって、この報告書が正しいということではありません。ただアメリカの議会が超党派で取り組んだのがこのプロジェクトであり、二度とこういった危機を起こさないようにすると

いう意思を感じさせます。おそらく次は、コロナウイルスについての報告書が出ることになるでしょう。

次にこの大恐慌ともいえる危機の被害についてまとめています。400万人が家を失い、ほぼ11兆ドルの資産が喪失したと。「この危機の衝撃は一つの世代にわたって感じられるであろう。そして、新たなる経済的再安定への道は、簡単ではない」（同レポート、p.XV）と述べています。

リーマンショックはその後の世界に大きな衝撃を与え、経済的回復ができないまま、国家負債が膨らみ、国家破綻問題、移民問題、再バブル演出の可能性、再成長のための再生エネルギーの問題などが山積していきます。実際、解決策も根本的な解決にはほど遠く、負債は一般銀行や保険会社レベルから国家へと転化され、国民の将来の税金へと転化されていきます。それが国家主義を生み出し、グローバリゼーションを押し留め、国家間相互の対立を生み出していきます。

報告書の結論はこうです。「我々の結論では金融危機は不可避なものであった」（同レポート、p.XVII）。ただし、報告自体が主として不動産の問題にのみ的を絞っている点に欠点があります。確かに不動産は大きな原因ではあったとしても、不動産以外のさまざまなCDO（債務担保証券）がサブプライムとしてあり、それらがどんどん焦げ付いていったことに原因があります。それは金融システム全体に問題があったからです。と同時に、こうしたシステムをつくらざるを得なかった資本主義経済の停滞という問題があります。日本のバブルの膨張と

不動産以外にもさまざまなCDO（債務担保証券）がサブプライムとしてあり、それらがどんどん焦げ付いていったことにリーマンショックの原因があった、つまり金融システム全体に問題があった

金融商品などが複雑に設計されていて債務がどれほどあるかわからず、しかもそれを保障する資本の実態もわからない状態だった

破裂の時にも、同じ問題が生じていました。

さらに、金融・信用の規制の不完全さが問題であったと報告書は指摘しています。金融商品などが複雑に設計されているせいで、債務がどれほどあるかわからず、しかもそれを保障する資本の実態もわからない状態であったわけです。時価ベースで資産を運用すれば、その資産にバブルがかかっていることがわからない。時価査定によって資産を過大視し、ユーフォリア状態の中、銀行はどんどん貸付けを増やしていきますが、それが結局、時価が下がったときに、現実の資産との落差の中で、もう手の打ちようがなくなるのです。

信用システムの崩壊の過程

実際、システム不全というよりも、実体経済を離れて、擬制の価値の中で信用を肥大化させていった結果が、この崩壊に至ったと言ったほうがいいかもしれません。

そのリーマンショックの大元となった不動産バブルの崩壊と「サブプライム」問題について、見ておきましょう。原理的にはこうです。

不動産の売買では貸付け基準が問題となります。貸付け基準とは、購入した不動産の代金を支払える能力の審査ですが、無給や失業中の者、移民労働者などは、支払い能力が低いとされ、本来なら借金することはできません。そこで、不動産を売る銀行と不動産屋が考えたのは、支払い能力の低い人々をかき集め、最初の5年は利子なし、頭金なし、月々の返済額

を低く抑えて融資することでした。すると誰でもお金を借りられるわけですから、多くの人が不動産を買えることになります。不動産屋は早々と代金の全額を銀行から受け取ります。

銀行が保有する住宅ローン債権は、元本の返済が始まる5年後にリスクが増大することがわかっているので、早めに処理する必要があります。そのために債権を小さく分けて証券化し（アメリカでは住宅ローンの証券化が広く普及しています）、それを大銀行や政府系の金融機関である住宅抵当公庫が買い取ります。

住宅抵当公庫とは、元々はアメリカ国内でマイホーム保有を促進する目的で国が設立し、のちに民営化された特殊法人のことで、ファニーメイ（連邦住宅抵当公庫）やフレディマック（連邦住宅金融抵当公庫）などがそれに当たります。公庫は買い取った債権を証券化して証券化市場に売りに出し、これを投資銀行（日本では証券会社に該当）が買い取り、これにさらに他の社債などを組み合わせてCDO（債務担保証券）をつくって販売しました。

ただし、CDOの崩壊を防ぐために、最終的な保障である保険が必要になります。それがCDS（クレジット・デフォルト・スワップ）という、焦げ付いた場合にそれを保障してくれる保険証券です。その保険証券を発行したのがアメリカの大手保険会社であるAIG（アメリカン・インターナショナル・グループ）で、それによってAIGは保険収入を得ます。

また、金融機関には多額の資金が必要になるのですが、それを手当するのが、一つは「キャリートレード」といって、日本のような利子率の低い国から借りて、この信用投機に投資して利ザヤを稼ぐ手法です。

銀行が保有する住宅ローン債権を、ファニーメイ（連邦住宅抵当公庫）などの特殊法人が買い取って証券化市場に売りに出し、これを投資銀行が買い取り、これにさらに他の社債などを組み合わせてCDOを販売した

CDOが焦げ付いた場合にそれを保障してくれる保険証券CDS（クレジット・デフォルト・スワップ）を大手保険会社のAIGが発行

アメリカ国内での住宅価格が下がることはそれまでなかったので、数年前に住宅ローンを組んで購入した住宅が中古物件になっても、購入時の住宅価値を下回ることは考えられなかった

支払いに行き詰まっても住宅を手放せば利益が出るから、自己資金がなくても住宅ローンを組んで、無理をしてでも住宅を購入しようとする人々、いわゆる「サブプライム」層が大勢現れた

2005年に不動産ブームが峠を迎え、不動産が次第に売れなくなると同時にバブルが弾け始めた

リスクの高い債券すなわちジャンク債は、利子率が高いので短期的利回りを得るには好都合ですが、その分焦げ付く可能性も高い。長期化すると、支払い能力の低い人々は払えなくなります。しかしその場合でも、不動産が転売されそれが高値となれば利益が出るので、結果的に問題はないはずです。実際にそれまでアメリカ国内での住宅価格が下がることはなかったので、数年前に住宅ローンを組んで購入した住宅が中古物件になっても、購入時の住宅価値を下回ることは考えられませんでした。たとえ支払いに行き詰まっても、いざとなったら住宅を手放せば利益が出るのですから、自己資金がなくても住宅ローンを組んで、無理をしてでも住宅を購入しようとする人々、いわゆる「サブプライム」層が大勢現れました。

問題は不動産が売れなくなった場合です。売れずに不動産価値が下がれば、債券は焦げ付くことになります。しかし、元々、折りからの不動産ブームの中にあって、不動産価値が下がる事態が想定されていませんでしたし、仮に債権が焦げ付いたとしても、すぐには問題になりません。というのも、格付け会社がその債権を高く評価してさえいれば、その債権は当面は売れていくからです。格付け会社の責任はこの点にあります。

しかし、不動産ブームが2005年に峠を迎え、不動産が次第に売れなくなると同時にバブルが弾け始めます。

支払い能力のない人は家を売却しますが、不動産価値が下落してしまったため、売却利益が出るどころかむしろ膨大な借金が残ります。結果、切り分けた不良債権は次第に支払い不能の債権となって、それを購入した金融機関を蝕《むしば》むことになります。「サブプライム」とい

う言葉が意味するように、バブルの原因はプライム債権ではなかったわけです。プライムでは不動産ブームは起きません。要するに、誰でもが買うからバブルになるので、プライム（金持ち）な人々だけではバブルにはならないのです。

サブプライムが価値を持つには条件があります。高配当の利回りで不動産ブームが続くこと。格付け会社が高い評価をすること。資金が枯渇しないこと。要するに自転車操業の自転車が止まらないことです。止まれば倒れる。不動産バブル崩壊の中で、次第にCDOが不良化していき、高配当であった債権がジャンク化します。そうなれば格付け会社は、その債権と銀行の格付けを下げざるを得なくなる。その結果、銀行の株価が下がり、信用の資金不足に陥る。あまりにも大きなサブプライムが価値を落としたことで、支払い不能になった銀行が助けを求めるのが、AIGのCDSという保険証券です。しかし、AIGも資金が潤沢ではありません。証券で何とかできる間はいいのですが、危機の時には現金が必要になります。現金が枯渇したAIGは支払いできなくなるのです。

2007年の夏ごろから銀行破綻の噂が出始めます。まずそのターゲットとなって話題をさらったのが、イギリスのノーザンロック銀行で、一種の取り付け騒ぎを起こし、国有化されます。次が2008年のニューヨークの大手投資銀行ベア・スターンズの倒産です。ベア・スターンズは資金枯渇を起こし、3月にJ・P・モルガンに買い取られ、会社が消滅しました。この時、多くの人々がことの大きさを理解し始めますが、本質にはまだ気づいていません。それ以外にも多くの銀行が資金ショートし始めます。

2007年の夏ごろから銀行破綻の噂が出始め、まずイギリスのノーザンロック銀行で一種の取り付け騒ぎが起こる

2008年9月、老舗の大手投資銀行のリーマン・ブラザーズが資金ショートを起こし、「ベイル・アウト」（金融支援）を求めたのが「リーマンショック」

2008年9月、150年以上の老舗で大手投資銀行のリーマン・ブラザースが、資金ショートを起こし、他の銀行や国家に救援を求めます。これが「ベイル・アウト（破綻・倒産が迫っている企業に対する金融支援）」ですが、結局、欠損があまりにも大きいため、清算されます。これがリーマンショックです。アメリカ政府は税金で救うことの意味を考量し、結局は金をドブに棄てることになると判断して救援を断念しました。

しかし、この時でさえ、まさかその後の信用大恐慌につながるとは誰も思っていませんでした。何とかなる、最終的には国家が助けてくれると考えていたのです。だから「子供がおもちゃを欲しがって駄々をこねる」という意味のBail Outという言葉が出てきて、ブッシュ政権は破綻寸前の金融機関の甘えを厳しく拒否したのです。

恐慌というのはある意味で一寸先までわかりません。そのうちにホワイトナイト（救済の騎士）が出現すると思っていたり、景気は回復すると考えてみたり、人間は希望的観測から投資を始めるように、恐慌のとば口では楽観的なままです。だから信用体系は一気に崩壊す

2007/9

英ノーザンロック銀行の取り付け騒ぎ

2007年9月、サブプライムローン問題により資金繰りが悪化したイギリスのノーザンロック銀行の店頭に、預金払い戻しなどを求める客が殺到した［Dominic Alves, 2007/9/14］

るのです。

マルクスはこう述べています。

「それゆえまさに崩落の直線上にあっても、なお営業はまったく完全に健全に見えるのだ。その最良の証明は、たとえば一八五七年と一八五八年の「銀行条例報告書」であり、そこではすべての銀行の重役や商人たち、オーバーストーン卿をトップとするすべての喚問された専門家たちは、たがいに事業の繁栄と健全さを祝ったのである。それは一八五八年八月に恐慌が勃発する一カ月前のことだ」（拙著『超訳『資本論』第3巻』祥伝社新書、2009年、261ページ）

「たがいに事業の繁栄と健全さを祝った」にもかかわらず、世界の信用体系は一気に崩壊します。まずは株価の崩落です。私もリーマンショックが始まったころの株価の動きをテレビやネットで見ていましたが、どんどん下がり始め、終わりが見えない。これにより、多くの時価資産が一気にしぼみました。擬制と信用で肥え太っていた企業や銀行が、一気にスリムになったのです。バブルの崩壊です。

マルクスの『資本論』の言葉が思い浮かびました。

「ほんのいましがたまでブルジョワは好景気に酔って自慢げに、貨幣などはもはや空虚な幻想だと述べていた。商品こそ貨幣だ。

しかし、貨幣こそ商品になったのである。いまや世界に反響する。鹿が水辺を求めて鳴くように、世界市場はただ一つ富である貨幣を求めて叫ぶ」（拙著『超訳『資本論』祥伝社新書、2008年、104ページ)。

企業や銀行は、現金を求めて叫び始めたのです。資金枯渇は、サブプライムローンから始まったのですが、このバブル的土地投機の崩壊によって損失が1000兆円を超えました。銀行も企業も現金を回収し始めます。資金不足の企業や銀行は潰れるか、大きな企業や銀行に買収されるしか道はありません。

リーマン以外の大手銀行も資金不足に陥り、政府の援助を仰ぎました。それは保険会社AIGも同じでした。世界中の銀行がその影響を受けたのです。英仏独の銀行はサブプライムに深く関係していたため、深刻な資金不足に陥りました。銀行が資金不足に陥れば、一般企業も資金不足に陥ります。金融恐慌がどんどん世界経済を麻痺させ始めたのです。

たとえばGM(ゼネラルモーターズ)は、GM銀行をつくり、サブプライム・ローンと同様のしくみを使って、自動車を支払い能力の低い人に販売していました。支払い能力の低い人が続出することで売掛金の回収ができなくなり、結局政府の資本注入を受け容れることになります。

最後の貸し手である政府と中央銀行が最後に手を差し伸べたことで、銀行や企業の連鎖倒産は避けられたが、その結果として長期的不況に陥った

国家債務の増大と国家回帰

こうして、最後の貸し手である政府と中央銀行が、最後に手を差し伸べたことで、銀行や企業の連鎖倒産は避けられましたが、その結果として長期的不況が襲います。内部留保に励

今しがたまで政府は要らないと言っていた新自由主義勢力が、再び強い政府を要求

む企業は、投資をしなくなります。企業が人員整理をすることで、消費は低迷し、生産物が売れなくなり、生産は停滞する。大不況です。それは今も続いているのですが、ただし、国家という最後の手段が、ここに登場します。

新自由主義の資本主義を信奉する勢力は、今しがたまで政府は要らないと言っていたのですが、再び強い政府への要求が生まれます。国家は膨大な債務を抱え、1000兆円の損失を補填することになる。そうすることで、企業の国家への依存が高まり、ナショナルフラッグが再び前景に登場します。どの企業にも出身国があるのです。マルクスは次のように言っています。

「つまり資本家階級は仲間のように、各自の投資した額に応じて、共通の獲物を分配する。しかし利潤の分配ではなく、損失の分配が問題になるや、自分の損を減らし他人へそれを転嫁しようとする。損失は階級全体として避けられないが、その場合でさえ、各自がどれだけ負担しなければならないか、全体としてどこまで負担しなければならないかは、それぞれの力と狡猾さの問題であり、競争は敵対しあう兄弟間の闘争となる。

ここではじめて、個々の資本家の利害と資本家階級の利害との対立が表面に出るのだが、それはかつての利害共同体のときと同様、競争から起こったのである」（拙著『超訳『資本論』第3巻』祥伝社新書、2009年、157ページ）

要するに、利益が上がるときはどの国もどの企業も一緒に仲間として共同体を組むのですが、損失が出始めると途端に、共同体は兄弟喧嘩の様相を呈します。そして損失をなるべく

停滞した欧州諸国の地位を、国家資本主義的な政策によって、金融崩壊から免れたBRICS（ブラジル、ロシア、インド、中国、南アフリカ）諸国が脅かす

他人や、他国に押し付けようとする。こうして共同体は赤の他人の寄せ集めとなる。国家同士の関係もこれと似ています。だから資本は、いずれにしろ自らの利益を守ってもらうために、利益が上がっているときには歯牙にもかけなかった国家にすがり、助けを請うというわけです。

国家負債は、日本だけではなく、世界的に増えています。この国家負債こそ、次の時代の方向性を決めることになります。国家負債がそのまま国家破綻につながる地域は、先進地域では主に南欧の諸国ですが、これらの国家は英独仏およびアメリカから負債の返済を請求されることになります。アメリカの不動産バブルと並んで、2000年代にヨーロッパでも不動産投資が盛んで、スペイン、ギリシャではドイツ人の富裕層の別荘などがどんどん建てられ、バブルが進んでいました。それが急に弾けます。建設ラッシュのために借りた英独仏からの借金の返済が迫り、負債を国家が負担せざるを得なくなります。結局、英独仏は、同じEUの仲間である南欧諸国に借金を返せと請求することで、EU内に不和が生まれました。

こうした状況を後目《しりめ》に、停滞した欧州諸国の地位をさらに脅かす国々が登場してきます。それがBRICS《ブリックス》（ブラジル、ロシア、インド、中国、南アフリカ）です。これらの国は国家資本主義的な政策によって、金融崩壊から免れたのです。さらに世界の工場になっていたことで、貨幣経済ではなく実体経済が強固でした。それによって、工業生産において先進国の牙城を崩し始めます。

こうした問題は後述しますが、リーマンショックは、ベルリンの壁の崩壊以後にあった資

本主義の勝利という自信を打ち砕き、アメリカ的資本主義に疑義を突きつけることになりました。実際はリーマンクライシス（恐慌）だったのです。

それとともに、アメリカの単独主義の時代、〈帝国〉の時代を終焉に至らしめ、アメリカの弱体化を招きます。2008年11月、リーマンクライシスの真最中にブッシュ政権の時代が終わり、強くソフトなアメリカの時代が始まります。それを象徴した人物こそ、バラク・オバマでした。アフリカ人を父に持つ黒人がアメリカ大統領に就任するというのは、まさにこのリーマンクライシスがなければ実現しなかったかもしれません。

彼が象徴したものは、連帯するアメリカ、帝国ではないアメリカでした。それと同じ動きをしていたのがドイツのアンゲラ・メルケルで、帝国から連帯へ、ユニラテラル（一方的な）からコラテラル（一蓮托生の）の時代への変化を象徴していました。日本もこのリーマンクライシスの影響で、自民党から民主党に政権が代わりました。

第二部 2008年以後

第8章 リーマンショック後の時代

ウクライナのマイダン「革命」（クーデタ）、アラブの「春」（クーデタ）など、民主主義勢力の拡大という表の顔の裏側で、新たな事態（西欧の侵攻、非西欧の反攻）が世界規模で進行しつつあった。

チュニジア革命中の反政府デモ［M.Rais, 2011/1/23］

「暴力のサイクルは、新世紀に入っても当分の間続くであろう。国際システムを構成する大国（great powers）は互いを恐れ合い、その結果としてパワー（power、権力、影響力）を求めて争うため、平和の望みが実現されることはおそらくない。大国の究極の目標は、他の大国よりも支配的な立場を得ることにあり、支配力を得ることは自国の生き残り《サヴァイバル》を保証するための、最も有効な手段だからだ。（中略）たとえば私は「大国は世界権力（world power）の分け前を常に最大化しようと行動する」ということを強調している。また、中でも特に強力な大国（潜在的覇権国）を含む「多極システム」では、戦争の起こる傾向が強まることを主張している」（ジョン・J・ミアシャイマー『大国政治の悲劇』新装完全版、奥山真司訳、五月書房新社、２０１９年、19～21ページ）

「じっさいいかなる国民国家も、今日帝国主義的プロジェクトの中心を形成することはできないのであって、合衆国もまた中心とはなりえないのだ。帝国主義は終わった。今後、いかなる国家も、近代のヨーロッパ諸国がかつてそうであったようなあり方で世界の指導者になることはないだろう」（アントニオ・ネグリ、マイケル・ハート『〈帝国〉』序、水嶋一憲他訳、以文社、２００３年、６ページ）

2008年以後の日本――はじめに

第二部は、2008年リーマンショックから現在までの時代を対象にします。わずか10数年ですが、大きな変動の時代ともいえます。COVID－19のパンデミックが2019年に発生し、世界を震撼させました。1918年にはアメリカから始まったスペイン風邪が、約3年間、世界中で猛威をふるったのですが、それからちょうど100年後に私たちは新たなパンデミックに襲われたのです。

リーマンショックが1929年の大恐慌の100年後の再来であったとすれば、コロナのパンデミックはスペイン風邪の100年後の再来であり、そして100年後の日本の私たちは、1923年の関東大震災の再来ともいえる東日本大震災に2011年に遭遇しました。まさに大きな変動の時代に入ったのです。

日本だけをとってみても、大震災とそれにともなう福島第一原発の被害と原子力発電への恐怖が、負の遺産として残りました。一方で長い自民党政権に対して2009年から2012年まで続いた民主党政権の成立と、再度、自民党政権の復活がありました。戦後、1955年に自由党と民主党が合流して自由民主党となって以来、ほぼ自民党一党による政権が持続していたわけですが、1993年以来、二度目の自民党ではない新政権の誕生というものを経験しました。

しかし、民主党の後に誕生した第二次安倍政権は、リーマンショック以後の景気停滞を背景として、異次元の金融緩和を伴う〝アベノミクス〟という標語を提示し、日本経済の発展とアジアにおける雄としての日本の復活を謳い、戦後体制の総括を行なおうとしました。そのなりふりかまわない政治手法は、戦後の日本の民主政治の根幹をも破壊し、ほぼ独裁的政治に近いものでした。

リーマンショックによって損失を出した企業が、国家に最後の支援を求め、国家の財政赤字で立て直されたことで、企業の国家回帰が進んだ

国家主義の台頭

こうした保守化の傾向は、日本だけに限りません。アメリカのトランプ政権は、アメリカ第一主義を掲げ、アメリカの利益のために戦う国家を構築しようとしました。その結果、アメリカの西側世界における警察官としての立場も変化し、警察官を失ったことで、世界は新たな混沌の世界へと進み始めます。こうした各国の国家回帰は、リーマンショックが生み出した必然的過程であったともいえます。リーマンショックによって損失を出した企業が、国家に最後の支援を求め、国家の財政赤字で立て直されたことで、企業の国家回帰も進みます。「国益」という言葉が、さかんに論じられ始めたのです。

ＥＵにおいても、加盟国同士の対立が深まり、債務国と債権国との対立が不和を生み出しました。ＥＵの中では債権国であれ、債務国であれ、国家主義的勢力が次第に力を増しています。こうした対立の中で、イギリスがＥＵから脱退し、ＥＵに大きな亀裂が生まれます。これには東欧情勢も大きな影響をもたらしました。２０００年代に始まったＥＵの東欧への

EUの拡大戦略は、ヨーロッパでの民主主義勢力の拡大という表の姿と、債務問題で東欧・南欧地域のEUへの従属化という裏の姿を持つ

拡大戦略が、ウクライナといった旧ソ連の共和国のEU参加という事態を促進し、EU（西側）とロシアとの関係悪化につながったことが、新たな脅威を生み出しています。

ヨーロッパにおける民主主義勢力の拡大という表の姿と、拡大EU下における東欧・南欧地域での低賃金労働者を中心としたEUへの従属化が、債務問題として出現したわけですが、これが一方でヨーロッパの拡大に対する恐れをロシアに生み出します。リーマンショック以後、経済が好調だった中国やロシアが、ウクライナの争奪をめぐってNATOと対立するのが、2013年の春に起こったウクライナ問題です。これは、トルコの存在とも関係し、比較的関係のよいトルコ・ロシア・ドイツと、ほかのEU諸国との関係や経済復興の活路をアジアに求める東欧諸国の思惑と相まって、EU内での不和をもたらすことになります。

その背景には、中国が推し進める新しいシルクロード政策「一帯一路」という問題もありました。中東や東欧は、アジアとの関係を蔑《ないがし》ろにできません。それは歴史的・地理的にこれらの地域と深く結びついているからです。EUとアメリカがそれにどう対処するかが問われています。

移民・難民問題

この問題が、やがて2015年の大量移民の受け容れ問題としてEUを震撼させます。リーマンショック以後、債務問題で苦しんでいたギリシャが、トルコに滞在していた移民を受け

トルコからの大量移民をEU内で割り当てて受け容れることにするものの、東欧諸国にその経済力はなく、受け容れに反対する国家主義的勢力が台頭し、移民排斥が新たなる人種差別問題を生み出した

容れ始めることで、中東やアフガニスタン地域からの移民が大量にEUに流入してきます。ギリシャ一国では彼らを受け容れることができず、マケドニア（2019年以降は北マケドニア）、セルビア、ハンガリーへと移民の流れが北上していきます。これら東欧の国は経済的に受け容れる余裕がなく、EUの人権政策は次第に国家間の軋轢を生み出します。

結果的には経済的余裕のあるドイツが受け容れるのですが、ドイツにおいても100万人もの移民を受け容れる余裕はありません。そのためEU内で移民割り当てを行なうのですが、多くの国はこれに反対し、国家主義的勢力が台頭していきます。移民排斥は、新たなる人種差別問題を生み出していきます。

トルコからの移民受け容れは、アフリカからの不法移民の増大に拍車をかけます。中央アフリカ地域から北上する移民が、徐々に増大します。結果的にいえば、西欧諸国がアジア・アフリカで行なったグローバル経済の拡大政策のツケが回ってきたわけですが、EUは移民問題、ウクライナ問題の中で不和が拡大していったのです。

北アフリカの「アラブの春」という神話は、その実、マグレブ地域へのイスラム勢力の拡大を阻止するための、欧米による販路拡大政策

「アラブの春」

2010年の暮れから始まる、北アフリカの「アラブの春」という名称は、西側のマスコミが創作した一つの神話ともいえます。事実は北アフリカ地域へのイスラム勢力の拡大を阻止するための、欧米による販路拡大政策だったのです。すでにサルコジが2007年に、E

Uの拡大を掲げ、マグレブ地域（チュニジア、アルジェリア、モロッコ、リビアなどを含めた北西アフリカ地域）に接近し、サハラ砂漠より北の地域、フランスの植民地であった地域をEUに抱き込み、EU内でのフランスの地位を向上させるという政策を打ち出していました。それは、おりからドイツが、東欧のドイツの旧植民地域をEUに吸収することで、EU内での地位を高めていったことに対する反動であり、フランスは南欧の雄になろうと考えたわけです。

　サルコジは、北アフリカのリビアのカダフィに接近しました。現在もフランスで裁判中のサルコジ大統領選に対するカダフィの裏金問題は、カダフィ政権とサルコジとの密接な関係を象徴しています。もともとこうした裏金作りで名を上げてきたサルコジは、それ以外にもロレアル社の社主ベタンクールからの裏金、１９９５年の大統領選におけるパキスタンからのキック

◆ マグレブ地方の「アラブの春」

バック問題（潜水艦の建造に絡んでいました）など数多くの汚職問題で疑惑の対象になっています。

２００７年にサルコジは、シラク政権で２００５年に国民投票で否決されたＥＵ憲法の批准を、議会での議決に変えることとし、カダフィをパリに招待します。当時、私はサバティカル（研究滞在）でリヨンに住んでいたのですが、12月にパリに行ったとき、大統領官邸近くにある奇妙なテントを見ました。ベドウィン族の風習とかで、パリにサーカス小屋のような大きなテントをこしらえ、ホテルではなくここにカダフィが美女軍団とともに滞在していたのです。フランスの国民は苦い顔をしていました。独裁者カダフィをパリに招待したのがサルコジだったからです。まさにサルコジは大統領ではなく、アラブの君主のようでした。

モロッコからアルジェリア、チュニジア、リビア、エジプトそして中東を回ってトルコ、そしてトルコからバルカン諸国を通ってイタリアへ入るＴＧＶ（フランス国鉄の高速鉄道）の建設という途轍もなく巨大な計画を持っていたサルコジは、北アフリカ諸国を含めた「地中

カダフィ

ムアンマル・アル＝カッザーフィー。1942～2011、リビアの軍人、元首[U.S. Navy photo by Mass Communication Specialist 2nd Class Jesse B. Awalt/Released, 2009]

ニコラ・サルコジ

1955～、第23代フランス大統領［European People's Party, 2010］

海連合」という構想を描いていました。サルコジは、リビアに収監されていたブルガリア人女性の看護師を救い出したり、各国と多額の輸出契約を取りつけたりと、飛ぶ鳥を落とす勢いだったわけです。

2010年のチュニジアでの「ジャスミン革命」に始まる「アラブの春」は、「地中海連合」という構想を描いて、独裁者カダフィが支配するリビアをはじめフランスの旧植民地だった北アフリカ諸国に接近しようとしていたサルコジにとってチャンスだった

しかしフランスにとって、リビアは石油会社のトタルエナジーズの利権が絡む国であり、カダフィ政権を信頼していたわけではありません。フランスは、アルジェリア、チュニジア、リビアと、かつての植民地を長い間失ったままでした。2010年暮れのチュニジアでの革命騒ぎ（ジャスミン革命）は、千載一隅のチャンスだったのかもしれません。アメリカのオバマ政権は、セルビアの訓練基地を使って北アフリカ地域の独裁政権を崩壊させるという作戦を立てていましたが、「アラブの春」という大義名分の中、チュニジアの火事はエジプトに引火し、ついにリビアに波及します。

これが「アラブの春」（民衆による民主主義を求める革命）と言われているものですが、フランスはとりわけリビアにこだわっていました。サルコジ政権の選挙資金を拠出したカダフィを抹殺したのは、フランス軍だという噂が絶えないのは、まさにカダフィとサルコジの関係にありました。サルコジは、2011年3月のリビア作戦に積極的に参加します。フランスは、それまで長くフランスとの関係の深かったシリアをアメリカに渡してまでも、リビアの獲得に進んでいったのです。リビアでは今も、この問題がくすぶり続けています。

シリア問題

シリアのアサド政権とヒズボラ対イスラエル、そしてフランスからシリアの監督権を〝譲り受けた〟アメリカの対立構図が新たなシリアの不安定要因となり、シリアがロシアに接近

アメリカがイラクを支配し、シリアに介入してきたことによって、イラク周辺でイスラム国など新しい反アメリカ勢力が誕生・伸長

こうしてアメリカは、十分に理解していないシリア問題に首を突っ込むことになります。フランスからその監督権を〝譲り受けた〟シリアで、アメリカは反アサド政権に食い込み、アサド政権潰しに進みます。アサド政権とヒズボラ（レバノンのシーア派イスラム主義組織）、それに対するイスラエルとアメリカ、こうした構図が、新たなシリアの不安定要因となります。当然そこに、ロシアとトルコが介入してきます。シリアとトルコは国境をめぐって対峙していることで仲がよくないのですが、一方でフランスの支持を失ったアサド政権は、ロシアに接近するしかなくなります。

アメリカが介入することで、反アメリカの勢いが拡大し、イラクの中でフセイン政権に近かったシーア派の人々が新しい国家づくりを始める。これが後のイスラム国になるのですが、アメリカが支配するイラクの周りでどんどん力を拡大していったのがイスラム国でした。

２０１３年、アメリカはウクライナ問題でロシアと決定的な対立へと進みます。２０１４年2月のマイダン（広場）のクーデタ事件（西側報道では「革命」）、すなわちウクライナ大統領を民衆が転覆させた運動は、アメリカのＣＩＡが深く関わっていたのです。

バッシャール・アル＝アサド
1965～、シリアの第５代大統領
[Roosewelt Pinheiro/ABr, 2010]

それは「アラブの春」に関しても同様で、インターネットによる若者の新しいスタイルの革命ともてはやされたチュニジアの運動も、その原因はオバマ政権が行なったソフト戦略、一種の情報作戦にありました。パソコンを民衆に普及させることで、民衆の情報操作を行なう。そのためにセルビアで特殊訓練を受けた者たちが、撹乱の要因として送り込まれたのです。

ウクライナ問題

まるでスパイ映画のような世界が、マグレブ地域だけでなくウクライナでも展開されます。2013年11月に始まった反政府運動は、反ロシアという流れで進みます。ベルリンの壁崩壊以後、ゴルバチョフ体制による東独の解放が、それまで締め付けていた東欧圏すべてで起こります。それがチェコスロバキア、ポーランド、ハンガリー、ユーゴスラヴィア、ルーマニアなどの社会主義政権の崩壊を招き、それはやがてソ連体制の崩壊へと帰結します。ソ連崩壊は、ソ連を構成していた連邦国家の離脱を促進し、ロシアという国が残りますが、そのあと今度はその

2014/2/18
マイダン事件勃発

2014年2月18日、ウクライナのキーウで反政府デモと軍隊が衝突する中、ウクライナの国旗を掲げるデモの参加者たち
[Mstyslav Chernov/Unframe/http://www.unframe.com/, 2014]

石油や天然ガス資源を持ち、国際貿易のための重要な港があるウクライナは、ロシアにとって絶対的な防衛圏

ロシアの中で離脱が起きます（南オセチア問題）。もちろんこの動きは、アメリカと西欧による圧力も手伝ったわけです。アメリカはロシア包囲網を布くために、ロシア革命のときにもウクライナをロシアから引き離すことを考えました。ロシアの力が強いモルドヴァでも、アメリカはロシア封じ込めを画策します。さらにアメリカは、グルジア（ジョージア）、アゼルバイジャン、トルクメニスタン、ネパール、チベットをアメリカ側につけることで、ロシアの南下を阻止する作戦を採っています。

ウクライナはロシアにとって二つの意味で重要です。一つは石油や天然ガス、もう一つは国際貿易のための重要な港をウクライナが持つことです。この二つが塞がれてしまうと、ロシアはアメリカと西欧に従属せざるを得なくなります。だからこそロシアのこの地域に対する防衛は、決死の覚悟となることは間違いありません。クリミア半島とルガンスク（ルハンシク）とドネツクを失うわけにはいかない。そこで、ウクライナ共和国がＥＵに接近するとしても、ロシアはこの地域を守らねばならないわけです。

ティム・マーシャルの『恐怖の地政学』（甲斐理恵子訳、さくら舎、２０１６年）によると、ロシアは絶対防衛圏を犯されると死に物狂いでそこを守るといわれています。これらの地域は絶対防衛圏に属します。ロシアにとっての絶対防衛圏は、フィンランド、バルト三国、ポーランド、ウクライナ、グルジア、アゼルバイジャン、カザフスタン、モンゴルなどです。西欧は、この絶対防衛圏に侵入したことでロシアのタブーに触れ、ウクライナ問題はきわめて深刻な問題となったのです。

2013年、オランド大統領率いるフランスは、マリに侵攻し、リビア崩壊によって南下してきたリビアのイスラム原理主義者と闘争、現地の日本人会社員が巻き添えをくって命を落とした

フランスのマリ軍事介入

２０１３年1月11日、社会党のオランド大統領率いるフランスは、アフリカのサハラ砂漠にあるマリに侵攻します。そもそもマリはフランスの植民地だった歴史があり、マリの北のアルジェリアも、東のニジェールもフランスの植民地でした。２０１０年の暮れから続いた北アフリカの政権崩壊は、これらの地域の地勢図を大きく変えました。リビア崩壊により、リビアのイスラム原理主義者（ジハディスト、時に西側ではテロリストと呼ばれます）たちが、南下し始めました。ちょうどイラク崩壊と同じように、南の国の治安が不安定になったわけです。西アフリカはフランスの原子力産業にとって重要な地域です。このサハラ地域にはツアレグ人が広く住んでいて、彼らにとってヨーロッパが引いた国境線はそもそも意味がない。そんなもので遊牧民族の移動を止めることはできないのです。

こうしてフランスは軍隊を送り、現政権維持のために、北から押し寄せるイスラム原理主義者と闘争に入ります。これは日本人にとっても大きな問題となる事件でした。アルジェリアの石油開発に携わっていた、横浜に本社のある日揮の日本人社員が、彼らに襲撃され何人か亡くなったのです。1月16日、フランスの侵攻（セルヴァル作戦）のわずか一週間後のことでした。当然ながら、これはフランスの侵攻と関係があったのです。

フランス軍はその後もマリに駐留を続け、アメリカのアフガニスタン侵攻と同じ状況に陥

ります。しかし2023年、とうとうフランス軍は出て行くことになりました。その後もフランス軍は西アフリカ地域から徐々に撤退していっています。

アメリカと中南米

ラテンアメリカ諸国の多くは、欧米からの借金、国家破綻、革命、クーデタを繰り返し、そのくびきから逃れるために社会主義化を目指すものの、アメリカによる経済封鎖と軍事介入により挫折

リーマンショックで打撃を受けた国はギリシャだけではありません。2002年に国家破綻したアルゼンチンはその後も債務不履行を繰り返し、危機的状況が続いています。それはアルゼンチンに限ったわけではなく、中南米諸国の宿命ともいえます。19世紀前半に独立したラテンアメリカ諸国は、欧米から資金を借りて経済成長を図りますが、欧米から原料供出と低賃金労働供給の国として位置づけられ、産業発展が遅れ、つねに欧米から借金をするという状況が一般化しています。借金を返せなくなると国家破綻、そして革命、クーデタ、そしてまた数十年後にその繰り返しという悪循環にはまっていました。

そのくびきから逃れ出る方法が社会主義化だったわけですが、それはアメリカによる経済封鎖と軍事介入により、簡単なことではありませんでした。アメリカは中南米を、自らの経済成長の道具として利用してきたのです。リーマンショック以後は、ベネズエラやボリビアがアメリカに盾突くようになりました。

リーマンショック以後、発展する非西欧圏の中でもトップを走る中国は、中南米でも大きな存在感を持ちます。南米でも有力な油田を有するベネズエラですが、欧米資本によってつ

戦後アメリカの従属国だったベネズエラで、ウゴ・チャベスおよびマドゥーロ政権が反米を掲げロシアや中国に接近

ねに牛耳られてきました。第二次大戦後、マルコス・ヒメネスの独裁以後は、1999年にウゴ・チャベスが大統領に就任するまでは一貫してアメリカの従属国家でしたが、チャベスは独立の父シモン・ボリバルに敬意を表し、国名をベネズエラ・ボリバル共和国と改め、反米政権を樹立します。そしてロシアや中国に接近するのです。アメリカは何度かCIAによるクーデタを試みますが、チャベスは持ちこたえました。2013年からのマドゥーロ政権は反米でしたが、アメリカの周辺国で、反米で成功している国はキューバしかなく、経済封鎖などあらゆる手段での締め付けを受けて崩壊していきます。その理由は、積年の借款、石油などの資源の所有権、農村プランテーションの所有権を欧米が握っていることにあります。それを欧米が手放すことはないということです（2024年現在、反米政権のほうが勢いがあります）。

1954〜2013、第53代ベネズエラ大統領［Premier.gov.ru, 2010］

世界経済　停滞する資本主義

リーマンショック以後、資本主義経済は停滞が続いています。こうした停滞は、ITや不動産などのバブルによって一時的に解消されたとしても、次のバブルが発生しない限り崩壊していくものでした。

過剰生産されもはや先進国では売れなくなった商品の新たな消費市場として、後進諸国を開発独裁といった原料供出型の経済から、民主化した中産階級の経済に変えようとしたのが、民主化運動の真の目的だった

後進国がある程度経済的成熟に達すると、過剰生産が慢性化し、資本が過剰化し、その結果バブルが出現した

資本主義経済が陥らざるを得ないこうした問題は、すでに1970年代に起こっています。それは第一に過剰生産の問題でした。戦後続いてきた市場の拡大が大方停滞し始めたのです。これは第二次大戦から20年ほどが経ち、物が売れなくなったということですが、とりわけ先進国では戦後に開発された多くの商品が広く行き渡り、購入されつくしてしまったからです。先進国では売れず、後進国ではそれを買う余裕がない。だから次は、後進諸国を開発独裁といった原料供出型の経済から、民主化した中産階級の経済に変えて、先進国の商品の新たな市場にするしかない。それこそが、この時代に続いた民主化運動の真の目的でした。

しかし、それにしてもそうした地域でもやがて賃金が上がり、消費ブームが起こりますが、それが浸透して、ある種の経済的成熟に達すると、国内での買い控えが起こります。となると、資本にはもっと別の市場が必要となるのですが、それがもはや存在しないのです。そうなると、過剰生産が慢性化します。逆にいえば、投資先がないので資本の過剰化が出来《しゅったい》しているのです。そこでバブルが出現することになります。

BRICSと中国

2010年以降、停滞する先進資本主義国を後目に、後進諸国が国内需要の増大を背景として一気に経済成長しました。中国は2008年の北京オリンピックのために始めた新幹線事業が、現在4万キロ以上にまで延びています。驚くべき成長スピードですが、これは国家

が膨大な内需拡大を行なった結果です。当然、海外への輸出（インドネシア、ラオス、タイ、サウジアラビアなど）も増大しており、ＧＤＰにおいて日本を抜き去って、世界第二位となり、購買力平価ではすでにアメリカを抜いているとも言われます。もちろん、一人当たりの所得に換算すれば大したことはないのですが、中国の沿岸地域に限定すれば日本と変わらない、あるいは日本以上の所得層が生まれています。

中国がリーマンショック以後に注目されたのは、あえてグローバル戦略を避けて保護主義を貫くという政策です。「国家主義的資本主義」とも言われますが、中国やロシアはまさにその典型です。これらの国は、実際上は資本主義経済体制を採っていますが、自由主義でもないし、民主主義でもない、中央指令による経済政策を行ないます。もちろんかつての社会主義ではないので、国有企業や国家の統制があるわけではありません。あるのは、国家による強力な政策です。ある意味で１９７０年代までの日本に似ています。

まず国家が有力分野を見つけ、それを発展させるために、学校や機関を設けます。そして海外企業から学んだ技術を発展させ、独自の技術に変えていく。国家は特定分野に集中投資をすることで、一気に発展させる。ただ中国の場合、これにさらに独特の事情が付け加わって、新しい技術開発や新規事業がどんどん発展しました。それは、文化大革命期の紅衛兵の運動の影響により、ある世代がぽっかりと抜けているため、１９８０年代の鄧小平の政策が大きな抵抗もなく進んだことです。上の世代に気兼ねなく新事業に取り組め、テクノロジーや新規事業に対する抵抗感が比較的少なかったのです。これは近年でも、５Ｇ、量子コン

中国の「国家主義的資本主義」とは、実際上は資本主義経済体制を採りつつ中央指令による経済政策を行なうが、かつての社会主義ではないので国有企業や国家の統制があるわけではなく、ある意味で1970年代までの日本に似ている

文化大革命期の影響で、ある世代がぽっかりと抜けているため、1980年代の鄧小平時代になると、上の世代に気兼ねなく新事業に取り組め、テクノロジーや新事業に対する抵抗感が比較的少なかった

中国は、アメリカから不利な状況を強いられているロシアやブラジルといった国へインフラ投資をすることで、それらの国と密接な関係を持つようになり、その結実が「一帯一路」計画

ピューター、電気自動車、新幹線、ロケット技術、航空技術といった分野で世界の最先端に到達することができた要因です。また、こうした環境によって、欧米先進国を追尾する経済から、真の意味での先進経済に到達することも可能になったのです。

中国はさらに、ロシアやブラジルといったアメリカから不利な状況を強いられている国へ援助をすることで、また海外のインフラ投資をすることで、それらの国と密接な関係を持つようになりました。先進国から見れば領地を荒らす不届き者で、脅威ですが、現地の人々にとっては救援者にも映るわけです。たとえば、東欧地域に高速道路や飛行場を建設する中国は救援者であり、しかも他方で侵略者でもあります。

その結実が「一帯一路」計画です。アジアとヨーロッパを結び付け、新しいシルクロードとして、停滞していた中央アジアを成長の中心として、ユーラシアを統合する。壮大な計画です。

これは海を使って発展していた欧米、そして日本にとっては脅威です。ユーラシアに帰属していない地域はここから排除されます。反対に、中東欧、ロシア、中央アジアにとっては朗報です。これに対して、当然ながら欧米は海上封鎖を行ないます。現在進んでいる中国への海上封鎖はこれと関係しています。一方で中国は、ミャンマー、アフガニスタン、イランなどへの道を開き、こうした封じ込めに対抗しています。ただし、この中国もまたかつての欧米のような「新しい侵略者」となる可能性がありますが。

海外からの資本導入を避け、自国における資本蓄積を実現するという資本主義発展の最大の問題を、インドは克服しつつある

インドとブラジル

インドは、いまや中国を超える14億の人口を抱え、古い歴史と文化を誇る国であり、最も発展の可能性のある国です。しかし、第二次大戦までイギリスの植民地であったこともあり、戦後苦難の道を歩みます。ジャワハルラール・ネルー（1889〜1964）は第三世界の道を開くため、ユーゴスラヴィア、中国、エジプトなどと非同盟諸国運動を展開しました。

資本主義発展の最大の問題は、自国における資本蓄積をどこまで実現できるかということにあります。資本蓄積がないと、海外から資本を導入するしかありません。旧植民地は、インフラなどあらゆるものが宗主国の資本によってできていますので、そこから脱却するのは簡単ではありません。だからこそ、先進国に追随する国家は保護主義を採ってきました。19世紀前半のフランスもベルギーも、イギリスと自由貿易ができるような競争力を得るまでは保護主義政策を採ってきました。しかし、植民地はそれができなかったため、資本が不足していました。さらに技術や教育といった面でも遅れていました。それをどうするかは国民の教育にかかっているのですが、宗教や文化、伝統によって簡単には着手できません。

しかし、次第にそれを克服していけば、やがては資本蓄積もでき、一気に経済成長することも可能です。今インドはその直前にあると言ってもいいかもしれません。

ブラジルは、中南米の必然として、長い間、欧米資本に牛耳られてきました。経済発展はつねに海外資本に頼っているため、政治も海外資本に左右されるので不安定です。とはいえ、

ブラジルは、中国の南米投資の半分を受けるほど関係が良好で、反対に欧米諸国との関係は悪化している

中南米では2億を超える人口を擁するのはブラジルだけです（ほかはメキシコの1億2600万人）。ブラジルは発展の可能性を追求して、中国などへの接近も怠っていません。中国の南米投資の半分はブラジルであり、現在の両国の関係は良好です。反対に、欧米諸国との関係は悪化しているとも言えます。

1991年のソ連の崩壊で、オリガーキーが石油事業などを牛耳り、原料を供出する後進国へとなり下がった

ロシア

1991年にソ連が崩壊して、ロシアは一気に弱小国になりました。軍事や宇宙技術を除けば、とりたてて特別なものはありません。その後、ソ連時代の国有財産を切り売りする過程で、オリガーキー（オリガルヒ）と呼ばれる旧官僚の中から、うまく財産を獲得した資本家集団が生まれます。彼らが石油事業などを手に入れることで、原料供出国として力を持つようになっていました。それはある意味で、高度な技術のない後進国へとなり下がってしまったとも言えるわけです。1998年8月には金融危機が起こり、エリツィン時代の経済は停滞していましたが、プーチンの時代から変化が見えてきました。

プーチンは、オリガーキー集団によるギャン

ウラジーミル・プーチン

1952〜、第2・4代ロシア連邦大統領［Presidential Press and Information Office, 2015］

プーチンは、オリガーキー集団によるギャング経済を普通の資本主義経済に立て直すことで〝ロシア復活〟を目指す

グ経済を立て直し、普通の資本主義経済にしようとした点で、大きな貢献をしました。ソ連の社会主義政権が一気に崩壊したことで起きた国内における貧富の格差の増大と、治安の悪化をどう防ぐか――これがロシアの戦いだったのですが、少しずつ立ち直り、本来の教育水準の高さや技術力も生かしながら、少しずつ復活していきます。その一つが、モスクワとサンクトペテルブルクを結ぶ高速鉄道でした。私も4時間で両都市を結ぶ高速鉄道に乗ったことがありますが、200キロ近いスピードでひたすら続く平原をかけ抜けます。サービスもまずまずで、〝ロシア復活〟の意味がわかりました。

アジアの虎（韓国、シンガポール、台湾、香港）

最も変化したのはアジアかもしれません。かつてアジアで唯一の先進国、西欧と並ぶ一人当たりのGDPを誇っていたのは日本だけでしたが、もはや日本の一人当たりのGDPの順位は（2020年IMF統計）、シンガポール、カタール、香港、イスラエルより下で、23位。その後にアラブ首長国連邦やマカオが続き、お隣の韓国が27位。31位には台湾が入っていますので、大変な様変わりです。

さらにGDP成長率ランキングでは、台湾は8位、中国は12位、韓国46位と、ほぼアジアやアフリカの国が上位につけ、発展し始めていることがわかります。しかし日本はなんと105位でマイナス5％です。コロナのせいであるとしても（とはいえコロナ以外の年はもっと

日本は一人当たりのGDPやGDP成長率でアジアの虎たちに抜かれ、技術的にも先を越されている

下位なのですが）、このままでは個人所得においても、台湾をはじめアジアの国々・地域に早々に抜かれてしまうでしょう。

こうした逆転現象は、バブル以降に日本が経済の分野においても衰退したからですが、とりわけ造船、鉄鋼、電機といった、かつて日本が欧米を追い越した分野において、日本がアジアの虎たちに抜かれたことを意味していて、さらに深刻なことは、すでに技術的にも先を越されていることです。

アジア経済の中で取り残されているのは、日本だけです。多くの先進国の成長率はアジアより低いのですが、日本はその先進国の中でとりわけ低いということになります。韓国は1997年にアジア通貨危機による国家的危機を体験し、大きく変化しました。その危機において、外国の投資に頼る経済ではダメだと理解し、大いに努力したはずです。それ以後、この20年の経済は、格差や貧困といった新自由主義に特有の問題はいろいろあるにしても、戦略面、競争面などで見ると日本よりは順調といえるかもしれません。

一人当たりのGDP成長率ランキング（2024年4月）

現在の日本経済はもっと深刻な状況だ。2024年4月に発表された最新のIMF世界経済見通しに基づいて、アジアの国・地域における一人当たりのGDP（名目GDP）のランキングを上から順に見てみると、シンガポールが5位、カタールが8位、マカオが9位、アラブ首長国連邦が20位、香港が21位、イスラエルが22位、ブルネイが33位、台湾が34位、韓国が35位となっている。そして日本はというと、2020年の23位から38位にまで大きく後退している。

ヨーロッパ大陸に英語圏はなく、EUは実際にはフランスとドイツが引っ張っているため、イギリス保守党は「ブレグジット」(EU離脱)、アメリカへの接近を掲げ、2016年に国民投票で勝利し、2020年に実行した

一方、EU経済は日本よりはいいとしても、国によって大きな相違が見られます。その典型はイギリスとギリシャです。イギリスは、EU離脱（ブレグジット）を2016年に決定し、EU諸国にショックを与えました（2020年1月31日イギリス時間23時――ヨーロッパでは2月1日零時――に離脱）。それまで拡大一方だったEUから、最も重要な国が離脱したわけです。ポンド通貨圏を持つイギリスは、ユーロ圏ではなく、独自の経済圏を形成しています。さらにアメリカの親戚筋であるアングロサクソン圏（Five Eyes）の一員でもあります。だから、EUよりも、大西洋のかなたのアメリカと結びついたほうがいいという判断には一理あります。とはいえ、イギリスの発展はヨーロッパ抜きにはあり得ないと考えて、EUに参

2016/6/23
ブレグジットの賛否を問う国民投票

英ハートフォードシャー南部にある町ボアハムウッドのハーツミア開票場で、ブレグジット（イギリスのEU離脱）の賛否を問う国民投票を開票する様子 [Steve Bowbrick from Radlett, United Kingdom, 2016/6/24]

加し、ドーヴァートンネルを掘り、陸路でヨーロッパとつながったのです。

しかし、そもそもイギリスはヨーロッパではありません。ＥＵは英語を共通語としながら、実際はフランスとドイツが引っ張っています。英語圏はアイルランドだけで、ヨーロッパ大陸に英語圏はありません。そこでイギリス保守党はＥＵ離脱、アメリカへの接近を掲げ、２０１６年６月の国民投票で勝利したのです。

他方のギリシャは、リーマンショック後に国家破綻の危機に直面し、フランスやドイツの銀行や政治家に、財政改革、経済改革を無理やり押し付けられました。それによって国民はどん底の経済を体験しました。ここで明確になったのは、ＥＵ体制は二分されているということです。一部の北の裕福な国とそうでない国に分かれ、後者のギリシャは世界の富裕層の観光と別荘地提供のために存在しているのです（だからコロナ下でも外国人の観光客を入れていました）。ギリシャはそれ以外の収益源を持ちません。同じことは東欧諸国や南欧諸国にも該当し、それぞれ北ヨーロッパを補完する役割を与えられているにすぎないのです。

EU体制は一部の北の裕福な国と南と東のそうでない国に二分され、後者のギリシャは、世界の富裕層の観光と別荘地提供のために存在している

もちろんイギリスがＥＵから離脱したといっても、イギリスは軍事外交ではアメリカと一体のＮＡＴＯに参加しています。それがアメリカの政策に追随せざるを得ない状況を生み出しています。そうなると、「一帯一路」に反対し、中国とロシアを敵視せざるを得ません。しかし、地理的にロシア・中国に近いドイツや東欧は困ります。政治と経済の微妙な駆け引きが必要となっているわけです。

貧富の差の拡大とオリガーキー政治

富の集中が民主主義を破壊し、一部の資本家が政治を動かし、マスコミを動かし、世界を支配していることが、コロナ禍における国家による監視強化という一層顕著な形で示された

２０２１年10月1日現在の世界を見ると、オリガーキーが支配するものになっていると言ってもいいかもしれません。世界の富はわずかな人々に集中している。富の集中（トップ1％が世界の富の80％を支配している。トップ42人の富と37億人の富が同じである）が、民主主義を破壊している。一部の資本家が政治を動かし、マスコミを動かし、世界を支配していると考えてもおかしくはありません。フランスの『ル・モンド・ディプロマティック』の２０２１年8月号に「西欧の中国（フランス）にようこそ」という記事がありました。フランスはもはや我々が考えている中国（独裁国家というイメージ）の世界、すなわちオーウェルの『１９８４年』のような監視国家になっているというのです。

それはこのコロナで一層顕著な形で示されました。コロナという感染症のパンデミックによって、国家による監視が強化されたからです。人々の自由な動きが制限され、違反した場合は罰金を科せられ（フランスでは２００万人が罰金を払わされたといいます）、家の外に出るのも、旅行するのもすべて監視対象となります。確かに、ＩＴ化社会がこの監視を強めることはわかっていました。この社会がいっそう進化すると、現金を使うことはほとんどなくなるでしょう。決済はすべてカードかチップで事足りるようになり、その取引データによって個人は特定され、記録されます。私がカードを使って京都に行けば、その記録を見ればすぐにどこに泊まったかもわかる。現金払いであれば自由気ままに旅行できたのですが、今ではすべての

フランス各地で起こった「反衛生パス」運動は、コロナ・ウイルスのワクチンが効果があるかどうかではなく、ワクチンを強制することが自由を奪うことを問題とした

行動が記録され、場合によっては犯罪捜査という名目で警察に監視されることになりかねません。

とはいえ、個人を特定されるリスクはあるとしても、どこに行くのも自由ではありました。しかし、この日々進化するIT化社会では、コロナ下では移動の自由が奪われ、スマートフォンで居場所をチェックされるようになり、誰がどこにいるかがわかるようになっています。もちろんコロナの蔓延を避けるという大義名分はあります。

しかし、そういう理由であるなら、フランス革命がロベスピエールの独裁に転じたときの言い訳と似たようなものです。マルクスはロベスピエールの言葉を引用しています。「出版の自由が許されるのは、それが政治的自由と妥協する場合に限るのである」（「ユダヤ人問題に寄せて」）と。要するに、国家の危機すなわち政権と対立する場合には、こうした自由はすべて奪われるということです。コロナはまさに国家の危機であり、すべての自由は制限されても致し方ない。これは大方の人が納得しているのでしょうが、こうした条件から第二、第三のロベスピエールが生まれてくることも確かです。ファシズムは国民の恐怖を利用して生まれるのです。

フランス各地で、黄色いベスト運動の後に起こった「反衛生パス」（Anti-Pass Sanitaire）運動は、ある意味正当な運動です。コロナ・ウイルスのワクチンが、効果があるかどうかの問題ではなく、ワクチンを強制することが自由を奪うという主張です。もしこれが戦争参加の強制だったらどうでしょう。KY（空気を読まない者）として、いつのまにかマスコミと国家権力によっ

て操作されたとしたらどうでしょう。

フランスでマクロン政権を支えている人々は、フランスの富を自由に操る人々であることは間違いありません。ＬＶＭＨグループ（ルイ・ヴィトンの会社）のベルナール・アルノーは世界屈指の資本家であり、新聞やＩＴを牛耳るグザビエ・ニールはマクロンを大統領にした人物ですが、彼らが特権エリートとして資本のための国家をつくっているとすれば、コロナの問題は科学の問題ではなく、こうした人々による国民監視の問題だということになります。

これはフランスだけの問題ではありません。日本においても、それと同じようなことが起こっています。フランスではそれがきわめて貴族的な世界として出現しているのですが、日本の政治でもそれと同じような特権集団が形成されています。アメリカやイギリスにおいても大同小異であるのは、やはり、資本主義の停滞が起こり、お互い同士のパイの争奪戦になっていることに理由があります。より弱い人々から収奪するという方法が、特権集団、すなわちオリガーキーを存続させているからです。

現在、中国的国家資本主義に対抗している新自由主義の資本主義は、オリガーキーの資本主義と呼んでいいかもしれません。それはある意味、中国と相似形なのです。

第二部ではなぜそうしたことが起こったのか、そして一方でその原因の一つにもなっているアジア諸国の発展と、西欧の没落という問題について考えていくつもりです。


現在、中国的国家資本主義に対抗している新自由主義の資本主義は、オリガーキーの資本主義と呼んでよく、ある意味で中国と相似形をなしている

第9章 赤字国債と国家主義の台頭

EUの拡大は先進国内の産業を空洞化し、
中進国を債務漬けにした。
そしてバブルが弾けた結果、
ギリシャはデフォルトを余儀なくされ、
各国でナショナリズムとポピュリズムが
幅を利かせるようになった。

IMFとギリシャの緊縮策に反対する壁の書き込み
[georgetikis, 2015/6/25]

「数年前から私は、公的債務の削減に取り組む必要性を、フランスならびに世界各国において訴えつづけてきた。現状は、かなり懸念されるべきものである。仮に、各国政府が適切な措置を打ち出すことがなく、問題解決に乗り出さないのであれば、われわれに残された選択肢は、〝極端な緊縮財政〟〝国家破産〟、そして最悪の場合には〝戦争〟しかないであろう」（ジャック・アタリ『国家債務危機――ソブリン・クライシスに、いかに対処すべきか？』日本語版序文、林昌宏訳、作品社、２０１１年、１ページ）

「債務の蓄積さえもが資本の蓄積として現れるというこの事実が、信用制度のもとに生ずる歪曲の完成である」（マルクス『資本論』〔拙著『超訳『資本論』第３巻』、２５６ページ〕）

社会を壊すバブルと国家回帰――はじめに

リーマンショックの後、その影響は世界各地に及びました。直接バブルに加担し、バブルによって利益を上げた先進諸国の銀行の破綻は、バブルに弄ばれた国々へ大きなしっぺ返しとなったのです。バブルの対象は、基本的に土地開発だったのですが、ヨーロッパではそれがギリシャやイタリア、スペインなどの観光地の開発と別荘建設などで起こりました。大きな資金がこの地域に流れ込み、一大建設ブームが起きます。ドイツ人がスペインの海岸に別荘地を購入する。それは国境なしに自由に行き来できるEUならではの現象ですが、こうした行動が大きな投機を引き起こしました。ＥＵの豊かな国は主に北の国々ですが、それらの国民は夏には南の貧しい国々にバカンスに行きます。逆に南から北へ旅行する者は少数です。ポルトガル、スペイン、イタリア、ギリシャなどの地域は、こうした北の観光客を受け容れることが経済の目玉になっています。

そこでそれぞれの政府は、これらの観光客のために開発を行ないます。それが２０００年代にＥＵ内で起きたバブルでした。アメリカのカリフォルニアやフロリダのバブルと同じように、多額の資金が流れ込み、軒並み不動産価格が上昇しました。

パリは家賃が高いことで知られています。それは、フランスの首都というだけでなく、世界で最も人々が住みたがる街だからです。ＥＵ内ではヴィザなしで移動でき、自由に不動産を購入できるので、パリの不動産価格は軒並み上昇しました。フランスでは最も狭い部屋の規定があって、それは9平方メートル（約2・7坪）ですが、これを下回る部屋にもどんどん買い手がつきました。とりわけパリの市内20区、それも人気地区の高騰はすさまじく、不動産収入はその地域の社会環境を破壊していきました。こうして観光地と化した地域は、本来の地域住民の不満を買うことになります。相続税が上がり、外国人の投機目的の住居が急増したからです。

リーマンショックの結果生じた問題の一つが、国家回帰という問題です。これは１９２９年の大恐慌の時にも見られたのですが、人々は国家の中に閉じこもるようになりました。企業は国家に資金援助を頼み、溢れ返った失業者も国家の援助を求め、それまでグローバル化

EU内ではヴィザなしで移動でき、自由に不動産を購入できるので、ギリシャやイタリア、スペインなどの観光地で別荘建設がブームとなり、不動産バブルが発生した

パリでは外国人の投機目的の住居が急増し、不動産価格や相続税が上がって地域住民の不満を買った

1991年のソ連崩壊後、社会民主主義が次第にグローバリズムを進めるようになり、工場移転を考えていた資本にEUの拡大がうまく利用され、左派政権も保守党と変わらない政策を採るようになる

を歓迎していた人々も、急速にナショナリズムに耽り、海外移民の制限・排斥、国外へ移転した工場を国内へ戻し、海外製品からの保護を求める動きが活発化していきます。

もちろん、G7やG20などが開催され、各国首脳は国家回帰が大恐慌を悪化させたのだと主張し、批判していましたが、背に腹は代えられないの喩え通り、国家回帰が進行します。とりわけそれは人々のナショナリズムを助長し、極右のポピュリストの増長を促します。

1991年のソ連崩壊後、人民を擁護する社会民主主義が次第にグローバリズムを進めるようになり、社会党や社会民主党は、いつのまにかグローバル化の旗振り役となりました。その一人がミッテランです。こうした動きがEUを一挙に拡大する結果となります。工場移転を考えていた資本にEUの拡大がうまく利用され、国内が空洞化し、労働者の失業が増加しました。その結果、イギリスのトニー・ブレア、フランスのオランド、ドイツのシュレーダーも保守党と変わらない政策を採るようになります。これについてフランソワ・シェネはこう言っています。

「フランスでは1982年から83年まで、公的債務はとるにたらないものだった。――公的債務は、左派連合政権による国営化にあたって金融資本に与えられた贈り物から、生まれ出たのである――この時期以降、社会党政権は、この直接税制の恩恵を被り、またそれにもたれかかっていた社会集団に立ち向かうというよりも、むしろ共和国連合の恩恵を被り、むしろ共和国連合のRPRや国民運動連合UMPの政権の轍を踏んで、この問題を資本や資産にとって最も好ましいやり方で「迂回した」のである。つまり社会

伝統的左翼は、労働者階級を守るという問題と人権を守るという民主的建前の中で、目の前の労働者の失業や不満を見て見ぬふりをするという矛盾に陥り、代わって極右勢力が次第に力を持つようになった

党政権は、かれらが税金をかけることをあきらめた連中から金を借りたのである」（『不当な債務』長原豊、松本潤一郎訳、作品社、2017年、19ページ）

そうすると、労働者は社会党、社会民主党政権へ批判を強め、別の組織に接近します。それが極右です。もちろん、旧来の左翼の伝統は、極左といわれる集団によって維持されていますが、伝統的左翼はある種の矛盾に陥ります。つまり、労働者階級を守るという問題と、人権を守るという民主的建前の中で、目の前の労働者の失業や不満を見て見ぬふりをするという矛盾です。そうした中でヨーロッパでは極右勢力が次第に力を持つようになりました。それはアメリカや日本も同じで、自民党の右派が支配するようになったのも、結局リーマンショックが原因であったといえます。

さて本章は、こうしたナショナリズムが、極端な形で出現した問題として、南欧・東欧諸国と西欧・北欧諸国の対立について見ていきます。これは世界史の奥底に潜む問題を再び表に出す作業になります。すなわち、オスマントルコの支配、東欧、地中海諸国の問題です。

国家破綻

カーメン・M・ラインハート、ケネディ・S・ロゴフの『国家は破綻する　金融危機の800年』（村井章子訳、日経BP社、2011年）という書物があります。ここにはこれまでに破綻した国家の一覧表があります。本書の正確なタイトルは「時代は異なる　金融狂気の

800年」であり、国家の破綻ではなく、国家を破綻に至らしめるほどの金融危機がテーマです。そこでいくつかの指標が挙げられています。

その指標とは、1年間のインフレ率が40％以上の場合、通貨暴落が1年間15％以上の場合、通貨改革による旧通貨の価値低下、銀行危機、対外債務危機、国内債務危機です。

要するに国家の安定を揺るがすものすべてが、国家破綻の可能性につながるということです。とはいえ、実際に国家がデフォルトし（借金の返済が不可能となり）、その結果、外国政府あるいはIMFなどの指導を受けることになって、国家の独立が侵されるような国家破綻は、先進国ではほとんどありません。先進国の国家破綻の危機は、むしろ世界経済の破綻につながるわけで、それは大恐慌といってもいいわけです。

後進諸国では、GDPに占める国家の対外債務が60％を超えると、デフォルトに陥るといわれています。この書物の62ページに中程度の発展国（中進国）のデフォルト国家のリストがありますが、そこにはG7の国は一つもありません。中進国をクラブBとし、きちんと債務を返済できる国をクラブA、対外債務そのものが不可能な国をクラブCに分類していますが、アフリカ諸国はクラブCであり、そもそも借金することすらできません。2001年にデフォルトに陥ったアルゼンチンなどの中南米、欧米から借金をして債務地獄に陥っていた1980年代のロシアと東欧などがクラブBに挙がっていますが、それらの国は外貨準備が少ないこともあり、軒並みデフォルトに陥ったのです。

さて国家がデフォルトになったらどうなるのでしょうか。海外債務を返せなくなった国家

後進諸国では、GDPに占める国家の対外債務が60％を超えると、デフォルトに陥るといわれている

国家がデフォルトになったユーゴスラヴィアの場合、石油が輸入できず、ガソリンが制限され、火力発電の電気が三日に一度、二日に一度となり、街灯も消えてしまった

「過剰な公的債務に対する解決策は、増税、歳出削減、経済成長、低金利、インフレ、戦争、外貨導入、デフォルトの八つが存在する」（アタリ『国家債務危機』）

の実態がどういうものか、私は１９８１〜82年当時のユーゴスラヴィアで体験しました。海外債務によって国内のドルが流出しますので、たとえば石油などが輸入できなくなります。ガソリン供給が制限されたり、火力発電の電気が三日に一度、二日に一度となり、時には完全に止まったりするのですが、街灯も消えてしまうので、夜の街は月が出ていないと本当に真っ暗でした。輸入品はまず手に入らないので、国産品で補うしかないし、自国通貨の価値が下がってインフレが昂進します。ユーゴ人にとってコーヒーの不足が一番こたえたようで、住んでいた家の大家に頼まれてコーヒーを買うために店先に並んだものでした。

本章の冒頭に引用したジャック・アタリの『国家債務危機』（林昌宏訳、作品社、２０１１年）は、そのあたりの状況についてこう説明しています。

「過剰な公的債務に対する解決策は、これまでに八つ存在する。そして現在も、その八つが存在する。

増税、歳出削減、経済成長、低金利、インフレ、戦争、外貨導入、デフォルトである。今までの債務の歴史で見てきたように、これらすべての手段が利用されてきたし、これからも利用されるであろう。これら以外には、解決手段はない」

（『国家債務危機』、１７５ページ）

ジャック・アタリ

1943〜、アルジェリア出身の経済学者、思想家。ミッテラン、サルコジ、オランド、マクロン各政権の経済政策を主導。2014年11月9日、明治大学で講演するアタリ［UZM, 2014］

国債残高だけで見ると1100兆円の日本がワーストワンで、その次がイタリア、ギリシャですが、そのギリシャの状況はどうでしょうか。この書物は2010年の発刊であり、当時の知見ではその先のことは見通せなかったのですが、次のように書かれています。

「EU諸国の中には、資金調達に支障をきたす国も現われた。とくに、ギリシャ、スペイン、ポルトガルの借り入れコストが上昇したことにより、公的債務が膨張したこれらの国は、まもなく支払い不能に陥る」（同書、246ページ）

ギリシャの例

2009年のギリシャのデフォルトは、先進国ではない中進国が孕む債務構造を典型的に示しています。西欧の周りにある、ロシア、東欧、バルカン諸国、そして中南米は、国家として独立して以来、先進国の銀行債務に悩まされてきました。

この債務の構造は基本的にはいずれの国でもよく似ています。エリック・トゥーサンの『債務システム――ソヴリン債務とその支払い拒否』（Eric Toussain, *The Debt System. A History of Sovereign Debts and their Repudiation*, Haymarket Books, Chicago, 2019）という書物には、19世紀前半に独立した国の債務問題について書かれています。

高校生が学ぶ「世界史」の教科書には、オスマントルコの圧政に苦しむギリシャの独立――詩人バイロンがそのために命を落とした――は文明の進歩のための輝かしい独立戦争で

ギリシャ独立戦争（1821年～）で英仏は、オスマントルコとロシアの弱体化後の権益を求めてギリシャ独立を支援し、多額の資金を貸し付けた
独立したギリシャでは外国人国王による傀儡政権が続き、借金を繰り返して国家債務が膨らみ、1843年9月に国家破綻に陥った

あるかのごとく書かれていますが、実際はそうではなかったのです。このギリシャ独立戦争（1821年～）は、19世紀のオスマントルコの弱体化にともない、英仏がその後の権益を求めるためにギリシャ独立を支援し、オスマントルコとロシアの力を弱めようとしたものです。そのため英仏は、多額の資金をギリシャに貸し付けたのです。

やがてこの支払いをめぐって、独立したギリシャは英仏の手中に落ち、バイエルンやシレジアから国王を迎え入れ、外国人国王による傀儡政権が続きます。1824年に借りた最初の借金を返すために次の借金をし、それを返すために次の借金をするという、いわばサラ金地獄のようにギリシャの国家債務は膨らんでいきます。こうした債務はギリシャ国内の産業発展に寄与することはなく、軍部と傀儡政権の腐敗的な利得に使われていくわけです。オスマントルコ時代の貴族支配の土地制度は、やがて資本家支配の土地制度に変わり、ギリシャは中南米諸国にある対米従属国によく似た国家となります。

1843年9月に国家破綻に陥ったギリシャは、その当時のトロイカ＝英仏露（現在のトロイカは、IMF、EU、ECB）によってAusterity（緊縮財政）を要求されます。その内容はリーマンショック後の2010年の緊縮財政政策とよく似ています。引用しますと、公務員の数を3分の1に減らすこと、その賃金を15～20％カットすること、年金支払いの禁止、軍事支出の減額、生産者の税の前払い、関税印紙税の引き上げ、教師などの首切り、健康サービスのカット、公共事業のカット、外交使節を減らすなどといった内容です（同書、57ページ）。

ロシアは、その後のロシア革命によって成立したソビエト政府が、ギリシャ政府の債務支

第二次大戦後、南下する共産主義勢力と闘うためにアメリカはバルカン地域に軍を進め、ギリシャ国民はその軍事費や防衛費を背負わされた

払いを免除しました。

その後も繰り返しこうした貸付けのパターンは続いていきます。

ギリシャが位置するバルカン地域は、不幸な歴史を負っていました。オスマントルコ（オスマン帝国）の衰退（崩壊は1922年）に伴い、バルカン地域に独立の可能性が生まれ、1817年にはセルビア王国なども独立したのですが、この地域は英仏にとってロシアを地中海に南下させないための要衝でした。ギリシャは、英仏の政策のために従属させられたわけです。第二次大戦後、南下する共産主義勢力と闘うために、アメリカはこの地域に軍を進めます。そのたびに軍事費や防衛費をギリシャ国民は背負わされ、借金は永遠に続くのです。

リーマンショック後の2010年、ギリシャの国家破綻が国際的な問題となりました。その原因は先進諸国のバブルだったわけですが、バブル崩壊後、先進地域では銀行や企業の健全性を国家が保証します。このような銀行は、南欧地域をターゲットとして貸付金の取り立てに奔走します。

PIGS《ピッグス》という言葉が2007〜10年ごろによく使われましたが、それはポルトガル、アイルランド、ギリシャ、スペインを指します。PIGSこそ、EUの中で不動産投資バブルの対象地域となった国々で、財政危機が囁かれていました。これは、1980年代にユーゴスラヴィアなどが破綻へ向けて突き進んだ過程とよく似ています。ユーゴは、借りた資金でアドリア海沿岸に豪華ホテルを建て、西欧からアドリア海に到る道路網を整備しました。結果的にそれが破綻への〝序章〟となったのです。

2010年のギリシャの財政危機で、PIGS（ポルトガル、アイルランド、ギリシャ、スペイン）に投機された資本の回収が始まった

2015年、失業者が溢れるギリシャや東欧地域に流れ込んだトルコからの大量移民の受け容れを、EU全体で応分に負担するということに対して、東欧や南欧の国民が反発

2010年のギリシャの財政危機でも、これらの地域に投機された資本の回収が始まりました。

これまでの債務の蓄積もあり、小国ギリシャは債務を10兆円以上償還せざるを得なくなったのです。そのため、英仏独の銀行の意を受けた各国の首脳が乗り込み、ギリシャに対して頭ごなしに、緊縮案を突き付けます。それは1997年のアジア通貨危機後に韓国が置かれた状況とも似ていました。

しかし問題は、これらの国の破綻をむしろ回避し、さらに貸し付けるところにあります。1826年以来、ギリシャは再三国家破綻の危機に遭遇し、そのたびに破綻ではなく、再借り入れを要求され、どんどん債務が膨らんでいきました。これは英仏にとって、ある意味では重要なことで、再債務を課すことで、ギリシャの政治を完全に掌握し、意のままにできるということです。

ギリシャは交通の要衝の地域です。2015年の移民問題は、このことと密接な関係があります。失業者が溢れるギリシャや東欧地域に、トルコから大量移民が流れ込んだのです。英仏が引き起こした中東紛争の問題（「アラブの春」）を、EU全体で応分に負担するということに対して、東欧や南欧の国民が怒ったのは当然です。移民を救うことは人権問題ですが、

2009/10

ギリシャ経済危機の発覚

ギリシャ政府の緊縮策に対する抗議デモから、ギリシャ国立銀行を守る警察隊［www.flickr.com/photos/0742, 2010/2/25］

このような負担の押し付けは東欧や南欧の国民の人権を蔑ろにするものだからです。

当該諸国での右派勢力の増大の根拠はここにあります。これを単に右派勢力（国粋的で、人権を軽視する人々）の台頭と批判する向きがありますが、貧困問題と考えるならば、左派勢力もこうした移民に反対を唱えるべきだったのかもしれません。

ギリシャ政府は、選挙で国民の支持を得ても、その債務返還策が英仏独の首脳から拒否されると、その政府も解散させられるという状況が続きます。その当時の財務大臣であったヤニス・バルファキスは、『部屋の中の大人たち』（*Adults in the Room*）という著書で、この時のギリシャの破綻の状況についてこう述べています。

「私が就任する5年位前、ギリシャ国家は破産した。その数か月後、EU、IMF、ギリシャ政府は世界の最も大きい破綻を防ぐことを画策した。銀行破綻をどうやって防ぐか？　悪しき貨幣の後、よき貨幣を投入することによって。そしてこの防衛をファイナンスしたのはだれか？　普通の人々であるが、世界中から来た「アウトサイダー」だったのだ。――EUとIMFは破綻したギリシャ政府に1100億ドル、歴史上最大規模の借款を拡大した。同時に、トロイカとして知られている列強グループが（なぜそう呼ばれるかといえば、EUの執行部であるヨーロッパ委員会、EU中央銀行、そしてIMFという三つの機関を意味するからであるが）、ギリシャに国民所得を引き下げ、最も弱いギリシャ人の上に負債の重荷を押し付けるためにアテネに送られてきたのだ。8年経ってわかったことだが、これがうまく終わらなかったということだ」（Yanis Varoufakis, *Adults in the Room*,

Vintage, 2018, p.19)

世界中から来た「アウトサイダー」、列強グループのお偉方がバルファキスのいう「大人」で、ギリシャの政府はこの大人たちに命令され、翻弄されるのです。バルファキスは、これでは19世紀イギリスの作家ディケンズの債務監獄に国民すべてが押し込められたようなものだ、と述べていますが、ディケンズの家族は実際に債務監獄に収容されていました。『リトル・ドリット』は彼の債務監獄での体験をもとに書かれた小説です。

当然ながらギリシャの国民は怒り、デモが各地で始まりました。政府は、国民のほうではなく、債権者であるEUのほうを向いている。国民の怒りは止まらない。このような光景はあちこちの国で見られました。

EUの危機

EUのトップメンバーと、EUの中央銀行、そしてIMF（IMFや世界銀行の総裁や議長には、米英仏の出身者が就くことが慣習になっている）が、EUの小国であるギリシャの政府に頭ごなしに命令し、緊縮財政を強います。これはだれが見ても理不尽に映るはずです。

もともと世界経済システムは、日本を含む先進国とされる債権国と、それらによって200年に亘って牛耳られている債務国に分かれています。その構造から外れる国は、中国やロシアなど一部ありますが、大半はこうした債権国に支配されています。世界銀行、IM

債権国が牛耳る世界銀行、IMF、国連、WTOによって世界経済システムは成立しているが、その支配から外れているところに中国やロシアなどがある

F、国連、WTOはすべて先進国によって牛耳られているのです。

EUはなるほど平等な関係に立つ連邦国家を形式的にはつくり上げました。税関も国境もなく通過できる点で、一つの国のようです。シェンゲン協定によって、一つの国家のようになっている。しかし、それぞれの国家は相変わらず独立していて、財政管理も各国がそれぞれ自分で担わなければならない。にもかかわらず、ユーロが導入されたことによって自国通貨による国債が発行できないので、財政赤字補填は容易ではない。EUが一つの国家、一つの通貨を持つことで、その中で経済的に強い国家が弱い国家を支配できる構造になっているのです。しかし、それを覆すことは簡単ではありません。

ユーロの導入によって自国通貨による国債が発行できないので、自国の財政赤字補填が容易ではなくなり、結果、EU内で経済的に強い国家が弱い国家を支配できる構造になっている

まさにEUの問題点が、このギリシャの国家破綻の危機によって明らかになったわけです。ギリシャの累積債務をそのまま放っておけばよいものを、英独仏の銀行を救済するために、ギリシャに債務履行させざるを得なくなったのですが、これが多くの民衆の怒りを買ったわけです。EUはそれに対して何もしないどころか、むしろEUを牛耳っている大国が弱小国に迫って、英独仏企業の赤字を埋めさせようとしたのです。こうしたあからさまな弱肉強食の資本主義体制への批判も噴出してきました。

ナショナリズムとポピュリズム

アメリカにおいても同じことが言えます。なぜ2009年にオバマが大統領に選ばれたの

か。大資本を擁護する民主党の本質が垣間見られ、その実行のために好人物のオバマが選ばれました。いかにも清潔そうに見える彼の風貌や演説が、あたかもかつてのＪ・Ｆ・ケネディを思わせたのです。

２０１６年にオバマの後を、マダム・クリントンが引き継ごうとしましたが、多くのアメリカ人がこれに怒りました。大資本優位の政治体制への怒りは、共和党のトランプ票の増大へと向かったわけです。

この20年を見渡せば、ヨーロッパでは軒並みオリガーキー（寡頭制）的な体制が支配的でした。フランスのシラク（任期：１９９５～２００７）、サルコジ（任期：２００７～12）、オランド（任期：２０１２～17）、マクロン（任期：２０１７～）、ドイツのシュレーダー（任期：１９９８～２００５）、メルケル（任期：２００５～21）、イギリスのブレア（任期：１９９７～２００７）、ジョンソン（任期：２０１９～22）といった各国の首脳たちは、保守党であるか革新党であるかに関係なく、グローバル化推進、ＥＵ拡大の推進、民主化と称して大資本から資金を獲得する政策において一貫しています。彼らに多くの国民が失望したのは当然です。

こうした政権はリーマンショックの後、金融再編や厳しいチェック体制を採ると言うだけで何もしなかったのです。しかも、株価を上昇させる新たなバブル創出を盛んに行ないました。タックスヘイブン（税金がかからない国・地域）への税金逃れを促進しながら、自国では法人税やキャピタルゲインの税金を引き下げる。保守党も社会党も同じことをやってきたのです。

この20年、ヨーロッパ各国の首脳たちは、保守党であるか革新党であるかに関係なく、グローバル化推進、ＥＵ拡大の推進、民主化と称して、大資本から資金を獲得する政策において一貫している

東欧や南欧で右派政権が続出し、フランスでは極右ポピュリストのマリーヌ・ル・ペンが大統領の決戦投票まで進んだように、国家主義の台頭現象が各国で起きたのは、貧困層を救える社会主義政党がいなくなったことにも関係している

それに対して人々が、アメリカではトランプを担ぎ出し、イギリスではブレグジット(EU離脱)を提案し、東欧や南欧では右派政権が続出し、フランスでは極右ポピュリストのマリーヌ・ル・ペンが大統領の決戦投票まで進んだわけです。これはある意味で当然といえば当然のことだったのかもしれません。多くの貧しい人々が、自分たちは忘れられたと憤っている。エリートたちは自国民を助けずに、移民を受け容れて世界の貧困不正を正すのだと喧伝する。それは本末転倒であると考えるのは、ある意味で当然です。

国家主義の台頭ともいわれる現象が各国で起きたのは、貧困層を救える社会主義政党がいなくなったことにも関係します。いるとすれば極左と呼ばれる政党ぐらいで、既存の代表的政党は、左右問わずいずれも資本のほうを向いている。

1890年代に、マルクスの義理の息子であるポール・ラファルグ(1842〜1911)が、フランスのグランゼコールで社会党への入党の説明をしたときに発した警告を思い出します。それまで弾圧されていた社会党に、最近ではエリートであるグランゼコール出身者たちが入党しようとしていることについて、彼は厳しく忠告をするのです。それは、こうです。

「最近では名誉や金儲けで党に入ろうとする者が増えてきたが、ここにいる多くの先輩党員は苦難の時代を乗り越えた人たちである。社会党に入ることがいかに自らを犠牲にすることであったか。それが今では出世のために入党しようとする者がいるが、そのことを今一度考えてほしい。この政党は貧しい者を助ける政党であって、決して自己の利益を求めるための政党ではないのだということを」(Paul Lafargue, *Le Socialisme et les Intellectu-*

els, Hachette Livre, 2016、引用者が要約）

このラファルグの言葉を無視するかのように、１９８０年代に政権党に就いた社会党は、どんどん企業に接近していき、サルコジ、オランド、マクロンなどのような人々が入党し、あるいは入党したいと言ってきました。彼らはメリトクラシーを重んじる人々で、高学歴を誇り、出世することを第一に置く人々でした。だから彼らは保守党であれ社会党であれ、自分が高い地位に就くことができて、経済的に豊かになれれば、どちらでもよかったのです。

こうした中で、政治は激変していきました。保守、革新ともに総主流体制になり、資本の運動に敵対する反対勢力が消滅したのです。それを救ったのが、極右と極左であったとなれば、きわめて皮肉な話です。

保守、革新ともに総主流体制になり、資本の運動に敵対する反対勢力が消滅し、皮肉にもそれに代わったのが極右と極左であった

国家主義者やポピュリストに対しては、保守派も左派も抵抗があります。彼らはこれまで、こうした人々にレッテルを貼ってきました。極右に関しては、〝マッチョ〟であり、〝ローカル主義者〟で、〝狭い了見〟であり、〝ネオナチ〟であり、〝反ユダヤ主義者〟である。極左については、〝時代錯誤〟であり、存在しない階級闘争の夢を見ている、資本主義の世界に社会主義があるなどと考えていると、これまた批判的です。

しかし、少数のエリートが、ギリシャ、イタリア、スペインなどで起きた右翼化現象を、反民主主義、ファシスト、反ユダヤ主義とののしるばかりでは、貧困にあえぐ人々をいったい誰が助けることができるのでしょうか。社会党や社会民主党は、真の民衆の政党に戻れるのか。こうした問題が、リーマンショック以後に起きた国家主義の台頭から明らかになった

のです。

第10章 BRICSの台頭 中国

自ら仕掛けたバブルの崩壊後、
長期停滞でもたつく欧米諸国を後目に、
BRICS諸国が次第に台頭する。
なかでも急成長を遂げたのが中国。
なぜ中国はリーマンショックを
しのぎ切ることができたのか。

恒大が河南省に建築した高層住宅［Windmemories, 2021/3/5］

「一四二一年二月二日、当時の中国はまさしく、世界に冠たる大国家だった。その日は中国の暦で元日――春節――にあたり、アジア、アラビア半島、アフリカ、インド洋の各国から訪れた王とその使節が、天子たる永楽帝（中略）に臣従の礼を尽くすべく、壮麗な北京の市中に集《つど》っていた。巨船からなる中国の大艦隊がすばらしく正確な技術で大洋を航海し、各国の統治者とその使節をはるばる運んできたのは、彼らに皇帝への貢物を献上させると同時に、城壁に囲まれた神秘の紫禁城の完成式典を見届けさせるためでもあった。列席した国王は、二八名にもおよんだが、神聖ローマ帝国やビザンチン帝国の皇帝、ヴェネツィア総督、イングランド、フランス、スペイン、ポルトガルの王たちの姿はなかった。交易の品や価値ある科学知識をもたないこれらの後進国は、中国の皇帝の基準から見ればごく下位の、この場に招待するにはあたらない国々だった」（ギャヴィン・メンジーズ『1421　中国が新大陸を発見した年』松本剛史訳、ヴィレッジブックス、2007年、40ページ）

「いつか冷戦になるかもしれない最初の動きを、ここ数十年来、歴史家たちや政策の決定者は研究し、もしほかにあるとすれば、まったく違った形で行なわれるはずのものについて議論をしてきた。かつての冷戦と比較しこれを一緒にすることは、望ましいことであり、不可避的なことである。むしろ、ひとつの記憶として役立つはずである。あまりにも遅きに失しないために、今こそ、この新しい競争の始まりについて精査し、配慮、知性を働かせるときである」(Daniel Kurtz-Phelan, Editor, *Foreign Affairs*, November-December, 2021)

「中国の目標は、西洋の帝国主義をモデルにしたような世界制覇ではなく、むしろアジア太平洋地域に朝貢制度を敷いて、中華王国《ミドルキングダム》として中国を再建しようというものだ。中国の大局的な戦略を毛沢東の「四つの原則」ふうに要約すれば、「四つのもっと」は次のようなものになる。

①もっと消費を増やせ
②もっと輸入を増やせ
③もっと海外投資を増やせ
④もっと技術革新に励め」(ニーアル・ファーガソン『文明　西洋が覇権をとれた6つの真因』仙名紀訳、勁草書房、２０１２年、４９９ページ)

「極端に絶対的な君主政の国々においては、歴史家は真理を裏切る。なぜなら、彼らはそれを述べる自由をもっていないからである。極めて自由な国家において、歴史家はその有する自由そのもののゆえに真理を裏切る。この自由は常に分裂を生み出すので、各人は、専制君主の奴隷となると同じほどに、自己の党派の偏見の奴隷となるのである」(モンテスキュー『法の精神』中巻、第3部・第19編・第27章、野田良之ほか訳、岩波書店、１９６ページ)

「脱欧入亜」の時代に変わらない日本――はじめに

21世紀になって大きく変わってきたことの一つに、19〜20世紀にかけて世界を牛耳ってきた欧米先進国の地位が、少しずつ衰退してきたことがあります。18世紀まで世界の超大国であった、アジアの清やインドのムガール、そしてペルシャ、オスマントルコなどが衰退し、代わってイギリス、フランス、そしてアメリカが世界を支配するようになりました。産業革命による最新技術によって世界を制覇した欧米は、2世紀の間、世界に君臨してきました。

これは単に彼らが超大国として君臨していたというのではなく、世界のすべての価値基準として欧米的なものを押し付け、それにあらずんば進歩にあらずという観念を植え付けてきたということです。白人という人種的優越感、キリスト教の文明国という優越感などが、資本主義、民主主義という優越感などと相まって、世界のすべての基準を支配してきました。

芸術、美術、教育、道徳などあらゆる面において、先進国としての欧米が、遅れた文明国のアジアやアフリカを指導する立場につねに位置し、アジアやアフリカ人はそれに対し、劣等感を持たされながら、不承不承従うことで文明と文化に浴するということになりました。その中で最もやすやすと西欧の軍門に下り、西欧の家僕として仕えたのが戦後の日本ですが、どうやらそうした西欧支配の時代は、21世紀には終わりとなるかもしれません。福澤諭吉が奇《く》しくも「脱亜入欧」と述べたのですが、今や西欧が「脱欧入亜」になろうとしているとも

ブラジル、ロシア、インド、中国といった非欧米圏の国が少しずつ失地を回復し、新しい経済大国、軍事大国、覇権国として登場しつつある

つい30年以上前には日本の30分の1の一人当たり所得であった中国が、いまや5分の1以上にある

いえる状況です。

それは、ブラジル、ロシア、インド、中国といった非欧米圏の国が少しずつ失地を回復し、新しい経済大国として、あるいは軍事大国として、あるいは覇権国として登場するに至ったからです。

自ら仕掛けたバブルで崩壊した欧米諸国が、その後の長期停滞でもたついている間に、BRICS諸国が次第に台頭してきました。その中でも目立つのが中国でしょう。中国のGDPは、2008年に日本を抜き去り、2021年現在でアメリカに迫る勢いです。購買力平価という計算を使えば、すでにアメリカを抜き去っているといってもいいわけです。もちろん、一人当たりの所得に換算すればわかるように、中国はまだ貧しい。だから、GDPの数字がそのまま個々人の豊かさにつながっているわけでもないのですが、つい30年以上前には日本の30分の1の一人当たり所得であった中国が、いまや5分の1以上にあるというのは、驚きであることは間違いありません。

人口が多いという強さ、国内の豊富な資源、教育水準の高さなどを考えると、とりわけ技術の最先端部門において、中国の潜在力は計りしれないものになっています。大学の世界ランキングというものがあります。これは英米が勝手に決めているので、英語圏の大学が軒並みトップに来ているとしても、最近の中国の大学の伸びは素晴らしい。中国のみならず、韓国、香港、シンガポール、台湾なども含めると、アジアは勢いがあります。すでに『フォーチュン』誌のトップ企業ランキングや銀行ランキングにおいても中国勢の勢いは止まってい

ません。

1960年代に日本企業が同誌のトップランキングに少しずつ増えだし、70年代には数多くの日本企業が名を連ねたのと似ています。その後、日本勢は衰退していったのですが、中国は日本と同じ運命をたどるのかどうか、それはわかりません。とりわけ、欧米製品のライセンス生産と細かい改良で力をつけた日本と違って、中国はそれぞれの分野でも自前の新しい技術を持ってブレークスルーしつつあります。月ロケット、量子コンピューター、5G、新幹線などでも、もはや技術は世界のトップにあるといってもいいわけです。

リーマンショック以後の中国経済

さてそんな中国ですが、その発展は2008年の北京オリンピック以後、急激に高まっていきます。そのころ、世界は新たな恐慌の話で持ちきりでした。やがてその9月に老舗のリーマン・ブラザース銀行が倒産することで、リーマンショックといわれる1929年以来の大恐慌が起きます。失業と倒産という大恐慌に至るのをなんとか防げたのは、国家による緊急支援があったからなのですが、いずれにしろ欧米先進国はその後、経済停滞に陥っていきます。

こうして先進国経済が氷河期に入り、投資の停滞、企業内蓄積が進む中、資本の多くは海外へと流れ出ていきました。そのターゲットとなったのがBRICSですが、とりわけ中国政府は数十兆円に上る公共投資を行ないました。すなわちインフラ建設を行なうことで、世

リーマンショック以降、先進国経済の投資の停滞、企業内蓄積が進む中、資本の多くは海外BRICS、とりわけ中国へと流れ出て行った

界の資本を一手に吸収することになります。

こうした中、アメリカではオバマ政権が誕生し、イースタニゼーション（東洋へ向くこと。ギデオン・ラックマン『イースタニゼーション』小坂恵理訳、日本経済新聞出版社、２０１９年）、アジアへのピヴォット（Pivot＝基軸の移動。カート・M・キャンベル『THE PIVOT アメリカのアジア・シフト』村井浩紀訳、日本経済新聞出版社、２０１７年）が起きています。経済発展はアジアにありということで、世界はアジア、とりわけ中国を重視するようになります。以来10年以上、中国は投資先として、先進諸国の消費財市場として、世界の工場として、その地位を確立していきます。これがそのまま中国のＧＤＰの成長と結びつき、今ではアメリカと並ぶ経済大国にまで成長しています。

アメリカと中国との関係、さらに欧州と中国との関係は、日本とアメリカや欧州との関係よりも古いのです。すでに18世紀後半には、中国から欧州へ留学生が行っていますし、19世紀にはアメリカ西海岸、イギリスなどでは中国人労働者がかなりいました。アメリカや欧州は、巨大な人口を擁する清をアジアの基地と考えて、盛んに貿易を促進してきました。１８５３年、そうした中でアメリカのペリー艦隊が鎖国日本をこじ開けにやってきますが、ペリー艦隊は中国を基地に日本と交渉にあたります。

その後、アジアの中で日本だけが経済発展し、中国が衰退していく中で、次第に中国の影が薄くなっていきますが、中国に対する欧米の関心はその後も変わることがなく、日本の中国への進出を阻む存在として欧米の力は大きなものがありました。いわゆる〝大東亜戦争〟

1971年、アメリカはいわゆる〝ピンポン外交〟で中華人民共和国との関係改善に乗り出し、翌72年、ニクソン大統領が突然中国を訪問、その結果、中華民国は中国の一部として台湾に格下げになり、国連の常任理事国から降ろされた

の時代においても、アメリカは中国支援にまわり、日本の進出を食い止め、中国に対する日本支配を打ち砕いたわけです。

その後、中国では共産主義革命が起こり、蔣介石が台湾に亡命して新政権を樹立したのち、アメリカはこの中華民国を支持することで、中華人民共和国と敵対してきました。他方でアメリカは、中華民国とはその後も深い関係を築いていきます。１９７１年、いわゆる〝ピンポン外交〟がアメリカと中華人民共和国との関係の改善を生み出します。１９７２年、ニクソン大統領は札幌オリンピックの直後、あさま山荘事件のころ、突然中国を訪問したのです。日本にとっては青天の霹靂であり、中国にとっては昔の関係の修復ですが、ニクソン大統領の訪中によって、アメリカとの関係改善が進み、対中関係のあり方は大きく変化します。日本は置いてきぼりにされてしまい、あわてて１９７２年９月、田中角栄が中国を訪問することになりました。

その結果、中華民国は中国の一部として台湾に格下げになり、国連の常任理事国から降ろされます。

１９７６年９月、毛沢東の死後、文化大革命の四人組（江青・張春橋・姚文元・王洪文）が支配する時代が始まりますが、彼らは毛沢東主義者として批判を受けて退き、鄧小平が権力を握ります。そのころからアメリカは中国に接近し始め、それと同時に日本も中国に接近し、世界の工場として中国各地に欧米や日本の企業の工場が建設されていきます。

中国は１９８９年の天安門事件があったにもかかわらず、欧米先進諸国の技術導入を進め、

多くの留学生を送り出し、西側技術を次第に学び取って、独自の成果を生み出し始めました。ソ連が崩壊し（１９９１年）、その後を継承したロシアが衰退していく中で、中国共産党政権が残存しつつ、経済成長を進めていきます。アメリカの政権は、ソ連と中国とを区別していました。フォード大統領は、１９７６年に中国へコンピューターなどを輸出しましたが、それはソ連包囲網を強化する意図がありました。キッシンジャーはこう述べています。

「われわれは、中国の主権とその領域全体が世界の均衡維持に重要な役割を果たしていると確信している。そしてわれわれは、外国の勢力がその地域に与えるであろう脅威を非常に重要なものだと考えている」（Banning Garrett, Lune de miel martiale, *Le Monde Diplomatique. Manière de voir, Chine et Etats-Unis*, 2021）

アメリカはソ連に対して、欧米諸国と同じく自分たちの価値観を世界に流布しようとするキリスト教的ミッション、いわば〝ジェズイット主義〟を感じとっていました。それをアメリカ首脳に説明したのが、ジョージ・ケナンです。ケナンは、ソ連は共産主義を世界に広めることを使命としているので、ソ連に対してはまったく妥協の余地はないと説きます。アメリカは資本主義の流布を使命としている。天命として使命を持っている者同士は、対立し戦わざるを得ない。だからソ連とは徹底し

アメリカはソ連に対して、欧米諸国と同じく自分たちの価値観を世界に流布しようとする〝ジェズイット主義〟を感じ取っていた

ヘンリー・キッシンジャー
1923～2023、アメリカの政治家、外交家。ニクソン政権およびフォード政権で国家安全保障問題担当大統領補佐官、国務長官を務めた［U.S. Department of State, 1973-77］

アメリカは中国に対しては、ソ連と同じ共産主義国であっても、西欧のジェズイット主義的ミッションを抱いていないと考えていた

2010年代になり中国の力が次第に大きくなるにつれて、中国は敵ではないというこれまでのスタンスを改め、現在、〝第二の冷戦〟という問題を抱えるようになっている

て戦うという決意をアメリカは表明し、そこから「冷戦」という言葉が生まれます。

アメリカは他方で、中国に対しては、ソ連と同じ共産主義国であっても、そうした意味での西欧のジェズイット主義的ミッションを抱いていないと考えていました。だから、中国の復興を図り、中国をアメリカの最大の市場にするという戦略を採ることになります。これが鄧小平のもとでの中国発展の内実でした。

その認識は、共和党や民主党のどの政権下にも受け継がれていました。民主党政権下、とりわけオバマ政権下では、ソフト・パワー戦略論もあり、人権と民主主義というソフト＝西欧的価値規範が中国より勝る以上、中国は敵ではないというスタンスで中国の発展に寄与するようになります。オバマ政権のアジア担当であったジェフリー・ベーダーは、『オバマと中国』（春原剛訳、東京大学出版会、2013年）の中で、アジア政策は、アジア特有の人権問題もとりあえず現実的路線で対応し問題にしないことで、もっぱら経済発展を図ることを目的としていたと述べています（31ページ）。

しかし、2010年代になり、中国の力が次第に大きくなるにつれて、その懸念はアメリカの大きな不安と化します。「資本主義教」を世界に流布するというキリスト教的使命感を持つ以上、ほかの〝宗教〟の台頭を許すわけにいかない。アジア的野望を感じとったアメリカは、これまでの対中政策に対して批判的になりました。

それがトランプ時代の始まりです。その後のバイデン政権のもとでも、その不安はなくなっておらず、現在、〝第二の冷戦〟という問題を抱えるようになっています。それが台湾問題

として、2022年に出現しました。

恒大グループ

最近、中国の大手不動産、恒大グループ（Evergrande Group）の倒産による中国経済の大混乱、その結果として世界経済の大混乱を危ぶむ声が高まっています。中国経済は一種のバブルで、そのバブルがいつ崩壊するのかという懸念が絶えません。この会社は、深圳《しんせん》に本社を置く不動産会社で、不動産ブームに乗ってどんどん拡大していましたが、

2021/10
恒大グループが事実上のデフォルト

かつて恒大グループの本社が入っていた、広州深圳市の「恒大中心」（Evergrande Center）ビル［CRCHF, 2014/6/20］

中国経済は、欧米の資本主義経済と決定的に違う国家支配型経済であり、そのモデルは〝護送船団方式〟とも呼ばれる日本的方式に似ている

35兆円もの借金を抱えるまでになっていました。最近の習近平政権の締め付けなどで、不動産ブームが沈静化していく中、7兆円の資本金しか持たない会社が、膨れ上がった借金の返済に追いまくられているためです。

中国の躍進を示すビデオなどを見ても、けた違いに建設スピードが速い。何もないところにいつの間にか町ができ、線路が通っている。これはどう見てもバブルに見えます。まさにそれが中国のバブル崩壊説が頻出する原因です。

しかし、中国経済は、欧米の資本主義経済と決定的に違うところがあります。それは、欧米人がつねに批判するところの専制型、国家支配型経済だということです。リーマンショック以後、BRICS諸国に顕著に見られたことは、インドを除いて、専制型資本主義経済への道を歩んだことです。これはある意味で、高度経済成長期の日本型モデルの影響があったかもしれません。〝護送船団方式〟とも呼ばれる日本的方式は、国家が中心となって個々の企業を引っ張っていきました。だから後進国がキャッチアップする方法として優れていたことは間違いありません。

しかし、このモデルにトルコやロシア、ブラジルまでが近づいてきたのは、単にそれが効率的だというのではなく、むしろ歴史的に、欧米流のやり方よりそのほうがうまくいく土壌があったということです。今や中国を代表とする第二の資本主義がアジアで出現しているわけです。

中国はそのために、アジア・インフラ投資銀行（100近い国が参加しています）と「一帯一路」

中国は、建設投資銀行を設立して世界中からあり余った資金を集め、それをシルクロードに投資する「一帯一路」計画を立ち上げた

ウクライナ戦争以後、西欧は「一帯一路」計画から離れつつあるが、それはウクライナ戦争それ自体がアメリカによる「一帯一路」潰しだったから

という大きな建設計画を立ち上げました。これはある意味、アメリカ的自由主義の経済から見れば、大きな挑戦と映ります。国家が大規模インフラ計画を進めるのですが、それを支えるのは各国が資金を拠出して設立された建設投資銀行です。こうして世界中からあり余った資金を中国に集め、それをシルクロードに投資する。これに世界中の国が乗らないわけはありません。アメリカと日本がこれに二の足を踏みましたが、同じ大陸の西に位置するヨーロッパのいくつかの国がアメリカとの関係を気にしながら、これに乗っていったのは、当然だったとも思えます。もっともウクライナ戦争以後、西欧は離れつつありますが、ウクライナ戦争それ自体が、アメリカによる「一帯一路」潰しだったからです。

　国家をバックにした信用システムはきわめて強力です。それは、リーマンショックのように信用の最後の貸し手が保険会社や大銀行ではなく、直接国家であるからです。リーマンショックも最終的には国家が助け船を出しましたが、中国の場合、最初から国家が全面に出ています。

　とはいえ、中国は実際には資本主義国であり、国有企業や計画経済によって規制されているか

2017/5

一帯一路国際協力サミットフォーラム

2017年に北京で開かれた第1回一帯一路国際協力サミットフォーラムにて。右から中国の習近平国家主席、露のプーチン大統領、インドネシアのジョコ・ウィドド大統領［www.flickr.com/photos/0742, 2010/2/25］

中国は実際には資本主義国であり、国有企業や計画経済によって規制されている社会主義国ではないため、信用膨張・金融危機はあり得る

るかつての社会主義国ではありません。信用の膨張はあり得るわけです。アメリカ・ミシガン大学のユエン・ユエン・アンの「北京の窃盗男爵（The Robber Barons of Beijing）」という論文は、まさにこれを危惧したものです。国家と企業が癒着し、信用膨張に歯止めがかからなくなっているとし、「ゆっくりと、確実に、金融危機が醸成されてきた」（*Foreign Affairs*, July-August, 2021）と述べています。

窃盗の構造について、さまざまなタイプの汚職の構造があるという指摘があります。汚職によって信用膨張がどれだけなのかすら、わからなくなっているわけです。とりわけ中国独特のシステムがあります。中国は一党独裁といわれますが、実際は国家権力が隅々まで支配している国というわけではなく、地方の分権がある国です。これは昔からの伝統であって、中国全土を治めることは容易ではありません。地方の豪族がつねに支配権を維持していた歴史があり、これが今でも基本的には続いているのです。とすると、中央政府が全国の資金を管理できていないということになります。すでに2020年の時点で、4兆ドル以上の借款が地方政府にあるともいわれていました。

習近平の強権発動が目立つのは、まさにこうした地方のあり方に対してだともいえます。331の都市の16％の市長が更迭されるなど、なるほど独裁色が目立つのですが、それがある意味、中国のバブルを牽制することにもなっているのです。

米中冷戦

アメリカの世界的に有名な国際政治誌『フォーリン・アフェアーズ』は、2021年、7～8月号と11～12月号で、中国と米中衝突に関する特集号をそれぞれ出しました。目下、この問題が世界の最も重要な問題となっていると考えたからです。

この雑誌を見なくとも、今世界中の本屋で「米中対立」に関する本や雑誌が並んでいます。世界の超大国の対立というのは、きわめてわかりやすいテーマであり、関心を集めやすいものです。たとえばフランスの『ル・モンド・ディプロマティック』も別冊で『中国とアメリカ　21世紀のショック』（前掲）という特集号を2020年4月に組んでいます。

私の手元にも、マブバニの『中国は勝利したか?』（Kishore Mahbubani, *Has China Won?*, 2020）やヴァグナーの『アメリカと中国の分断』（Daniel Wagner, *The Amrica-China Divide, The Race to Control the World*, 2020）などの本があります。日本語でも、孫崎享『アメリカは中国に負ける』（河出文庫、2021年）、佐橋亮『米中対立』（中公新書、2021年）などがあり、それらはすべて、台頭する中国と、それに対抗するアメリカという構図で書かれています。

それらの多くは、いかにも欧米的な〝両雄並び立たず〟という発想で問題が設定されていて、どちらが覇者となるかを示すことが中心となっているようです。孫崎氏が米中の統計的指標を取り上げていますので、少しそれを見てみましょう。

2019年の購買力平価ベースによるGDPを見ると、中国は22兆5267億ドル、アメリカは20兆5249億ドルで、すでに中国が2兆ドルもアメリカの上を行っています。このデータでは、3位は日本ではなくインドで、9兆1550億ドル、日本はその次の4位、5兆2310億ドルです（25ページ。2023年には日本はドイツに抜かれてしまいました）。

技術の分野で見ても、5Gの特許数で1位は中国のファーウェイが3347件、2位は韓国のサムスンの2795件、そのあとにも中国の企業が並び、アメリカや日本はその下になります。自然科学の論文数でも中国がアメリカを抜き、世界一になっています（25ページ）。『ネイチャー』による82の学術誌に掲載された論文数のランキングで見ても、5年連続で中国の中国科学院がトップです。

特許数で1位は中国のファーウェイ、2位は韓国のサムスンで、そのあとにも中国の企業が並び、自然科学の論文数でも中国がアメリカを抜き、世界一になっている

軍事技術面での中国を見ても、ランド研究所の資料では日本近海に限ってみた場合、2017年において中国優位となっています（28ページ）。対中包囲網においても、アジアでは日本しか対中グループに入っていません。他のアジア諸国は、中国との貿易関係が重要であるため、中国をあえて敵に回すことを避けているわけです。

少なくともアジア近海に限ってみれば、米中対立は今や中国に有利となっています。

米中対立を冷戦と考えるか、そうでないかについては、かなり微妙なところにあります。

2021年9月のバイデン大統領の国連演説では、そのあたりの表現をかなり濁していました。「合衆国は新しい冷戦を求めようとしていないし、世界を二つのブロックに分けようとしていない」と述べたのです。ハル・ブランドとジョン・ルイス・ガディスは『フォーリン・アフェアーズ』の論文「新しい冷戦（The New Cold War）」の中で、「世界は冷戦に向かっ

ているのか」という問いに対して、「イエスであり、ノーである」と述べています。しかし、2022年のウクライナ戦争を機に世界は大きく変わり、バイデン大統領自身、冷戦を煽っています。

中国に対しても懸念があります。それは拡大した国にありがちな、全体のバランスの喪失です。ニーアル・ファーガソンはその著書『文明』（仙名紀訳、勁草書房、2012年、原著はNiall Ferguson, *Civilization, The West and the Rest*, 2011）で、ある文明が突然崩壊する場合の増幅効果について述べています。

ファーガソンは『文明』の中で、ある文明が突然崩壊する場合の増幅効果を、突然自己組織が分裂する「自己組織限界性」という言葉で説明している

むろん文明の崩壊過程、ある社会の崩壊過程はそう単純なものではありません。確かにインカ帝国やソ連、イースター島の文明のように突然崩壊した例はたくさんあります。18世紀にモンテスキューやギボン、19世紀にギゾーが書いたローマ帝国衰亡についての研究のように、現在の文明がいつ崩壊するかは、いずれにしろすべての国が強い関心を持つ興味深い話です。

ファーガソンは、『文明』の中で、複雑な過程について最近の科学の理論を使いながら、突然自己組織が分裂して崩壊する「自己組織限界性」（self-organization limit）という言葉を使っています。ビルが地震の揺れに増幅（増幅効果 amplification effect）されて大きな揺れになっていくのと似た現象です。中国は自らの発展の中で突然崩壊するのでしょうか。

最近の文明論では、地球環境が重要な課題となっていることもあり、ある文明が環境不適合によって没落するのではないかという点と、リーマンショックといった経済破綻によって衰退するのではないかという点が大きなテーマになっています。

前者の代表がベストセラーにもなったジャレド・ダイアモンドの『文明崩壊』（楡井浩一訳、草思社、２００５年。原著はJared Diamond, *Collapse How societies chose to fail or succeed*, Viking Penguin, 2005）で、後者はニーアル・ファーガソンの『文明』（前掲書）です。

国家の崩壊の過程というのは、自然環境によってよりも、財政破綻あるいは戦争によって崩壊する。ファーガソンの書物は、「西欧文明とそれ以外（*The West and the Rest*）」の副題があるように、実は米中対立を最後に述べています。そこで重要な問題は戦争ではなく、経済であるとされます。

「文明が崩壊する際には、金融危機や戦争が引き金になりがちなことを、頭に入れておいたほうがいい。これまで見てきた崩壊の先例を調べると、歳入と支出のバランスが大幅に崩れ、公的債務をカバー仕切れないケースが多い」（『文明』、４８９ページ）

このように考えると、中国のバブル崩壊の可能性を考えてみたくなります。

先の『フォーリン・アフェアーズ』には、ここ4年間で金融緩和が進み、年間の負債は3兆ドルから8兆ドルに増えているという指摘があります。現在中国の経済成長は、かつてほどの勢いはない。個々人の所得がある程度になると、「中産所得のトラップ」（賃金が高くなり経済成長が

ニーアル・ファーガソン

1964年～。スコットランドの歴史学者、ジャーナリスト。著書は『文明　西洋が覇権をとれた6つの真因』（2011）等。写真は2011年5月9日にチャータムハウス（イギリス王立国際問題研究所）で講演した際のもの［Chatham House, 2011］

起きにくくなる。また中産階級が国家権力に対して不満を抱くようになる）が起こり、成長は鈍化していくというわけです。そうなると、財政赤字が重要な問題となる。そして一方で、金融緩和によるバブル崩壊の懸念もある。これが同時に重なれば、一気にすべり落ちる可能性があります。

しかしそれを言うのなら、むしろアメリカのほうが危ない可能性があります。ファーガソンは、アメリカについてこう分析しています。アメリカについては次章で詳しく説明しますが、彼の言うところはこうです。

「アメリカでは二〇〇一年からの一〇年間で、連邦の負債はGDPの三二パーセントから二〇一一年には六六パーセントにはね上がり、倍増した。アメリカの議会予算局が二〇一〇年に提示した予測（基本シナリオでなく、蓋然性の高そうな代替財政シナリオを使用）によると、二〇二一年までに負債はGDPの九〇パーセントあまりに上昇し、二〇三一年には一五〇パーセント、二〇四七年には三〇〇パーセントに達しそうな勢いだという。（中略）そうしてみると、二〇〇九年の時点におけるアメリカの財政事情は、ギリシャの事態よりも悪いといえる」（『文明』、490ページ）

しかも2020年にはコロナによって世界経済は大打撃を受けたのですが、中国はいち早く復興し、経済成長はマイナスではありませんでした。2020年のGDPを見ると、アメリカはマイナス3・5％になっています（日本はマイナス4・6％）。一方中国は、プラス2・3％です。確かにこれまでの成長率からするとずいぶん低いのですが、主要先進国が軒並み落ちているのと比べるとかなり高い成長率です。大打撃を受けたのは中国ではなく、アメリカだったというわけです。

中国経済はアメリカ経済を100としたとき、2019年には66だったのですが、2020年には71になっていて、ますます中国はアメリカに近づいてきています。また海外投資額においては、中国はアメリカを抜いてしまっています。

トゥキュディデスの罠

どちらかがどちらかの軍門に下るまで徹底抗戦する「トゥキュディデスの罠」は、きわめて西欧的な発想

こうなると、米中対立はますます現実の問題として、軍事衝突あるいは経済衝突へと進まざるを得なくなるような気がします。トゥキュディデスが描いたギリシャは、西欧的な文明に属します。小さな都市国家同士が、つねにしのぎを削ってどちらかがどちらかの軍門に下るという図式は、きわめて西欧的な発想ともいえます。

西欧は、16世紀の大航海時代から、アジア、アフリカ、アメリカに出現し、その地域の住民を力で屈服させる方法で世界の覇権を握ってきました。

トゥキュディデスの罠

古代アテナイの歴史家トゥキュディデスに由来するとされる言葉で、アメリカの政治学者グレアム・アリソンによる造語。それによると、既存の覇権国家（スパルタ／アメリカ）と台頭する新興国家（アテナイ／中国）とは必ず戦争に至るとされる。

トゥキュディデス
前460頃～前395、古代アテナイの歴史家。ペロポネソス戦争を記述した『歴史』が有名

それはヨーロッパ内部で使われた戦争と支配の形態をそのまま海外に輸出したものといえます。とりわけこうした政策を流布したものこそ、16世紀のトレント公会議です。これによって、プロテスタントに対抗するためにカトリックは世界制覇へと進みます。いわゆるミッション（キリスト教を普及する使命）の成立です。

キリスト教布教に命懸けで出かけた宣教師は、不屈の闘士であり、死を賭《と》してキリスト教の布教を行ないました。それによって、世界に宗教を広めようとしたわけですが、西欧の世界進出はこれに似たところがあったわけです。ラス・カサス（1484～1566）は、スペイン国王にスペイン軍の残酷な侵略を訴えていますが、一方でキリスト教の布教も、敗北を潔しとしないほど残酷なものであったといえます。

このようにイエスかノーかという形で迫った西欧が、世界を征服したのは当然だったかもしれません。それに対して中国やインドは素朴で、こうした猛烈な攻撃になすすべがなかったのです。しかし、中国の朝貢貿易による外交は、実はこうした西欧型の侵略的、対抗的なものではなかったといえます。

世界がすべて西欧的な発想であれば、「トゥキュディデスの罠」にすべてがはまっていきます。軍事競争、経済競争に対して、アメリカは徹底して資本主義教のジェズイット戦略を繰り返しました。そこには勝つか負けるかという選択肢しかありません。かつてのソ連は半分ほどは西欧的であったため、この罠にはまってしまいました。

しかし、アジアにもそうした戦略が通じるかどうかです。中国の朝貢貿易はそうした敵対

弱い国が強国に対して最初から戦わずに贈り物を届け、友好な関係を結ぶ「朝貢貿易システム」は、西欧的発想から見れば、最初から敵の軍門に下る情けない行動だと映る

関係を望まない。モンテスキューはこう述べています。

「ここから、アジアでは、諸国民が、強者対弱者として相対立する、すなわち、戦士的で勇敢かつ活動的な民族が、柔弱で、怠惰で、臆病な民族と直接隣り合うという結果になるのである。それゆえに、一方は被征服民と、他方は征服民とならざるをえない。ヨーロッパでは、反対に、諸国民は強者対強者として対立する。相隣接する諸国民はほとんど同じ勇気をもっている。これが、アジアの弱さとヨーロッパの強さの、またヨーロッパの自由とアジアの隷従の大きな理由である。（中略）アジアにおいては自由が増大するようなことは決して生ぜず、これに対し、ヨーロッパでは、状況によって自由が増大したり減少したりするのは、まさにこの事情によるのである」（モンテスキュー『法の精神』中巻、第3部・第17編・第3章、野田良之ほか訳、108〜109ページ）

アジアでは、戦わずして隣国が他国の植民地になるというのです。強い者と弱い者は最初から戦わず、弱者は強者の庇護を求める。これをモンテスキューはこのように表現しているのですが、それは朝貢貿易システムともいえます。つまり、強国に対して弱い国は最初から戦わずに贈り物を届け、友好な関係を結ぶということですが、西欧的発想から見れば、最初から敵の軍門に下る情けない行動だと思われてしまうのです。

ヨーロッパはそうではなく、徹底して戦う。だからお互いが強くなり、その力をヨーロッパの外に向ける。結果的に世界征服ができるというわけです。二つの地域は考え方がまったく違うのです。

「トゥキュディデスの罠」が罠たり得るのは、お互いが徹底抗戦のヨーロッパ型においてのみです。日本はすでにヨーロッパ型に変わっていますが、アジアの国々は経済的利益を重んじて中国と表と裏で友好関係を築いています。日本は一方的に表だけの付き合いをしている。それは敵か味方かの戦略です。

中国は文明の基礎を持っていて、西欧の文明に必ずしも頼ることなく自活できる国であるために、西欧は相手を締め上げることができず、アメリカにとっては厄介な相手となる

アメリカにとっては中国は厄介な相手です。すべての文明の基礎を持っていて、西欧の文明に必ずしも頼ることなく自活できる国であるために、締め上げることができない。中国が、哲学、文学、文字、宗教、料理、政治、科学、すべて独自のものを持つ国であることに、この対立構造が簡単なものでないことが証明されています。そこには平行線しかなく、決定的対立に向かうか、それとも向かうことができないのか、容易に判断できません。この対立は文明の違いになってしまいます。そうなるとどうなるのか。これは次の章で取り上げます。

第11章

アメリカの一国支配の危機
――アメリカは衰退するのか？

ソ連の解体で唯一の覇権国となったアメリカだが、
リーマンショック後は「世界の警察官」としての
ポジションを保てなくなった。
ゆえにオバマは中国に接近したが、
トランプは単独で強い国家を唱えた。

2018年に開催されたG20ブエノスアイレスサミットでのドナルド・トランプ米国大統領と習近平中国共産党総書記［Dan Scavino, 2018/12/1］

「みんな慣れっこになっている。そう、そのあきらめの境地、いまのアメリカでは一事が万事こんな調子だという感覚、アメリカの全盛期は去り、中国の全盛期に取って代わられたという意識が、現在のアメリカ全土のウォータークーラーの前、ディナーパーティー、食料品店のレジ、教室で話題にされている」（トーマス・フリードマン、マイケル・マンデルバウム『かつての超大国アメリカ』伏見威蕃訳、日本経済新聞出版社、2012年、22ページ）

「大国は互いを恐れる。互いを疑いの目で見つめ合い、いつ戦争が起こるか心配している。彼らは常に危機を想定してしまう存在である」（ジョン・J・ミアシャイマー『大国政治の悲劇』新装完全版、奥山真司訳、五月書房新社、2019年、68ページ）

「だが、より細部に分け入るならば、まず言っておくが、性質や資質を何ら変えていないのに、ある君主が今日は栄えていたのに、明日には滅びるといった事態を、見かけることがある。（中略）すなわちその君主が、全面的に運命にもたれかかっていたので、それが変転するや、たちまち滅びてしまったのである。私の考えでは、次いで、その君主が幸運に恵まれたのは、彼の行動様式が時代の特質に合っていたためであり、同様にして不運であったのは、彼の行動が時代と合わなかったためである」（ニッコロ・マキアヴェッリ『君主論』河島英昭訳、岩波文庫、1998年、185ページ）

世界初の覇権国アメリカは今や財政赤字、貿易収支赤字に陥り、工場の多くは国内にはもはやなく、そのGDPはもっぱらサービス産業と農業によって成り立っている状況

覇権国家アメリカの衰退――はじめに

アメリカは、かつては輝ける太陽でした。とりわけ第一次大戦直後、世界のGDPの半分以上を占めていたアメリカは、世界初の覇権国だったと言っていいかもしれません。しかし、現在のアメリカは、外見は別として、GDPにおいて今も世界のトップですが、実際には世界に占める割合は20％少しであり、かつての勢いはありません。

まして、ドルという自国通貨が貿易決済通貨であるため、ドルを発行し続けることで財政赤字を膨らませ、今では財政赤字大国になり、しかもそのドルを使って世界中から物を買っていることもあって、貿易収支も赤字となっています。産業を見ても、世界の工場の多くはアメリカにはもはやなく、アメリカのGDPはもっぱらサービス産業と農業によって成り立っている状況です。モノづくりとしてのアメリカブランド、航空機やコンピューターなどはあるにはありますが、自動車でも普通の消費財でも、ブランドとしてアメリカ製を買いたいと思う人は、今やあまりいません。

ソフトウェアの開発においても、外国からの移民の成果がその多くを占めています。GAFA（Google, Apple, Facebook, Amazon）の中でアメリカ生まれの社員が何人いるかということが話題になるほどです。

アメリカ流の大学ランキングには、アメリカの大学がやたらとトップに並んでいますが、しかしその実態は海外からの留学生を集めるためのお手盛りの順位であることからもわかる

アメリカ流の大学ランキングは、海外からの留学生を集めるための広告になっていて、留学生がいなくなるとアメリカの大学の研究レベルは維持できなくなっている

アメリカは世界の40か国以上に軍の基地を置き、毎年日本の国家予算に近い額を軍事予算につぎ込んでいる。

ように、アメリカの場合、大学の質というより、どの大学に留学すればいいかという大学の広告になっています。もちろんこの分野でも、アメリカの大学は次第にその地位をほかの国の大学に奪われつつあります。しかも、それらトップ大学には、世界中から優秀な若者が集まることで、研究のトップは何とか維持されているのです。留学生がいなくなると、アメリカの大学は成り立たなくなります。

かつてのアメリカには、TV番組、自動車、住宅などにおいて、世界の垂涎《すいぜん》の的というものが多くありました。今やブランドとしてアメリカ製でなければならないものはいくつあるのでしょうか。クリスマス、ハロウィン、ヴァレンタインデーくらいのものでしょうか。スターバックスコーヒーやマクドナルドハンバーガー、ケンタッキーフライドチキンなどジャンクフードはありますが、高級アメリカ料理などはない。世界中でフランチャイズチェーン化し、収益は上げるが、あこがれのブランドにはならない。

本章の冒頭で引用したように、現在のアメリカ人はなんとなく気持ちが沈んでいます。勢いのあるアジア人に対して、元気がない。もちろんそんなアメリカが世界の40か国以上に軍の基地を置き、毎年日本の国家予算に近い額を軍事予算につぎ込んでいる。これはロシアも中国もかないません。経済の規模が大きいからといっても軍事費が多すぎる。それは、世界中の基地に駐留する軍人の生活を支えねばならないからです。しかも世界にもわずかしかない最高レベルの空母は、ほとんどをアメリカが保有しています（アメリカ11、中国2、タイ1、インド2、ロシア1、イギリス2、フランス1、イタリア2。日本にはミニ空母が4隻ありますが、ここで

は除外します）。

軍事力は経済力に比例するため、経済力が落ちたら軍事力は停滞します。ソ連は結局、軍拡競争に負けたのですが、それはソ連経済が破綻したからです。もちろんアメリカには、今のところドルという打出の小槌があります。ＩＭＦ体制とドル基軸通貨です。貿易決済通貨として、ドルはいまだに絶大なる価値を持っています。もしほかの通貨での貿易が進めばどうでしょう。中国の元（Yuan）はまだわずかですが（２０２３年で5％弱）、その拡大の速度は速くなっています（とりわけウクライナ戦争によって、元やロシアのルーブル、そしてインドのルピーなどの通貨が貿易決済通貨として使われるにようになりました）。ドル、ユーロ、ポンド、円と比べてもまだ小さいのですが、次第に増えつつあります。アメリカは基軸通貨を維持するためにも、ＩＭＦ体制の下にある諸国にドル以外の通貨を使わせたくない。しかし、一方でドルはインフレになっている。国際的価値では、ドルは下落しています。日本はドルに対し円安であることで、国際的に不利な立場にもなっています。安定した通貨を持たないと、外国での支払いが不利になる。通貨の強さは軍事力ではなく、経済力によって決まります。

かつて世界の〝金〟（Gold）の大半を持っていたアメリカは、今では半分ぐらいになっています（金の保有量トップ10は、1位アメリカ、2位ドイツ、3位ＩＭＦ、4位イタリア、5位フランス、6位ロシア、7位中国、8位スイス、9位日本、10位インド）。中国やロシア、そしてドイツなどが「金」を集めつつあり、ドルのバックに「金」の裏付けがなくなったのは仕方がないとして、国家債務の増大で基軸通貨としての信頼を失いつつあります。中国のアジア・インフラ投資銀行（100か国加盟）が、世界銀行や日本版アジア開発銀行（48か国）と張り合う形で世界の投資のイニシアチブを握るようになっていますし、IMFやWTOはアメリカ主導だとしても、WHO（世界保健機関）やFAO（国連食糧農業機関）などは中国が主導権を取りつつあり、アメリカの単独主義はもはや成り立っていません。

リーマンショック以後

アメリカ経済が復活し、世界の「帝国」として再登場したのが、ソ連・東欧が崩壊した1990年代から2000年初めのころでした。イタリアのネグリとアメリカのハートが〈帝国〉という言葉を使ったのが、ちょうどこのころです。アメリカは先進国の警察官として世界を監視するという状態が、この時代に一時的に成立しました。

それはソ連が崩壊して冷戦構造が崩れ、アメリカのような覇権国家がほかに存在しなくなったことが、アメリカのユニラテラリズム（Unilateralism）を可能にしたのです。90年代の東欧問題、中東問題など、さまざまな問題を一手に処理したのがアメリカで、アメリカはその意味で、世界で唯一の覇権国家でした。

しかし、リーマンショックによって、こうした優位は一気に失われました。アメリカを中心とした先進国は軒並み停滞し、経済は縮んでいきます。成長と拡大が期待できるBRICSに投資が向かったことで、相対的に先進国の力が減退しました。G7からG20への移行は

リーマンショックによって、アメリカを初めとした先進国の優位は一気に失われ、成長と拡大が期待できるBRICSに投資が向かい、G7からG20へ移行した

それを象徴しており、先進国は7か国から20か国に増えたわけです。

アメリカは、介入したアフガニスタンやイラクに駐留することで膨大な戦費を拠出せざるを得なくなり、結局いずれも撤退することで、何とか財政負担を減らすことを考えます。およそ20年近くに及ぶアフガニスタンへの駐留も、最終的には何もできずに終わり、世界の警察官としての役割を担えなくなりました。

一方でハイテク技術においても、アメリカは他国の追随を許し、いくつかの分野ではむしろ遅れてしまいました。1年で超高層ビルを完成させる中国、10年経っても地下鉄のエスカレーターすらつけられないアメリカ。アメリカの衰退という言葉が飛び交うのも致し方ない状態といえます。

オバマの登場

2008年、金融資本の横暴に変化を求める人物としてオバマが登場

リーマンショック以後に誕生したオバマ政権は、アメリカの金融資本をバックにした政権でした。2008年に、突如として出現したバラク・オバマは、ケネディーの再来とまで言われました。若くして銃で撃たれて亡くなったソウル歌手のサム・クックが歌った「A Change Is Gonna Come」（やがて変わる）という歌をバックに、さっそうと登場した黒人の大統領候補は、マダム・クリントンを押しのけて、アッという間に民主党の大統領候補となります。リーマンショックのもと、金融資本の横暴に変化を求める人物として登場したわけです。

バラク・オバマは『合衆国再生』（棚橋志行訳、ダイヤモンド社、2007年、*The Audacity of Hope*, 2006）という著書で、アメリカの分裂という問題に言及しています。

「大統領選挙も各種の統計学的測定も、この通念を裏打ちしているようだ。一連の問題のいたるところで、アメリカ人は不和を起こしていた。イラク、税、人工妊娠中絶、銃規制、モーセの十戒、同性愛者の結婚、移民、貿易、教育政策、環境規制、政府の大きさ、そして法廷の役割。単なる意見の食い違いを超えた激しい対立を起こし、分裂している両党派とも敵に対してとめどない罵詈雑言を投げつけていた。あらゆることが争いの種になり得たのだ。気候変動の原因であれ、気候変動の事実であれ、赤字の大きさであれ、赤字の責めを負うべき容疑者であれ」（前掲訳書、21ページ）

バラク・オバマ
1961～、米第44代大統領[Center for American Progress Action Fund, 2007/3/24]

アメリカの分裂の統一者としてのオバマは、実際は、クリントン夫婦と同じく金融資本と癒着していた

アメリカの分裂の統一者としてのオバマは、金融問題に関しても、極端に高い所得を得ているCEOに対して批判的な人物として登場したのです。ところが、実際は、クリントン夫婦と同じく、金融資本と癒着していたことがわかります。8年間続いた政権の末期は、低い所得層の市民からの批判を受け、ぼろぼろの状態でした。それが結果として2016年の選挙でトランプ陣営へと票が流れ、オバマの後を継ぐはずであったマダム・クリントンの大統

領当選を阻んだわけです。

そもそもオバマ政権はどういう構造の政権であったのか。本山美彦の『オバマ現象を解読する　金融人脈と米中融合』（ナカニシヤ出版、２０１０年）は、オバマ政権と金融資本との結びつき、さらには中国、ロシアとの結びつきを説明しています。これによると、オバマ政権はリーマンショック以後、国家の費用で救済された大企業や銀行を優遇していると指摘されています。

「米国発の世界金融危機を引き起こしたのに、ウォール街のＣＥＯ（最高経営責任者＝Chief Executive Officer）が、いまだに、誰ひとりとして責任を問われていないという点に、オバマ現象を読み解く鍵があると思われる。オバマ現象にはウォール街の仕掛け人がいた。それがロバート・ルービン（Robert Edward Rubin）であった」（前掲書、44ページ）

彼の選挙資金は7億ドルもの金額が集まったというのですが、それがウォール街からの資金なのであれば、オバマは金融資本に操られた大統領ということになります。

アメリカと中国、そしてロシア

こうしたアメリカのリーマンショック後の経済破綻を救ったのが、中国だといわれています。オバマ政権の中国接近は、まさにこの経済的な問題と関係していたともいえます。膨大な財政赤字を生み出したリーマンショックのツケを、アメリカの国債として、日本や中国、

アメリカは財政赤字を生み出したリーマンショックのツケを、アメリカの国債として日本や中国、そしてロシア、ブラジルなどに購入させることで、ドルを再びアメリカに還流させたが、これが対ロ、対中において、アメリカが及び腰にならざるを得ない原因ともいえる

ウクライナ問題においても人権・民主主義などのソフト戦略以外に軍事戦略を持てないアメリカ

そしてロシア、ブラジルなどに購入させた。ＢＲＩＣＳは、一方で輸出で国内に流入したドルを使ってアメリカ国債を買うことで、ドルを再びアメリカに還流させたわけです。

これが対露、対中において、アメリカが及び腰にならざるを得ない原因ともいえます。弱くなったドルを守るために、貿易ではなく国債を介してドルの還流を行なった。それが、アメリカが、アジアの国々に頭が上がらない理由となったわけです。ＢＲＩＣＳの経済発展は、膨大なドルの流入をそれらの国にもたらしたのですが、そのままだとアメリカ経済が破綻する。それを国債と引き換えにアメリカのリーマンショック以後の穴埋めに使った。もちろん、アメリカの国債はいつかこれらの国から買い戻さねばならないわけで、こうした国々との関係は、表では人権や民主主義による批判、裏では利益を得るためにすり寄るという関係になるのです。

NATOとEU

まさに〈帝国〉の時代にアメリカが誇っていた強面《こわもて》の覇権は弱体化していきました。それが「アラブの春」においても、ウクライナ問題においても、堂々と武力によってこれらの地域を牛耳ることができなかった理由でもあります。人権・民主主義などのソフト戦略という言葉の裏には、ソフト以外に軍事戦略を持てないアメリカの姿があったともいえます。ソフト戦略とは情報操作ですが、「アラブの春」と煽り立てた事件は、アメリカ的民主主義が北

アフリカ諸国にも根付き、市民革命が起こったという幻想をもたらしました。ネット社会によって、人々に個人の自由が芽生え、独裁者に歯向かったのだというストーリーです。

しかし実際は、アメリカ一国ではこの問題に対処し得なかったのです。それはイラク戦争やアフガン戦争でもそうですが、結局、多国籍軍を派遣するしかなかったわけです。その意味で、面と向かってアメリカは軍事的に覇権主義を採れなくなっていました。

シリア問題がこじれトルコがアメリカと敵対するようになり、オリンピック候補地だったイスタンブールへの支援ができなくなり、EUが代替案として出したマドリッドもまとまらず、結局下馬評の低かった東京へと票が流れた

高畑昭男の『「世界の警察官」をやめたアメリカ』（ウェッジ、2015年）は、オバマ政権下のアメリカ外交の弱さを指摘しています。オバマは、2013年9月にシリア問題に対して「アメリカはもはや世界の警察官ではない」と述べたわけですが、これは皮肉にも東京オリンピックの実現へと結びつきました。最初はイスタンブールで開催、そしてトルコのEU加盟という流れでことが進んでいました。ところが、シリア問題がこじれるなか、トルコがアメリカと敵対するようになり、イスタンブールへの支援ができなくなったのです。EUが代替案として出したマドリッドも結局まとまらず、中国、ロシアも含めて第三の候補である下馬評の低かった東京へと票が流れたのです。日本の「おもてなし」ではなく、アメリカの弱さが東京オリンピックを決めたともいえます。

シリア問題、IS、ウクライナ問題と、アメリカが本格的に乗り出すべき対象があったが、結局アメリカはそこから手を引いてしまった

シリア問題、IS（イスラム国）、ウクライナ問題と、アメリカが本格的に乗り出すべき対象があったのですが、結局アメリカはそこから手を引いてしまったのです。スノーデンやアサンジは、アメリカのCIAや国家の陰謀を暴いたわけですが、彼らをアメリカは逮捕することもできなかったわけです。2014年のウクライナとインド洋でのマレーシア航空機の

2度の墜落も、結局原因がわからないまま、いまだに処理されていません。これもアメリカの覇権の弱体化に帰因しています。

もちろんその弱さはオバマの問題であるより、アメリカという国家の衰退の問題でもあることが重要です。リーマンショックの後、アメリカ経済はそのツケを中国やロシアに回すしかなかった。またその裏に金融資本の支配があり、金融資本がこれらの国から利益を上げることを必要としたわけです。それが結果的に、こうした国々の力を増大させました。アメリカ国債購入の条件が何であったかは不明ですが、アメリカの高度技術がこれらの国に堂々と渡っていったことは確かです。

覇権国家

タカ派政治学者のジョン・ミアシャイマーは『大国政治の悲劇』という書物で、アメリカの民主党が行なったようなハト派的防衛主義を批判し、「攻撃的リアリズム」(Aggressive Realism) という言葉を提唱しています。それは理想論ではなく、徹底した現実の状況の中で判断するというリアリズムです。モーゲンソーが『国際政治』(原彬久訳、上巻、岩波文庫、2013年) の最初に述べている「リアルポリティーク」がまさにそれで、状況の中で攻めの精神を忘れるなということです。

アメリカが大国であり、覇権国家であるなら、絶対に自国に有利になるように立ち回らね

「大国はただ単に他国を犠牲にしてパワーを獲得しようとするのではなく、ライバルがパワーを得ようとするのを妨害することもある」（ミアシャイマー『大国政治の悲劇』）

ばならないとミアシャイマーは述べます。

「「大国には常に世界権力の配分を自国に有利にするチャンスを狙う傾向がある」という事実だ。大国は自国に充分な能力が備わったと感じれば、決してそのチャンスを逃さない。単純に言えば、大国というのはいつでも他国に軍事的に攻め込む意欲を持っているということだ。大国はただ単に他国を犠牲にしてパワーを獲得しようとするのではなく、ライバルがパワーを得ようとするのを妨害することもある」（『大国政治の悲劇』新装完全版、33ページ）

ライバルが大きくなる前に潰せという見解ですが、1990年代に日本に対して向けられたアメリカの政策はこれであったともいえます。日本は簡単に潰されてしまいましたが、中国やロシアに対して、ことがこんなにうまく運ぶかはわかりません。ウクライナやガザでの戦争は、まさにアメリカのこうした発想の表れともいえます。もっとも、うまくいっていないようですが。

これに対して、フランシス・フクヤマは『アメリカの終わり』（会田弘継訳、講談社、2006年）の中で、アメリカのタカ派、ネオコン（ネオコンサバティズム＝新保守主義）を厳しく批判しています。その批判は、まさに強くなる前にたたく「予防戦争」という発想への批判です。彼

ジョン・ミアシャイマー
1947～、アメリカの国際政治学者。著書に『大国政治の悲劇』『なぜリーダーはウソをつくのか』など
[John Mearsheimer, 2007/9/22]

アメリカの戦力はそもそも国家と国家との間の闘争の中で組み立てられていて、国家のない世界、テロとの闘争では無力であり、アフガニスタン、イラク、シリアなどあらゆる破綻国家の地域におけるアメリカの戦争は、解決の糸口の見えない戦争になった

がこれを書いたのは、時あたかも、ネグリとハートの〈帝国〉がもてはやされたころで、戦争が国家と国家ではなく、破綻国家の中に生まれたゲリラとの闘い（マルチチュードとの闘い）になっている場合、アメリカの攻撃的戦略は可能かどうかという懸念でした。アメリカの戦力は、そもそも国家と国家との間の闘争の中で組み立てられていて、国家のない世界では無力であるというものです。テロとの闘争では、まさにそうした問題が出てきます。アフガニスタン、イラク、シリアなど、あらゆる破綻国家の地域におけるアメリカの戦争は、先の見えない、解決の糸口が見つからない戦争になってしまいました。

彼は超大国アメリカの行く先について悲観的に見ています。

「いずれにしても、この失敗が世界で唯一の超大国によるものであるという事実は、アメリカの「善意による覇権」に基づく世界秩序の中心にある〝致命的な欠陥〟を暴き出した。覇権を持つ大国は、善意があるというだけでは不十分なのだ。慎重かつ賢明な方法で力を行使することが常に求められている。（中略）

だが、もし――、アメリカの判断が他国の判断よりも先見の明に欠けるものだということが判明したなら――、われわれが唯一の超大国として君臨する一極世界の行く末に待ち受けているのは、間違いなく厳しい道のりである」（『アメリカの終わり』222ページ）

フランシス・フクヤマ
1952～、アメリカの政治学者。著書に『歴史の終わり』『アメリカの終わり』など［Gobierno de Chile 2015/3/23］

『大国政治の悲劇』のミアシャイマー流にいえば、アメリカは当面、大国としての基本戦略を維持しています。それは、①地域的覇権（regional hegemony）を維持すること、②経済的豊かさは軍事力の豊かさであるから、経済的優位を保つこと、③陸軍力の優位を保つこと、④核武装において優位に立つこと。

アメリカが地域的覇権を維持できているかといえば、当面、太平洋、インド洋、大西洋は維持できています。経済的豊かさの点では若干問題もあるものの、まだ大きな力を持っています。陸軍力は、覇権を守るための陣地闘争に優れているかどうかですが、これも世界中に基地を持つことで何とか維持できている。最後の核という点では、核保有国が増えている現在、どこまで優位があるかは疑問が残るものの、当面、核の数において優位を保っています。しかし、経済的豊かさでは次第に衰退しつつあるのです。

トランプ政権

2016年11月の大統領選挙でトランプが勝利したことによって、オバマ政権の戦略そのものが見直されることになりました。

リーマンショック以後も続く、エスタブリッシュな金融資本に対する国民の批判が、トランプ票へつながったわけですが、2014年にフランス人のピケティが書いた『21世紀の資本』（山形浩生、守岡桜、森本正史訳、みすず書房、2014年）が予想外の爆発的ヒットになったのは、

2016年、エスタブリッシュな金融資本に対する国民の批判が、トランプ政権誕生につながった

かつては先進資本主義国が工業製品を生産し、それを後進諸国に販売していたが、技術移転の速度が高まり後進諸国が先進国を追い抜き始めたことで、サービスと金融は国内に残っても工場は国外へと出ていき、自国の産業構造は空洞化していった

所得格差が行くところまで行っていることに対する国民の不満があったからでした。労働所得ではなく、株式など資産所得による格差が国民を二分している。キャピタル・ゲインによる所得の上昇が、二つの国民の乖離をますます大きくしている。それがヒラリー・クリントンのようなウォール街の代表に対する嫌悪につながったのです。

これとともにアメリカの抱える問題、それと同時に先進資本主義国が抱える問題が一挙に噴出しました。移民問題、国内の空洞化の問題、アジアの台頭の問題、技術流出の問題、アメリカの軍事力の傘の下にある西欧諸国との摩擦の問題などなどです。

これらは資本主義経済が、ある意味で、行き詰まっていることから起こってきたといえます。かつては、先進資本主義国が工業製品を生産し、それを後進諸国に販売していました。工場は国内にあり、多くの移民を受け容れ、国内労働者の雇用も確保し、圧倒的な技術優位を保つことで、原料供出国と製品供出国が分離し、先進国は優位に立ち、利潤を獲得することができました。ところが、技術移転の速度が高まったこと、さらには高度技術において後進諸国が先進国を追い抜き始めたことで、工場は国外へと出ていき、国内は空洞化しました。サービスと金融は国内に残りますが、製造業が衰退していきました。これは収益という点は別として、一国の技術発展にとってはマイナスになります。

とりわけアジアの中国がそれらの技術優位と、世界の工場としての地位を不動のものとすることで、中国がなければ製品の供給ができなくなったのです。そうなるとサービス業、金融業においても次第に優位性を失います。資本主義はモノを作ることで繁栄してきたのであ

り、金融に移る国は衰退することになります。過去の衰退国家の歴史はそれを証明しており、アメリカもその道をたどり始めたのです。

アメリカは、経済的に裕福であるという条件で「世界の警察官」たり得たが、それが重荷になり始め、トランプは、アメリカをEUと日本から切り離し、単独の国家として再生し、アメリカをもう一度世界一の大国にしようと考えた

世界の警察官たるアメリカは、世界中に軍事基地を置き、膨大な国家予算をそこに注ぎ込んでいます。それが維持できるのは、アメリカが経済的に裕福であり、技術や製造において優位であるという条件に依存しています。日本やEUは、アメリカの軍事力に守られてきました。覇権国家である以上、そうした国を配下に置くのは当然ですが、それがアメリカの重荷になり始めたのです。

こうしてトランプは、アメリカからEUと日本を切り離し、単独の国家としてアメリカをもう一度世界一の大国にしようと考えました。アメリカは、さまざまな国際合意を捨て、国際協定から離脱し、単独国家への道を歩むようになります。

これは言い換えれば、19世紀のモンロー主義の再燃、アメリカにもともとあったアメリカ以外に関心を持たないというスタンスへの復帰ともいえます。TPP（環太平洋パートナーシップ）や核合意などにおけるアメリカの離脱は、イギリスのEUからの離脱と似て、国家主義化を促進しました。多国籍による合意から単独主義への離脱は、ユニラテラルの復活ということですが、アメリカは覇権国家としての地位も捨ててしまいました。アメリカが世界の舞台から去ることで、ほかの地域の覇権国家の台頭を生み出すことにもなりました。

アメリカが孤立化したことで、EU諸国も中国やロシアへ接近せざるを得なくなり、ロシアや中国が世界の中心となり得る力を持ち始めます。これは、オバマによるソフト戦略とは

違ったアメリカ孤立主義を生み出し、それがトランプ政権の特異な性格と相まって、トランプ批判が起こります。

トランプ現象は、ある意味で1929年の世界大恐慌の後に起こった国家回帰に似ていなくもありません。ドイツや日本が大恐慌後、次第に孤立化していったのは、アメリカやイギリスが孤立化していったことから影響を受けていました。こうした孤立化は、きわめて単純な論理に導かれています。

それは次のような考えです。国内で失業が多い理由は、海外からの移民が仕事を奪っているからであり、それはまた安い労賃を求め企業が海外に移転しているからであり、国内の失業率を下げるには、国内に企業を誘致し、移民労働者を受け容れないようにする必要がある。これは、一見正しいように見えます。現在でもハンガリー、イタリアなどで右派政権が伸びているのは、まずはこの論理から来ています。

国内で失業が多い理由は、海外からの移民が仕事を奪っているからであり、それはまた安い労賃を求め企業が海外に移転しているからであり、国内の失業率を下げるには、国内に企業を誘致し、移民労働者を受け容れないようにする必要がある、というのが右派の論理

しかし、この論理は資本主義が進んだグローバル化の過程の意味を誤解しています。資本主義はグローバル化を目的に進んだのではなく、進まざるを得なかったからそうなったのだということです。1970年代に起きた過剰資本と過剰生産は、社会主義圏や後進地域の市場に流れ、それらの地域にあったゾーンディフェンスを破壊したのです。こうしてソ連・東欧圏が崩壊し、アジア地域の市場が開きました。1980年代以降の発展がそこから始まります。世界市場の実現によって、それまで停滞していた利潤率が一気に高くなったわけです。

企業は進んで労賃の低い地域・国に進出し、資本はこうした地域に流れ、これらの地域の

工業化を促進します。一方で国内は空洞化します。デトロイトやピッツバーグのような工場地帯は、空洞化が起こりゴーストタウン化していきました。他方で資本を受け容れた国では新しい工業団地ができ、それが技術導入のきっかけになり、先進国の技術移転が起こり、それが次第に先進国の企業にとって重要な利益確保の道具になります。しかも、これらの地域の労働者の賃金が上昇することで、消費市場として拡大していきます。資本は、当然ながらもっと安い労賃の地域を求めていきますが、それを知っている後進地域は技術的に追いつくことで、そうした空洞化を避けようとします。これがＢＲＩＣＳ諸国の経済を発展させた原因です。

資本主義のグローバル化は、国家の意志で生まれたのではなく、資本の運動の必然的結果だったわけで、海外への工場移転を禁止したり、移民労働者の流入を禁止したりしても、問題は解決しない

だからこうした資本主義のグローバル化は、国家の意志で生まれたのではなく、資本の運動の必然的結果だったわけです。そうなると、海外への工場移転を禁止したり、移民労働者の流入を禁止したりしても、問題は解決しないことになります。もちろん政治的な論点としては意味があり、多くの右派がそういう主張をして支持者を増やしています。しかし、実際にはアメリカの国家予算を使って国内で需要を創出すれば、そもそも膨大な国家赤字はさらに増え、結局無駄な投資が生み出されるだけです。実際アメリカで下着やマスクを生産しても、海外の安い製品に駆逐されてしまいます。海外の製品に高い関税をかければ保護主義になり、保護主義への批判だけでなく、海外の安い製品を使うことに慣れた国民の不満は爆発します。

グローバル化によって世界はチェーン化（昔は「コンビナート化」と言っていましたが）してい

くことで、資本の利潤を拡大してきたわけで、それが崩壊すれば、国家は立ち行かなくなります。アメリカとＢＲＩＣＳは実は強いきずなで結ばれているわけです。

バイデン政権

2020年、再び金融資本の代弁者として登場したのがバイデン政権

2019年秋から起こったコロナ・パンデミックは、グローバル化でより拡大したが、グローバル化で解決された

２０２０年11月の大統領選挙ではトランプが敗北しましたが、トランプのアメリカ孤立主義は、グローバル経済の中ではアメリカを疲弊させただけでした。もちろん、金融資本がそれを黙って見ているわけはなかったのです。だからこそ、再び金融資本の代弁者であるバイデンが必要であったともいえます。

バイデン政権はコロナという厳しい状況の中で出発しました。２０１９年秋から起こったコロナ・パンデミックは、アメリカの孤立主義を壊さざるを得なくなります。世界が一蓮托生であることがわかったからです。医療技術や医療製品などすべてチェーンでつながっていて、ワクチンの研究開発もグローバルであることを示しています。パンデミックはグローバル化でより拡大したのですが、グローバル化で解決されたのです。まさにトランプ政権では対応できるはずがなかったわけです。世界基準という問題が出てくる中で、アメリカが国際舞台に戻ってこざるを得なくなったのです。

バイデン政権は、その意味でアメリカの覇権、世界唯一の超大国の威信を賭けて登場したのですが、経済成長した中国の経済覇権と軍事覇権にはたと気づきます。彼が採った政策

は、中国包囲網を掛けるという作戦です。日本やEUに中国包囲網を呼びかける中で、台湾、香港、ウイグル、チベットの問題などが浮上してきます。ファイヴ・アイズといったアングロサクソン連合によるイギリス、オーストラリア、アメリカの結束、その周りにインドと日本、そしてEUを引き込む。2021年から始まった太平洋での軍事訓練は中国包囲網という形で進みました。

アメリカが1972年に認めた〝一つの中国〟は、中華人民共和国と台湾という二つの中国へと進むことで、中国との国際関係が悪化します（もちろんここには台湾の半導体生産の問題も絡んでいます）。ここでは西側諸国という言葉が、反中国陣営として登場するわけですが、東南アジアを中心に中国との貿易や資金のつながりが強い国々は、この動きには乗れません。アメリカや日本も表ではこうしたことを主張しても、経済的依存関係では中国との衝突を避けたい。

バイデン政権の積極政策は、今現在難しい局面にあるため、バイデンは中国との冷戦という形で中国を刺激したくはありません。実際、現在のグローバル化の中で、戦争や対立を考えることが難しくなっているのも事実です。中国と真っ向から対立したオーストラリアで、

現在のグローバル化の中で、戦争や対立を考えることが難しくなっていて、中国と真っ向から対立したオーストラリアでは、コロナ禍のもと中国人留学生がいなくなって大学が成り立たなくなった

2021/1/20

バイデン政権誕生

大統領就任式でアメリカ第46代大統領として初めて挨拶するジョー・バイデン［The White House, 2021/1/21］

米中冷戦構造の裏に、大国主義的な攻撃的戦略を回避させる補完関係がある

コロナ禍のもと中国人留学生がいなくなって大学が成り立たないことに気づいたということがありました。これは貿易であれ、すべてに言える話です。日本という国をとっても、中国への莫大な投資、工場の設置などを考慮すれば、対立は避けたい。

こうなると、大国主義的な攻撃的戦略はうまくいかなくなります。経済上の合意形成がそれを回避させることもあります。米中冷戦構造の裏に、それを回避させる補完関係があることも確かです。

歴史の必然的変化

キショール・マブバニの『西欧はそれを失ったのか？』（*Has the West Lost It? A Provocation*, Penguin Books, 2018）は、ある意味重要なことを示唆してくれます。彼は冒頭でこう述べています。

「なぜ西欧的感性は失われているのか。答えは単純である。21世紀の初めにおいて、歴史はコーナーを回ったのである。おそらく最も重要なコーナーである人間がすでに代わってしまったということだ。しかし、西欧はこの新しい歴史の時代を受け容れたり、それに適応したりするのを拒否している。歴史の転換を作り出した大きな転換とはなんであるのか。それ以前の１８００年と過去２００年を比較すると、その答えは出てくる。紀元1世紀から紀元１８２０年まで、世界最大の経済は、いつもインドと中国であった。ヨーロッパはその直後に初めて離陸し、そのあとにアメリカが続いた。過去２００年に

「西欧のほかの文明に対する相対的な優位という最近の時代は、大きな歴史的逸脱である。こうした逸脱はすべて自然に終わるのだが、今それが起こっている」（マブバニ『西欧はそれを失ったのか？』）

戻ってみると、西欧のほかの文明に対する相対的な優位という最近の時代は、大きな歴史的逸脱である。こうした逸脱はすべて自然に終わるのだが、今それが起こっているということである」(p.3)

西欧やアメリカの衰退は、中国のせいではなく、歴史という大きな流れから見た当然の現象だということです。この例外的な過去の200年が終焉を迎えようとしていることを、なかなか理解できない。この200年は資本主義の200年でもあります。西欧的資本主義がいずれにしろ大きな転機を迎えています。それはアメリカの衰退ではなく、歴史の当然の変化です。そう考えると、なにがなんでもアメリカが覇権を取るという発想は、すでに時代遅れになっているということになります。アメリカは、本章の冒頭のマキャヴェッリの引用文を噛みしめる必要があります。時代を理解し損う者は、その力を失うのだということを。

西欧的資本主義が大きな転機を迎えているのは、歴史の当然の変化だと考えると、なにがなんでもアメリカが覇権を取るという発想は、すでに時代遅れになっているともいえる

キショール・マブバニ
1948〜、シンガポールの政治学者、国連安全保障理事会議長、事務次官。著書は『「アジア半球」が世界を動かす』『大収斂』など
[Yvonneyguo, 2008/2/22]

第12章 先進国の停滞とナショナリズム

フランス革命に由来する
「保守派＝右翼」と「進歩派＝左翼」という対立構図は、
しだいに資本家対労働者という図式にスライドした。
しかし社会主義陣営の崩壊、世界市場圏の成立を背景に、
労働者は中産階級化した。さらにその中産階級も
貧しい者と豊かな者に両極化していくことで、
対立は再び激化した。

フランス各地に広がった「黄色いベスト」運動の、2019年1月5日に起きた第8週「アクトⅧ」に集まる参加者たち。フランス北部アルデンヌ県シャルルヴィル＝メジエール市での様子［Carmelo DG, 2019/1/5］

「そこで我々は、精神がもろもろの大なる変化を受けて時にはより大なる完全性へ、また時にはより小なる完全性へ移行しうることが分かる。この受動が我々に喜びおよび悲しみの感情を説明してくれる。こうして私は以下において喜びを精神がより大なる完全性へ移行する受動と解し、これに反して悲しみを精神がより小なる完全性へ移行する受動と解する。さらに私は精神と身体とに同時に関係する喜びの感情を快感あるいは快活と呼び、これに反して同様な関係における悲しみの感情を苦痛あるいは憂鬱と呼ぶ」（スピノザ『エチカ』上巻、第三部・定理一一・備考、畠中尚志訳、岩波文庫、180～181ページ）

「これらのことによって我々は愛および憎しみの何たるかを明瞭に理解する。すなわち愛とは外部の原因の観念を伴った喜びにほかならないし、また憎しみとは外部の原因の観念を伴った悲しみにほかならない」（同書、第三部・定理一三・備考、183ページ）

「わがエリートの多くは拒否した。わが政治エリートは偉大なるヨーロッパ計画という名のもとに、独立と主権を放棄した。わが経済的エリートは、国際化の必要性とグローバリゼーションという名のもとに、フランスの利益を裏切った。フランスの産業はフランスにはもうない。CAC40の企業は20年来新しい企業を受け入れていない。企業の所有者はフランスを去り、ロンドン、ニューヨーク、モントリオール、ロサンゼルスで学ぶ子供たちを追い、あるいは先に行ってしまい、イギリス、オランダ、アメリカ、スイス、シンガポールあるいは上海に彼らの会社を移動させている。それはあたかも、それらの企業の未来の成長が勃興する諸国にのみ依存し、過去の成長は給与の高い古い国では無であるかのようである」(Eric Zemmour, *Le Sucide Français*, Albin Michel, 2014, 51, p.8)

ナショナリズムは19世紀後半に登場したときには、国王や王国を守るのとは違う、国民として国家を守るという意味に使われ、それなりに進歩的だった

ナショナリズムとインターナショナリズムの挫折——はじめに

ナショナリズムというものが、いつごろから一般化していったのかというと、19世紀後半だといわれています。国民国家(Nation State)がヨーロッパで普及し始め、西欧諸国が植民地を求めて競争し始めたころ、ヨーロッパ内でイタリアやドイツなどの国民国家の形成が始まり、それが少なくともヨーロッパ全土に及び始めたときに起こったと思われます。

極右勢力の愛国主義を表す英語としては、Nationalism, Jingoism, Chauvinism そしてPatriotism などがあります。いずれも自国への愛、あるいは自民族への愛などを意味する偏狭な精神のことですが、19世紀後半に登場したときにはそれなりに進歩的な意味があったのです。なぜ進歩的かといえば、国家を守るということが国民としての自覚を促し、それまでの国王や王国を守るという意味とは違った意味に使われたからです。それまでの意味は、一部の特権層を守るということであり、そこに住むすべての人民を含んではいなかったのです。

民族、国民、国家という概念が一つになったことで、少なくともその国家の中に一つの権利の平等が生まれました。それが国民意識となって定着し、国家の経済発展に寄与したわけ

インターナショナリズムは、1864年に生まれた第一インターナショナルで出てきたが、その後の左派勢力の分裂闘争の中で実現されずに終わった

です。もちろんその国の外にいる者にとっては、国民意識は不都合なものとなります。

こうした意味で、国家を超えた融和を図ろうという動きは19世紀に独仏連合、英独仏連合、ヨーロッパ連合（EU）という形で出てきますが、明確にインターナショナリズムを示したのは左派勢力であったといえます。1864年に生まれた第一インターナショナルは、その意味で画期的なものであったのですが、分裂闘争の中でイギリス派が消え、マルクスなどのドイツ派と、プルードン主義、ブランキ主義、バクーニン主義のフランス派、イタリア派との分裂となります。その後、1889年に生まれた第二インターナショナルは、第一次世界大戦を止められず、インターナショナリズムを実現できなかったのです。

1918年の戦争終結後、民族自決権が叫ばれ国家単位の世界が普及するにつれて、こうしたインターナショナリズムは国際連盟に受け継がれますが、再び国家主義の増大によって崩壊し、左派のロシア革命は、1919年に第三インターナショナル＝コミンテルンの誕生につながりますが、これもソ連のエゴによってインターナショナリズムを実現することはできませんでした。

左翼と右翼の対立構造の喪失

1789年のフランス革命の際、ヴェルサイユにあるムニュ・プレジール館の大広間で今後の世界をどうするかという会議が開かれました。その際、進歩的な改革を行なおうという

19世紀の後半、ドレフュス事件を機に、反ユダヤ主義が台頭し、それに抵抗する形で「知識人」という言葉が生まれ、その知識人と社会主義が融合して左翼を担うようになる

人々と、これまでの王権を維持しようという勢力が、大広間の左（ロベスピエール、バルナーヴ、ペティオンなどはここに座りました）と右（ミラボー、カザレスなどはここに座りました）に分かれました。そこから今日の〝左翼〟と〝右翼〟という言葉が生まれ、右翼は保守的、左翼は進歩的という通念はここから始まります（*Qu'est-ce que la Gauche?*, Fayard, 2017, p.15）。もっともそこには明確な思想の違いがあったわけではありません。

こうした言葉の意味は時代によって変わりますが、進歩や啓蒙が自由、平等、友愛といった革命精神を維持していたため、1814年の王政復古以後、左翼勢力は一時停滞します。すなわち革命の行き過ぎに対して、王政復古主義者が徹底して批判したからです。それに対して、主流派の自由主義的なグループ、たとえばバンジャマン・コンスタン、ユゴー、トックヴィル、シスモンディなどの人物が関わった1830年の7月革命以後、復古王政から摂政政に変化したことで、新しい進歩主義が生まれます、それが共和主義と社会主義・共産主義勢力で、とくにこれらの後者がのちに左翼といわれる意味を担うことになります。

19世紀の後半からはドレフュス事件（1894～）を機に、反ユダヤ主義が台頭し、それに抵抗する形で「知識人」という言葉が生まれ、その知識人と社会主義が融合して左翼を担います。20世紀になると社会党が出現し、人民戦線内閣、そして戦後のソ連社会主義の影響を伴い、マルクス主義が左翼の柱となっていきます。

一方でドレフュス事件の後、反ユダヤ主義勢力とカトリック勢力の中から、シャルル・モーラス（1868～1952）による王党派組織「アクシオン・フランセーズ」が出現し、フラ

21世紀になり、社会主義圏の喪失によってすべてが資本主義市場に組み込まれ、社会主義対資本主義、労働者対資本家という構図が見えにくくなった

ンスの右派勢力の主流を形成します。

戦後は、こうした左右対立の中で、右派勢力は積極的に政治によって国民を指導する国家主義的、共和主義的体制を築き、それが保守の立場となります。

以上、フランスの政治状況を見てきたのですが、フランスを理解すれば、ほぼ世界で問題になっている左右の違いが明確になります。大同小異の対立基軸ながら、進歩と保守という形で、20世紀の世界の政治は動いていたということになります。その対立は、一方で資本と賃労働との対立、階級闘争の対立として、保守党対社会党という構図を描きます。

当然ながら、インターナショナリズム、進歩、解放を掲げる社会主義的勢力は、労働組合勢力を背景に持ち、他方、民族主義、国家主義、保守を信奉する共和主義グループは、資本家グループやカトリック団体を背景とします。

この二つの対立は、資本家対労働者という明確な構造を持ち、右翼は前者、左翼は後者となります。だからこそ、20世紀全体にわたる政治闘争は、大方この対立の展開で進みます。労働党、社会党、共産党、社会民主党などの左翼勢力と、自由党、民主党、キリスト教民主党、共和党などといった右派勢力との対立構図が、世界の大半で一般化していきます。アメリカにおいても、民主党が急進的左派に近づくことで、共和党対民主党はこの構図を反映していました。

しかし、21世紀になり、こうした明確な対立構造が消えていきます。その理由は、もちろん社会主義圏の喪失という大きな衝撃があったからです。これによってすべてが資本主義市

場に組み込まれ、社会主義対資本主義、労働者対資本家という構図が見えにくくなったのです。しかも、世界市場圏が成立し、停滞していた資本主義市場が拡大したことで、世界的企業は利益が拡大し、資本家と労働者の所得格差が顕著になってきました。これによって、左派勢力は労働者を自らのもとに引き寄せることができなくなってしまいました。

労働者が市民という中産階級と化し、家や土地を所有するプチブル階級となった

　戦後起こった労働者の中産階級化にも、その原因があります。〝市民社会〟という言葉で表現されるように、労働者ではなく市民だという意識の形成です。市民とは中産階級であり、仕事を持ち、家族を持ち、家や土地を所有するプチブル階級といってもいいわけです。彼らはグローバリゼーションの進行下で、労働者側ではなく資本家側につくという現象が、ここから起こりました。そしてもう一つ、プチブルがそれなりの資産を持つことで、彼らの関心は労働所得ではなく、資本所得に移っていったことにも原因がありました。土地や家を持つこと以上に、株式を持つことで、労働者でありながら、資本家的所得形式を得ることができるようになったのです。こうした労働者は、次第に労働組合やその勢力から去っていきます。

プチブルがそれなりの資産を持つことで、労働者でありながら資本家的所得形式（株式）を得ることができるようになり、次第に労働組合から去っていった

　その一方で起こったのが、グローバリゼーションによる労働者階級の両極化です。労働者階級の多くの正規賃金労働者が消え、非正規雇用の中で賃金の上がらない、組織化されない労働者を生み出しました。マルクスの時代でいえば、彼らはプロレタリアートではなく〝ルンペンプロレタリアート〟に近いのです。ルンペンを組織する原理を持たなかった市民社会的左派勢力は、これらの層を極左派、極右派に持っていかれることになります。

非正規雇用労働者（ルンペンプロレタリアート）を組織する原理を市民社会の左派勢力は持たず、極左派、極右派に持っていかれた

　また中産階級にどうにか留まっている労働者も、批判の矛先は資本ではなく、外国人労働

大企業の正規労働者として中産階級に留まった賃労働者は、自らを非正規となって没落する労働者から区別して、圧力団体としての労働組織に固執していき、資本家対賃労働者の対立が消え、〝資本＝労働総主流〟という事態が起こる

社会民主勢力は政権奪取をすることで、利益を資本家と共有することになり、インターナショナリズムはいつの間にかグローバリゼーションへと塗り替えられ、具体的な政策としてはEUの発展へと変化していった

者や海外へ進出した企業に向けられ、さらにそれを受け容れた国家への批判へと進み、結局それが排外主義、国家主義が台頭する原因となっていきます。

大企業の正規労働者として中産階級に留まった賃労働者は、自らをそうした没落する労働者から区別して、圧力団体としての労働組織に固執していきます。そうした圧力団体は、ある意味資本と仲が良く、賃上げ闘争の中で資本家と同じ意識を持ち始めます。マルクスがプルードン主義を総称して「プチブル的意識」と呼んだものですが、ここに資本家対賃労働者の対立が消え、〝資本＝労働総主流〟という事態が起こる原因があります。

社会民主勢力は政権奪取をすることで、利益を資本家と共有することになります。とりわけ私的企業の国有化→私有（民営）化を繰り返した国においては、社会主義者の中に高所得層を生み出しました。たとえば、フランスのミッテラン政権での私有化によって社会党員が豊かになっていったことは、ヴァンサン・ジョベールの『国家マフィア』の中に多くの事例が示されています（Vincent Jauvert, *La Mafia d'Etat*, Seuil, 2021）。

彼らは所得だけではなく、思考様式においても資本家層に近づいています。たとえばインターナショナリズムは、いつの間にかグローバリゼーションへと塗り替えられ、具体的な政策としてはＥＵの発展へと変化していきます。それは理念としての人権と民主主義を掲げ、移民の受け容れ、マイナーな人々の保護を主張するとともに、低賃金の国への工場移転を促進する動きへと、皮肉にもつながっていくわけです。

しかし、これは資本家層の発想と変わりません。資本を海外に展開することで、低賃金に

よる安価な商品を生産、販売し、莫大な利益を上げる。金融資本によって労せずして国家や労働者の預金を強奪する。オランド政権とマクロン政権、サルコジ政権はその意味ではなんら変わらないのです。これらの政権は、社会党か共和党かは別として、いずれも「インターナショナリズム（グローバリゼーション）」、移民の受け容れ（低賃金労働者の流入）、海外の発展への寄与（低所得国への工場移転）、個人の自由（株式などへの所得税の回避）、民主主義（アジア、ロシアなどの反資本主義勢力への攻撃）を高らかに謳うことで、資本家層の民主主義観と社会主義観を一緒にしてしまい、もはやその違いさえも判らなくしてしまったのです。

先進国の停滞とナショナリズム

その原因は、1970年代のスタグフレーションにありました。長期停滞に直面した資本主義国は、それを打開するために後進諸国と社会主義諸国を破壊し、自らの市場に引き入れて収奪しようと画策しました。G7とはこのようなグループですが、その結果は1980年代の中南米、アフリカ、アジアの独裁政権の崩壊および民主主義的傀儡政権の成立と、1989～91年の社会主義圏の崩壊でした。こうして世界経済をもう一度、欧米中心の新システムに移行したのがグローバリゼーションです。つまり、アメリカを中心とした欧米による金融資本支配が出現します。

これによって、停滞した資本主義経済は再び利益を上げるようになります。世界を完全に

欧米は、革命をテロと言い換えることで徹底的に抵抗者を破壊しようとしたが、中東やアフガニスタンではそれに失敗した

先進国における中産階級の賃金は下がって中産階級から転落し、一方、中進国の中産階級の所得は増える「エレファントカーブ」現象が起こる

市場に組み込み、それらの地域に生産拠点を移すことでコストの低減を図り、大量の商品を生産し、販売していきます。もちろん、それによって先進技術が流出し、重要な産業が海外に移転するわけです。それはリスクを伴いますが、もはやアメリカに抵抗する国などない。それが前提になっていました。

そんな中でアメリカの盲点であるゲリラ戦が出現したのです。欧米では、ゲリラ戦をテロとの戦争と述べていますが、本来、テロは国家が民衆を暗殺することを意味するので、民衆による抵抗は革命と言うべきです。こうして革命をテロと言い換えることで、徹底的に抵抗者を破壊しようとしたのですが、中東やアフガニスタンではそれに失敗します。

21世紀に起こったことは、ブランコ・ミラノヴィッチの「エレファントカーブ（世界の貧困と豊かさが象の形のように現れるというもの）」と呼ばれる曲線で示される次のような現象です。先進国における中産階級の賃金は下がる。一方、中進国の中産階級の所得は増える。その理由は、後進国への資本投資によって一気に産業化が始まり、その利益を中進国の中産階級が受け取るようになったからです。これによって先進国の労働者たちは中産階級から転落し、その怒りを、金融資本とグローバリゼーションに向けることになります。

しかしながら、それを理解してくれる左派勢力は、グローバル化賛成、移民賛成ときている。彼らはどこにも感情を共有できる場所がなくなるのです。

トランプ現象とブレグジット

アメリカでは白人層はもはや１９５０〜60年代の豊かなアメリカの生活を享受できず、その怒りがメキシコ移民や黒人に向けられていった

アメリカで起きた２０１６年大統領選のトランプ現象とイギリスのブレグジット（Brexit）は、まさにこうした状況を反映したものでした。２０１５年に始まっていたギリシャからの大量移民の流入によって、ヨーロッパは大混乱に陥ったのですが、それをまともに受けたのが東欧でした。移民を受け容れることで多くの東欧労働者の仕事が失われる。限度なき移民流入、ＥＵでの移民分担は、東欧諸国の人々にショックを与えました。彼らは次第にナショナリズム、移民排斥へと向かうわけです。

アメリカではこの現象は、メキシコ移民という現象として捉えられています、毎年大量の移民を受け容れているアメリカでは、旧来の産業地帯が荒廃しています。そのため黒人層だけでなく、中産階級の安定した生活が維持できていません。白人層の彼らはもはや１９５０〜60年代の豊かなアメリカの生活を享受できない。その怒りが、移民に向けられ、黒人に向けられていきます。産業においてアメリカを見ると、多くのモノが海外で生産され、産業労働者を吸収する力がありません。高収入が得られる金融資本の仕事は一部の高学歴者に限られているため、豊かなアメリカは喪失する。かつてＧＭはアメリカの労働者の豊かさの代表でした。年金、高所得、不動産、何をとってもその工場周辺はアメリカの豊かさを象徴していたのです。それが崩壊し、高学歴ではない人々を雇用する仕事が喪失しました。もっとも今では、ＩＴ化の進展によっても高学歴の仕事が減少しつつあります。

企業やエリートが海外に出ていくことで豊かな利益を上げる一方、取り残された人々には行き場がなく、この喪失感がトランプの「アメリカ・ファースト」の背後にある

イギリスの経済不振はEUに組み込まれていることで起こったものであり、実際、アフリカ英語圏から流出した移民は、EU内で英語が通じるイギリスを目指すことが多かった

これがトランプ現象の背景であり、あえてトランプ現象と言うまでもなく、世界中で起こっているグローバル化の現象そのものです。こうした状況において、企業がどんどん海外に出ていき、エリートも海外に出ていくことで、彼らは豊かな利益を上げていますが、取り残された人々には行き場がない。この喪失感は、先進国のいずれの国も共有しています。

だからアメリカという国家を第一に考え（アメリカ・ファースト）、海外の人々のことを考えないというトランプの主張は、ある意味当然です。こうしてトランプはアメリカ主義者を集め、選挙に当選し、一種の鎖国政策を行なったのです。

他方イギリスでは、EUにおける立場が曖昧になっていました。EUがUnited Kingdomを規制することになり、ポンド圏とアングロサクソン圏を背後に持つイギリスとしては、むしろアメリカと一緒になるほうが好都合です（しかし、今のところアメリカも北米経済圏にイギリスを入れるつもりはない）。イギリスは本来ヨーロッパではなく、イギリスの経済不振はEUに組み込まれていることで起こっています。実際、移民の趨勢が中東からアフリカに変わったとき、アフリカ英語圏からの流出がイギリスへ向かったわけです。EUでは、英語が通じる国はイギリスとアイルランドしかありません。そのため多くの移民がイギリスを目指します。いわばイギリスが一人負けをしたのです。だから、独自の政策を立てねばならないと考えます。

1993年1月、私はイギリスからフランスに移動していました（まだ海底トンネルは工事中でした）。ドーヴァーから大きなフェリーに乗ったのですが、そこで面白い光景を見ました。フランス人はその船にほとんど乗っておらず、イギリス人しかいないのです。船を降りて大

きな荷物を待っていると、1000人以上乗っていた船から、私のラゲージだけが車で運ばれてくる。遠くからの旅行者などはほとんどいないということです。では、イギリス人はなんのためにフランスに渡るのか。それはフランスの商品が関税と為替のおかげで安かったから、買い物に来ていたのです。ブローニュの町でレストランに入ると、私以外は全員イギリス人。買い物を終えて、おいしいフランス料理を食べたあと、おいしくないイギリス料理の国に帰る用意をしていました。

このとき、EUはまだ設立過程でした。イギリスはEUに入った結果、関税がなくなり、国内に居ながら安価な商品を買うことができるようになったのですが、逆に競争力の点で不利になったうえ、移民がどんどんやってくるのです。イギリスがEUから離れれば、低賃金労働者がEUから入ってこなくなります。これは短期的には、イギリス人労働者にとってよい。しかし、EUからの商品に関税がかかることで物価が高騰し、孤立する。結局、また昔のイギリスに戻ることになったわけです。

スピノザに学ぶ――人間の傲慢、嫉妬、怒り

さて、人間の心について考えてみます。ナショナリズムや排外主義は心情的にはわかるのですが、資本主義の流れからすると、その考えは浅はかで、現実を正しく見ているとはいえません。スピノザは、積極的な意味で受動的に受けねばならないものとして、喜び、愛、信頼、

ナショナリストが激しく攻撃するように、外国人労働者が自分たちの仕事を奪っているというのは事実だが、その原因は外国人にあるわけではなく、低賃金の移民を流入させようというグローバリゼーションの中にその原因がある

賞賛などを挙げています。逆に消極的な意味で受動的に受けるべきでないものを憎しみ、嫉妬、悲しみとしています（詳しくは拙著『待ち望む力』晶文社、2013年を参照）。

憎しみや嫉妬は、喜びほど人間に快を与えない。それは「うまく構成できていない」からです。「うまく構成する」とは、体にぴったりとフィットすることを言います。おいしいものを食べると元気が出ます、まずいもの、いや毒を食べると体がおかしくなる。コロナはまさに我々を不快にさせるもので、人間とうまく調和しない。おいしい食糧は我々と調和する。だから、よく構成される（ぴったりとフィットする）かどうかは、ケースバイケースなのです。

ナショナリストが激しく外国人労働者を攻撃し、アジア人や黒人を攻撃することは、よき構成ではなく、不完全な構成です。単なる事実認識に対する無理解なのです。世界経済の変容の結果にすぎない。とはいえ、外国人労働者が自分たちの仕事を奪っているというのは事実です。しかし、その原因は外国人にあるわけではない。まさに怒りや嫉妬は、この疑心暗鬼にあるといえます。

海外に工場を建て、低賃金の移民を流入させようというグローバリゼーションの中に、その原因のすべてがある。しかしそのグローバリゼーションも、資本主義的世界市場の狭隘化

バルフ・デ・スピノザ
1632～77、オランダの哲学者。著書に『エチカ』『神学・政治論』など［アウグスト公立図書館蔵］

に原因がある。国民国家の中で利益を上げられるシステムが崩壊したため、資本は海外に行くしかない。一方国家は、資本に利するために、そうした資本を厚遇するしかないのです。

人間というものは、目先しか見えないし、目先のことを信じる政治家はそこをうまく利用するわけです。日本も含めてナショナリズムがどんどん広まっているのは、この目先のことを説明するのに長《た》けているからです。一方で、このようなナショナリズムの猖獗《しょうけつ》を左派も右派も、非論理的、非人権、非民主主義と言うだけで片付けています。しかし、民衆にとって、そうした批判だけでは済まされません。このグローバル化が惹き起こす経済の問題を解決しなければならないのです。そのためには、左派もグローバル化を批判し、拒否することが重要です。しかし、それができない。だから、右派はこれを利用し、外国人や外国が我々から仕事を奪っていると批判する。この問題は、実は世界中で起こっているのです。その一つの顕著な例として、フランスのエリック・ゼムール現象を考えてみます。

フランスのエリック・ゼムール

エリック・ゼムールは評論家ですが（今は政治家になりました）、2021年夏のフランスで、翌年の5月に決まる次の大統領候補として注目を浴びるようになります。彼は2014年に『フランスの自殺』というショッキングな本を書いてマスコミの寵児となり、その後たびたびマスコミに登場することで、次第に極右の代表のような存在になっていきます。8月から

9月にかけての勢いは（一時、支持率は20％を超えた）、11月24日の調査の時点では15％前後に落ち、マリーヌ・ル・ペンの23％を下回りましたが、彼らが極右勢力だとすれば、極右勢力の支持は38％あるということになります。マクロンは25〜27％でした。しかし、実際にはこれに左派勢力、極左勢力、右派勢力がマクロンに乗るので、彼の優勢は変わりません。こうした勢力がなぜマクロンに乗るのかといえば、旧来の右派と左派は同じ利益の船に乗っているからです。もちろん表面上は民主主義と人権という言葉で説明します。

ゼムールが旋風を引き起こしたのは、ずけずけとした自信たっぷりのもの言い、誰もが頭で思っていても口に出して言えないことを、ずばりと言ったことにあります。

彼によると、フランスが病んでいる原因は、まさにかつての左派と右派の結合であり、その結合がともにグローバリゼーション、人権、民主主義、移民歓迎などで動いていることです。いわゆる〝進歩派〟といわれる人々ですが、右派も必ずしもこれにすべて乗っている者ばかりでないとしても、人権、民主主義、グローバリゼーションについてはほぼ共有しています。結果的に資本と大企業の労働者、国営企業の労働者に有利な内容であるがゆえに、これらの表面上の価値観は支持されているわけです。その意味で、こうしたまさに利益の中心を占める進歩主義の正論に立ち向かうことは簡単ではありません。２０１４年の著書で、ゼ

エマニュエル・マクロン
1977〜、仏第25代大統領［Arno Mikkor, EU2017EE Estonian Presidency, 2017/9/28］

ムールがこのタブーを破ったわけです。

２０２１年に彼は『フランスはまだ最後の言葉を述べていない』という、これまた刺激的な本を出版しました。２０２１年の11月、私はコロナ禍の中、大学の国際交流のためにイタリアに10日ほど滞在しました。この本は、パリで飛行機を乗り換えたときに購入しましたが、そこのキオスクの人に「ゼムールは次期大統領になりますか」と尋ねたら、「いやそんなことはない」と言っていました。

ゼムールは、バルザックの『ゴリオ爺さん』の最後、主人公ラスティニャックの言葉で、この著書の序文を始めています。「A nous deux! Maintenant.」(次は俺とお前の勝負だ) とパリの丘から叫ぶのです。ラスティニャックはパリの社交界に殴り込みをかけるのです。だからこの言葉は、彼がフランス社会の上層部に闘いを挑む意気込みとも取れます。ゼムールは１９７０年代まではあったと思われている、あのフランスの再生に挑戦するわけです。

移民労働者のいないフランス、ホモセクシャルのいないフランス、国民が教会に行くフランス、祖国愛に厚いフランス、イスラム教徒のいないフランス、男は男らしく、女は女らしいフランス。「祖国、家族、愛」という19世紀のナショナリズムの言葉を思い出します。まさに、誰もが言えなかったことを堂々と言ったわけです。もちろん既存の極右勢力もイスラム教を批判していないので、ゼムールの発言に怒る。男女同権主義者たちも怒る。移民労働者も怒る。EUではなくフランスを強調することで、グローバル派の左翼、右翼も怒る。

「どんな政策もはっきりと問題の焦点を理解していないという印象を持っている。我々

極右の評論家ゼムールはグローバリゼーションを批判して、1970年代まではあったと思われている、移民労働者やホモセクシャルやイスラム教徒のいないあのフランスの再生を説いた

が1960~70年代に知っていたようなフランスは、消えてしまったのだ」(*La France n'a pas dit son dernier mot*, Rubempre, 2021, p.24)

移民のいないフランス。いわゆる白人のフランス人しかいないフランス。そうしたものをノスタルジックに考えること自体が能天気なのですが、そうした思いをぶつけたいと言うのです。私がフランス語を学ぶきっかけになったフランスは、おそらくゼムールのフランスでした。それは、1967年にたまたま入った映画館で見た『パリは燃えているか』(ルネ・クレマン監督、1966年)に映し出された、解放されたパリのシーンとモーリス・ジャールの音楽。その後、日本でヒットするクロード・ルルーシュ監督の『男と女』や『白い恋人たち』で流れていたフランシス・レイの音楽でした。

コロナ禍のイタリアを回って不思議な気がしたことがあります。まずは中国人、日本人の観光客がまったくいない。アメリカ人の観光客さえもいない。聞こえてくるのはイタリア語だけです。そしてジプシーもいないし、移民労働者も通りにはいない(しかし彼らはどこにいったのでしょうか)。1970年代に初めて行ったイタリアやフランスのことをふと思い出しました。日本人やアメリカ人の観光客を除けば、まさにこんな状態だったわけです。もちろん、すでに東欧系の移民は多数いたわけですが、アフリカや中東からの移民は今より少ない状態でした。だからイスラム教徒が少ない。フランスは、アルジェリアとの関係もあってマグレブ圏から移民を相当数受け容れていました。特に南仏は多く、1980年代にアヴィニョンの町で散歩に出ると、駅前に大勢のアラブ系の人々がただじっと座っているのを見たことを

EUが拡大すれば、現在バルカン諸国にある工場はさらに東(ウクライナかモルドヴァ)へと移転して、東欧地域は次第に空洞化していく

思い出します。

移民のいなかった時代を懐かしむ気持ちはわからないではありません。しかし、すでに多くの移民が暮らしていて、人口構成も変わっています。中東系やアフリカ系の帰化した人々なくしてフランス社会は成り立たないのです。スポーツだけではありません。外国籍の人と帰化人を合わせると1500万人以上、その比率はますます増えています。それは彼らの出生率が高いからです。また一夫多妻制もあって複数の妻がいるからです。移民の家族を呼び寄せることが難しいのは、一夫多妻制の国からの移民の妻や家族は大人数であり、フランスの法律に照らすと誰が本当の妻なのかという難しい議論をしなければならないわけです。

そうした移民集団を一掃しようとすれば、イスラム系移民の抵抗は激しくなります。とりわけその点を敏感に悟ったマリーヌ・ル・ペンは、イスラム移民については批判していません。一方でゼムール自身はユダヤ人であり、同胞のユダヤ人に対する批判をしない点を、マリーヌは批判しています。

まさにゼムールは、極右中の極右ということになります。しかし、彼のような人物は、フランス以外の国でも、あちこちに出現しています。とりわけEU加盟で利益を受けた東欧にそうした勢力が見られます。それは、EU内での権益が移民によって侵されるからです。EUが拡大すれば、現在バルカン諸国にある工場はさらに東(ウクライナかモルドヴァ)へと移転していくでしょう。だから、こうした東欧諸国のリーダーからすると、EU拡大に歯止めをかけたい。しかし、EUのグローバルな資本投資は、東欧地域を次第に空洞化させつつある。

極右勢力の言わんとしているところは確かに表面的です。移民が増えたのは、彼らが勝手にやってきたからではありません。かつてフランスは、ガストアルバイター（出稼ぎ外国人労働者）として東欧から大量に労働者を受け容れました。彼らは顔が似ているのと、キリスト教徒であることで目立たなかったのです。しかし、今や中東、アフリカ、中国などから人々が押し寄せ、彼らによってフランス経済は何とか回っています。現在、アフリカやカリブ、そして南太平洋のフランス語圏で、フランス政府の支配に対する批判が高まっています。こうした国々がなくなれば、フランスのGDPは10位以下に落ちるといわれています。しかし、それを極右派は承認したくない。かつて日本がヨーロッパに経済進出したときに、エコノミック・アニマルとして蔑まれ、日本の製品はいいが、日本人は見たくないと言われたときの偏見にも似ています。

とはいえ、この問題は白人の低所得層にとって大きな怒りの源泉になっていることは間違いありません。これらの動きが、反衛生パス（Anti-pass Sanitaire）運動やイエロー・ジャケット（黄色いベスト、Gilets Jaunes）運動として広がりました。フランスの田舎に住む高齢者を中心として、金融資本に与

2021/10

フランスの反「衛生パス」デモ

2021年10月9日、ベルフォールでの衛生パス（ワクチンパスポートの義務化）に反対するデモ。プラカードに「マクロン辞任」の文字が見える［ComputerHotline, 2021/10/9］

アメリカ製ワクチンを十分な治験もなしに承認し、売りまくったマクロン政権への怒りと批判が、「反衛生パス運動」や「イエロー・ジャケット運動」としてフランス全土に広がった

するマクロン政権への批判として始まった後者の運動は、たちまちフランス全土に広がり、2021年11月に3周年を迎えました。

また、コロナによるロックダウンを何度も実施し、アメリカ製ワクチンを十分な治験もなしに承認し、売りまくったマクロン政権への怒りと批判が、この運動には現れています。彼らにとって、もはや科学は政治と化し、かつてのカトリック勢力と同じようなものになったと考えられているのです。つまり、それは本来の科学ではなく、実証的証明を欠いた、時の政権にすり寄る宗教であると批判しているのです。こうした批判に対して、実は誰も正当に反論できていません。

それも当然で、アメリカのファイザー製薬のワクチンについて、成分に関する350ページのドキュメントを公開せよという運動が起こったのですが、詳しい成分内容のデータも示されず、ファイザーの言い分だけでワクチンを売ったというのも事実です。まして三回、四回接種せよという強制まで来ている。効くのか効かないのかもはっきりしていないし、後遺症や副作用についてもわかっていません。〝孫引き〟という言葉がありますが、科学者を含めだれもこの成分について知らないし、その効果も十分にはわかっていない。これが科学が進歩したはずの21世紀の現状なのです。

また一方で、ワクチン証明がないと、レストランや美術館にも入ることができない。私もイタリアで美術館に入るのに、何度ワクチン証明書を見せたことでしょうか。しかし、まだ日本では紙の証明書だからいい。イタリアではすべてスマートフォンの新型コロナワクチン

接種証明が必要ですので、位置情報や個人情報が当局に筒抜けになってしまいます（残念ながら技術的には日本は見劣りしていますが）。

帰国すると隔離状態にされ、日本版アプリ（My SOS、接触確認アプリ）をスマホに押し込まれ、毎日機械による調査を受けることになります。一つはビデオですが、30秒間動かずに隔離状態にいることを見せるのです。次に位置情報というのが送られてきて、チェックしなければなりません。また抜き打ちで担当者がZOOM電話をかけて調べるということもあります。

これらに関して誓約書を書かされますが、罰則規定などはありません。とはいえ、外国人には強制退去を命じるとか、日本人には名前を公表するという脅しが書いてあります（実際にそうした処分を受けたという例は知りません）。このような個人をチェックするシステムが着々と構築されているわけです。それが国家権力と結びついた場合、どうなるのでしょうか。たとえば警察がそれを調査するとなれば、きわめて危険な状態になります。

これを批判しているのは、なんと極右勢力であるということに注目しなければなりません。NHKテレビの金曜夜の番組のチコちゃんの発言ではないのですが、「ボーっと生きてんじゃねーよ！」と言いたくなります。ところが奇怪なことに、左翼も右翼も翼賛してこれを推し進めようとしているのです。『1984年』という小説の世界へ、一歩一歩近づいているのかどうかは、わかりません。

極右勢力の台頭をただ批判的に眺めているだけではなく、彼らが問題にしていることには相応の意味があるのだということを、しっかりと見極めるべきでしょう。

第13章 アジアの勃興、アフリカのリヴェンジ

グローバルな資本主義的市場圏の成立によって、
過剰資本は投資先と生産拠点を
非西欧世界に求めるようになる。
それは非西欧にとっても、
有り余る労働力を生かす機会となった。
こうして西欧の空洞化と反比例するかたちで
アジア・アフリカの逆襲の時代が始まる。

プログラミング言語を学ぶインド・バンガロールの学生たち［Nayakyashraj, 2018/6/20］

「たとえ国の富がたいへん大きくても、その国が長いあいだ停滞的状態にあるなら、そこでの労働の賃銀が非常に高いと思ってはならない。賃銀の支払にあてられる基金《ファンド》、すなわち住民の収入と資本《ストック》は、最大の規模に達することがあっても、もしそれらが数世紀にわたって同一、またはほとんど同一の規模のままであるとするなら、毎年雇用される労働者の数は、次の年に必要とされる労働者数を容易に充足するだろうし、また充足してあまりあるものとさえなるだろう。（中略）シナ《ママ》は、長いあいだ世界で最も富んだ、すなわち最も肥沃で、最もよく耕作され、最も勤勉で、そして最も人口の多い国の一つであった。けれども、この国は長いあいだ停滞的状態にあったようだ。（中略）シナの下層階級の人々の貧しさは、ヨーロッパでの最貧国民よりもはるかにひどい」（アダム・スミス『国富論』第一巻「第八章　労働の賃銀について」、大河内一男監訳、中央公論社、1978年、120〜122ページ）

「なるほどイギリスがヒンドゥスタンに社会革命をひきおこした動機は、もっともいやしい利益だけであり、その利益を達成する仕方もばかげたものであった。しかし、それが問題なのではない。問題は、人類がその使命を果たすのに、アジアの社会的状態の根本的な革命なしにそれができるのかということである。できないとすれば、イギリスがおかした罪がどんなものであるにせよ、イギリスはこの革命をもたらすことによって、無意識に歴史の道具の役割を果たしたのである」（「イギリスのインド支配」1853年6月

25日「ニューヨーク・デイリー・トリビューン」鈴木正四訳、『マルクス＝エンゲルス全集』第九巻所収、大月書店、127ページ）

「オリエンタリズムとは、オリエントを支配し再構成し威圧するための西洋の様式《スタイル》なのである」（エドワード・W・サイード『オリエンタリズム』板垣雄三・杉田英明監修、今沢紀子訳、平凡社ライブラリー、1993年、上巻、21ページ）

「アジアの停滞」をめぐるイメージ——はじめに

私の父は、戦前に日本交通公社の社員として北京で勤務していました。やがて一旦帰国しますが、兵役に取られ、1946年の暮れに帰国するまで再び中国にいました。おそらく青春時代の多くを中国で体験したものと思われます。家には戦前の中国で撮った写真がたくさんありましたが、それらについて一度として私たち子供に語ったことはありませんでした。

ただ戦争についてはよく語っていました。桂林（広西チワン族自治区）の近くに行っていたことや、戦争はどんなものであったかについてです。しかし、中国人の生活についてはまったく語ったことがありませんでした。1965年ごろ、父が買ってきた『朝日グラフ』などで、「公表不許可」という判子の捺された中国での日本軍の写真が掲載されていたのを、ずいぶん見たものです。

アジア的停滞を乗り越える土地制度や個人の自由が存在しないゆえ、アジアは発展していない、というイメージをスミスもマルクスもヴィットフォーゲルも持っていた

こうしたことから中国に対する私のイメージは、日本によって支配された植民地のイメージを一歩も出なかったような気がします。血気盛んな青春期を迎え、毛沢東思想や中国共産党の歴史を学びましたが、アジア的停滞というイメージを払拭することはできませんでした。

大学4年の時でしたか、一橋大学の東洋史の増渕龍夫氏が慶應義塾大学経済学部で、ドイツのヴィットフォーゲル（Karl Wittfogel）によるアジア的専制様式についての理論を講義していましたが、アジアの発展を阻止したものは、稲作による灌漑用水設備の管理のために、専制支配を続けざるを得なかったことであるという議論でした。これは、もともとマルクスとエンゲルスが、インドがなぜ発展しなかったのかということを、気候風土の激しさによる共同所有制度と専制支配という形で考えたものとよく似ています。

要するに、アジアは発展していない。それは、停滞を乗り越える土地制度や個人の自由が存在しないからだという議論でした。こうした議論は、インドの場合、マルクスも参考にした17世紀のベルニエの『ムガル帝国誌』（全2巻、関美奈子訳、岩波文庫、2001年、原著は*Voyages de François Bernier, Amsterdam*, Paul Marret, 1699）という書物にその淵源がありました。

アジアは停滞しているというイメージは、マルクスだけでなく、スミスにもありました。スミスは、中国が停滞していることを分析しながら、豊かな国はこれまでの富の蓄積ではなく、今現在、富が増大しているかどうかが重要であると述べ、西欧の優位を説いたのです。もっともこれには反論もあります。

マルコ・ポーロ（1254～1324）の時代にさかのぼれば、中国の偉大さは西欧人にも

明治維新によってアジアの奇跡を演じたと信じ、自民族の優越性をかたくなに信じる日本人にとっても、アジアの停滞は否定できないものとして刻印されている

周知の事実であり、西欧が優位に立ったのは大航海時代以後だと考えられるのです。もちろん、生産力で見ても、西欧が中国に追いついたのは18世紀も末です。しかし、スミスも述べているように一人当たりの富の豊かさではすでに、西欧はアジアを乗り越えていたともいえます。とはいえ、西欧が決定的にアジアに対して優位に立ったのは18世紀の後半から現在まで、要するにわずかこの200年のことにすぎません。

これは明治維新によってアジアの奇跡を演じたと信じ、自民族の優越性をかたくなに信じる日本人にとっても同じで、アジアの停滞という事実は、否定できないものとして刻印されているわけです。だからこそ、私の父も、中国や中国人の中に積極的に発展する可能性、あるいは日本人と同等、あるいはそれ以上に勤勉になれる可能性を、見ることができなかったわけです。

多くの西洋人にとっても、それはまったく同じでした。アジアそしてアフリカは、つねに西欧の文明に追随し、真似るだけ。そこには新しいものを生み出す力はない——これは今でも多くの人々が思っていることです。だからこそ、この30年に起こったことを、なかなか信じることができない。しかし、いまや世界の総生産のうちアジアが35％以上を占め、それはアメリカの20％よりも大きいし、ヨーロッパよりも大きくなっているのです。

18世紀までは世界経済の中心であったアジア経済は、19世紀になると、次第に西欧の生産力と軍事力に敗北していき、西欧経済の下請けの地位に転落し、停滞を余儀なくされた

アジアの屈辱と発展

18世紀までは、アジアが世界経済の中心であったことは間違いありません。もちろん、一人当たりの所得といった点に関しては、すでに西欧に抜かれていたとしても、依然世界経済の中心だったのです。

それが19世紀になると、次第に西欧の生産力に敗北していきます。その典型が、1840年代のアヘン戦争による清の敗北であり、1850年代のインドのイギリス植民地化であったわけです。これらは、いわゆる三角貿易がベースにありますが、インドは綿製品を売る工業基地から、綿花を供給し、製品を買う農業地域になったこと、さらにインドはイギリスのために薬品であるアヘンを中国に売るための生産地になったことが重要です。こうしてインドでは、主だった産業生産が消え、次第に農業国へと変貌したのです。

同じことは中国にも言えます。中国は、絹製品、陶器などを西欧に売る工業国でしたが、次第に欧米の商品を購入する国に変わっていったのです。

欧米は産業革命を中心として、経済的生産性だけでなく、軍事的な力を高め、アジアを制覇するようになっていきます。こうしてアジア経済は、西欧経済の下請けの地位に転落し、停滞を余儀なくされます。スミスは、中国には新しい産業もなく、労働者が有り余っていて、賃金が低い状態にあると述べています。その条件を活用し、生産を発展させることができていないというのです。人々の生活が低いところで止まっていて、上昇していかない。それが

中国に貧しさを生み出している。

それはインドも同じで、膨大な人口を抱えながら、それが産業生産に結びつかず、農業段階で停滞している。西欧がインドを原料供給基地に固定することで、ますます停滞した経済は、そこから抜け出せないことになります。こうしてアジア経済は、西欧経済の周辺の原料供給基地に位置付けられ、資本主義的生産の外に追いやられていったわけです。

グローバル化とアジアの発展

アジア経済衰退の最大の問題は、有り余る労働力を生かせていないということでした。まずその原因は植民地化にあり、植民地を脱却したとしても、蓄積資本が不足していて、それを発展につなげられないことでした。社会主義への道を進んだ国は、平等な分配と国家による蓄積で、教育体制を整え、能力の高い労働者を生み出しました。国家は資金を集積し、それによって産業を発展させようとしますが、高度な技術もなく、特化すべき産業もない状態が続いていました。

そうした中、1980年代に、時代が大きく変化していきます。過剰資本によって停滞していた資本主義先進国が、資本の供出先を探し始めたのです。また、過剰生産物の捌け口も探し始めました。1970年代に始まった米ソのデタント（雪解け）は、有り余った商品と資本の受け皿としてソ連・東欧を浮上させることになりました。

アジア経済衰退の最大の問題は、有り余る労働力を生かすための蓄積資本が不足していて、たとえ植民地を脱してもそれを発展につなげられないことだった

1970年代に始まった米ソのデタント（雪解け）は、資本主義先進国の過剰資本の供出先および過剰生産物の捌け口として、ソ連・東欧を浮上させた

欧米の工場や新技術がソ連・東欧に流れ、逆にソ連・東欧の労働者が西欧に移り、これによってソ連・東欧は、自らの閉じた社会主義経済圏を棄損させ、借金地獄にはまっていき、ついには社会主義体制それ自身を崩壊させたが、同様のことがアジアでも生じた

アジアやアフリカのような非資本主義的市場圏と、ソ連・東欧、そして中国のような社会主義的市場圏がいずれも姿を消し、一つのグローバルな資本主義的市場圏が成立した

結果として、ソ連・東欧は欧米から膨大な資本を借り、近代化を進めていきます。欧米の工場や新技術がソ連・東欧に流れ、逆にソ連・東欧の労働者が西欧に移ります。これによってソ連・東欧は、自らの閉じた社会主義経済圏を棄損させ、借金地獄にはまっていきます。そしてそれは、人々の西欧への憧れを生み出し、ついには社会主義体制それ自身を崩壊させることになります。

　その動きはアジアでも起こります。それまでの開発独裁によって、農業国あるいは原料生産国に留められていたアジアの国々が、過剰生産物の消費対象国、また低賃金労働を供出する移民国、また資本を受け容れやすい国に変貌していきます。これによって、現地の開発独裁政権は崩壊し、たとえそれが傀儡だとしても民主的国家が成立することになります。

　こうして、アジアやアフリカのような非資本主義的市場圏と、ソ連・東欧、そして中国のような社会主義的市場圏がいずれも姿を消し、一つのグローバルな資本主義的市場圏が成立します。その動きを「グローバリゼーション」といいます。このグローバル化は、世界を一つの市場にすることで、有り余った資本をアジアやロシア・東欧に投資し、安く能力の高い労働者を雇用し、停滞した先進資本主義国の経済成長を担っていきます。

　アジアに投資された資本によって、生産拠点が徐々にアジアに移ることで、アジアに不足していた資本と技術がもたらされます。エルネスト・マンデルは、『後期資本主義』（飯田裕康、的場昭弘訳、柘植書房、１９８０年、第一巻）の中で、後進諸国への技術移転の速度が速まったことが、後期資本主義の停滞の原因だと述べていますが、グローバル化は、まさにそうした弱

後進国への技術移転や資本の自由移動は、自国資本にこだわる先進国にとって危険なことだが、逆に企業が多国籍化することで、収益はむしろ上昇するため、企業は国家の枠を振り払って、低賃金で有能な労働力が豊富な地域に工場を移していった

点を長所に変えるものでした。

つまり、追随してくる国への技術移転は、先進国にとって危険なことですが、逆に企業が多国籍化することで、収益はむしろ上昇していきます。国家と企業が自国資本にこだわり、ナショナル・フラッグを掲げている限りにおいては、国家にとってはこうした資本の自由移動は不利になります。しかし、企業は国家の枠を振り払って、世界市場を一つの大きな国家として考え、低賃金で有能な労働力が豊富な地域に工場を移していったのです。そうなると、技術移転の速度は投資した地域で加速化し、肝心の本社のある先進国の工場はなくなり、空洞化していきます。先進国では中産階級を形成していた工場労働者が失業する一方で、後進国では技術移転が進み、工場ができて、中産階級がどんどん生まれていきました。それがすでに触れた「エレファントカーブ」という所得曲線を生み出したのです。

こうしたことは、アジアだけでなく東欧地域でも起こりました。もちろん、それはロシアのような国家主義へのこだわりがなく、どんどん海外の資本と技術を受け容れた国に限られた話でした。それを最も成功させた国が、〝アジアの虎〟と呼ばれたマーレシア、シンガポール、香港、韓国などですが、中国もこれに追随していきます。

リチャード・クーという神戸生まれのアジア系エコノミストが書いた『「追われる国」の

エルネスト・マンデル
1923〜95、ドイツ生まれのベルギーのマルクス主義経済学者、活動家［Arno Mikkor, EU2017EE Hans van Dijk for Anefo, 1982/3/29］

アジアは、集めた資本を産業発展にどんどん使い、結果的に技術的にも欧米に匹敵するようになったが、日本も1980年代まではそうなっていたのに、自らが招いたバブルとその崩壊で西欧に追いついたところで止まり、追い越すことはできなかった

経済学』(川島睦保訳、東洋経済新報社、2019年)という書物がありますが、バブル崩壊後、景気停滞を30年も続けている日本について明確な改善指針を示していて、参考になります。

それによると、日本はバブル崩壊以後、資本を投資に向けず、最大の利益を上げることに資本を使わず、ひたすら借金を返すことに資本を費やした。それが、産業や技術の発展を衰退させた。「借金はいつでも返してあげるから、安心して投資しなさい」という国家からの確約が必要であったのに、国家のほうも借金減らしに掛かり切りで、それが日本経済を衰退させた、と言うのです。

さらに、アジア経済の産業と技術の追い上げがこれに拍車をかけました。追いかける国は、低賃金が強みで、さらには新しい技術をマスターし、先進国を脅かします。日本がそれまで得意としていた巨大な投資と低価格での製品販売を行なったのは、日本ではなく、アジアの虎たちだったのです。本来、技術投資に向けられるべき資本が、企業の借金返済に回ってしまったことで、日本は競争に負けたというわけです。

アジアは、集めた資本を産業発展にどんどん使っていきました。結果的に産業発展を達成し、技術的にも欧米に匹敵するようになったのです。日本も1980年代まではそうなっていたのですが、自らが招いたバブルとその崩壊で西欧に追いついたところで止まり、追い越

リチャード・クー
1954〜、神戸市生まれ、アメリカ国籍のエコノミスト。著書に『「追われる国」の経済学』『バランスシート不況下の世界経済』ほか[中華民國總統府, 2016/7/14]

すことはできませんでした。

半周辺帝国主義の登場

アジア経済の成長は、21世紀の当然の現象ですが、それがそのまま世界経済にとって歓迎すべきことであるかといえば、もちろんそうではありません。

アジアの上昇は、アメリカにとって脅威というだけでなく、こうした経済発展から取り残された国々にとって新たな問題を突きつけています。中国の経済的躍進について、「中国は新たな世界経済の中心となった」というのは早計であり、欧米という資本主義の中央を支える〝半周辺〟として登場したという見方もできます。

欧米が、ほかの地域にとって帝国主義的な搾取国家として存在するのに、さらに新たな準帝国主義国家、ロシア、インド、中国、ブラジルなどが出現したという見方もできます。『ブラジル、ロシア、インド、中国、南ア――反資本主義的批判』(Ed. Patrick Bond and Ana Garcia, *Brazil Russia India China South Africa. An Anti-Capitalist Critique*, Haymarket books, Chicago, 2015) という論文集の中では、これらの国々を「半周辺帝国主義 (Peripherical Imperialism)」と評しています。

それによると、中国やロシアなどを中央を狙う新たな勢力として位置付け、これらの国々はある時は欧米と結託し、またある時は欧米と競争する形で、それ以外の国に圧力をかけてくる集団となるのです。G7がG20になったことは、中央と半周辺が結びついたということ

欧米が帝国主義的な搾取国家として存在するのに、さらにロシア、インド、中国、ブラジルなどが「半周辺帝国主義」として出現した、という見方

を意味します。

アジアの成長が西欧的支配を転換する新たな可能性の道なのか、そうではなく単に西欧的支配にアジアが便乗しているだけなのか、これは今議論の最中にある問題ですが、少なくとも、G20の圧力を受けている国々にとって、アジアの勃興を手放しで喜ぶことはできないというのです。

もちろん一方で、G7がロシアと中国に対する包囲網をかけていることも確かで、民主国対非民主国という対立構造を際立たせ、冬季オリンピックボイコット、ロシアのウクライナ問題、中国の台湾問題という形で盛んに喧伝され、半周辺として中央（欧米）と組むはずのロシア、中国が、今では敵対に回っていることも確かです。

西欧の没落と未來

イタリアのジョヴァンニ・アリギという人物が、興味深い書物を書いています。

その著書『北京のアダム・スミス　21世紀の諸系譜』（中山智香子ほか訳、作品社、2011年、原著は Giovanni Arrighi, *Adam Smith in Beijing, Lineages of the twenty-first century*, Verso Books, 2007）は、スミスの『国

ジョヴァンニ・アリギ
1937〜2009、イタリアの歴史社会学者、政治経済学者。著書に『北京のアダム・スミス』『長い20世紀』ほか［Kkharris, 2007/4/18］

富論』の第四編第七章「植民地について」の中の次のような文章を引用しています。これは従来あまり言及されることのない文章ですが、アリギはそれを引用し、スミスに対するこれまでのレッテル、すなわち〝手放しの自由主義者〟という評価を改めねばならないと述べています。

「その諸結果は、これまでにすでにきわめて大きかったが、しかしこれらの発見以来の二、三世紀という短い期間では、両者の結果の全範囲を知ることは不可能だった。それらの大事件から今後どのような恩恵または不運が人類にもたらされるのか、人智は予見できない。両者の結果の一般的傾向は、世界のもっとも遠く離れた諸地方をある程度結びつけて、それらの地方が、たがいの不足を補いあい、たがいの享受を増加させあい、たがいの産業を奨励しあうことができるようにすることによって、有益なものと考えられるだろう。しかしながら、東西両インドの原住民にとっては、それらの出来事が生みえたはずのすべての商業的利益は、それらが引き起こしたおそるべき不運のなかに埋もれ、失われてしまった。(中略)これらの発見が行われた特定の時期には、たまたまヨーロッパ人の側の力のほうがはるかにまさっていたため、彼らはそれらの遠隔諸国で、あらゆる種類の不正を行なって、処罰されないでいることができた。おそらくこれからはそれらの国の住民はより強力になり、あるいはヨーロッパの住民はより弱くなり、世界のあらゆる地域の住民は、勇気と力において平等になって、そのことが相互の恐怖心をそそり、それだけでも独立諸国の不正を抑制して相互の権利にたいするなんらかの尊敬の念をもたせることができるだろう」(『国富論』第3巻、岩波文庫、水田洋監訳、杉山忠平訳、2001年、234~235ページ、傍点は引用者アリギによる)

すでに2世紀半前にスミスは、やがてアジアの国が勃興し、西洋以上になることを予言していたわけで、それが自由な交易によって起こると述べているのです。

しかし問題はここにはありません。むしろ、自由貿易の質の問題です。スミスは自由貿易を、一国を世界と結びつけ発展させるためのものだと考えたいのだとしても、決して手放しで自由貿易を礼賛していたわけではないということです。

ここからアリギの解釈は、従来のスミス解釈から離れていきます。それはいわゆる自由主義につながる流れではないということです。つまりスミスは、国家は夜警国家に専念していればよく、国家が何もしないほうが経済はいい方向に動くというような予定調和を称揚した人物ではないと言うのです。法体系を含め、国家が政策的に自由貿易に貢献する必要性があると考えていたと主張するのです。それはちょうどハイエクを生み出した、ドイツのフライブルク学派のオルド・リベラリズム(秩序ある自由主義)に似ています。

つまり、自由主義は国や地域によって、その内容が異なるということです。しかも中国はスミスにとってある意味理想的な国だったといいます。巨大な市場圏を自らの中に持つことで、海外との貿易ではなく、自国内の流通で豊かになることができたからです。ヨーロッパは原料がないため、海外との貿易によってしか豊かになることができなかった点で、本来の国家の姿ではないとまで言うのです。

アリギの新しいスミス解釈によれば、スミスは、自由主義は国や地域によってその内容が異なるものであり、中国は巨大な市場圏を自らの中に持つことで海外との貿易ではなく、自国内の流通で豊かになることができた、ある意味理想的な国だったと考えていた(アリギ『北京のアダム・スミス』)

西欧は海外との貿易を優先し、相手国を植民地化し、収奪の対象とすることで成長してきましたが、中国は他国に被害を与えず、自然な形で豊かになりました。もちろん現在の中国が自国内の貿易だけで豊かになったわけでなく、海外との貿易の結果であることは論を俟《ま》ちませんが、巨大な人口や豊かな資源を抱えているため、それ自身が世界市場でもあり、他国を侵略する必要がなかったのかもしれません。だからアリギは、『北京のアダム・スミス』を書き、本来のアダム・スミスはイギリスのような対外貿易による発展ではなく、中国のような自国内流通による発展こそ本来的であると主張し、こうした歴史を持つ中国が資本主義を変えるとまで述べているのです。

これとよく似た形で、アジアの発展こそ本来の世界経済の発展であるという言い方をしているのが、かつて従属論を展開していたアンドレ・グンダー・フランクの『リオリエント　アジア時代のグローバル・エコノミー』（山下範久訳、藤原書店、２０００年、原著は Gunther Frank, *Reorient. Global Economy in the Asian Age*, 1998）です。同書は驚くことに、アジアとりわけ東アジアが中央であり、それ以外の西欧は周辺であると述べています。

ところが、この2世紀の間、その場末の周辺である西欧が、自らが中央であると勘違いをして世界が動いていた。その結果、西欧的思考様式が世界を支配したのですが、それがすでに無理なところまで来ているというのです。確かに西欧的発展様式、すなわち闘争、侵略、支配、収奪といった戦争型の政治経済体制は、大きな曲がり角に来ていることは間違いありません。

そうなると、自然な形でアジアに中心が移るとすると、そこにはどういった政治経済体制が見えてくるかということになります。それこそ中国型の内需型経済、そして国家による調整型経済、朝貢型経済というわけです。

アリギが、アジアの日本、中国と西欧とを比較しているGDPと所得の図表を使って、面白いことを述べています。

『北京のアダム・スミス』の38ページ（原著）にあるものですが、GDPで西欧が中国を抜いたのが1870年代。そしてアジアが抜き返したのが2020年代。一人当たりの所得は、西欧のほうが16世紀から多いのですが、それも次第に近づいてきています。ここで重要なことは、アジアでは、もともと所得が平等に分配される傾向があったということです。これはアジア経済史の杉原薫氏の『世界史のなかの東アジアの奇跡』（名古屋大学出版会、2020年）を参照しているのですが、アジア経済の特質として労働集約型というのがあります。それは、資本集約型ではない、なるべく多くの人を雇い、飢えさせない経済である。しかし、西欧は資本集約型であり、不平等によって一部の人々の所得を増やすことで、労働者の仕事を奪っているというのです。アジアの人口が多いのは、そんなところから生まれたのかもしれません。

さて、前に述べましたが、シンガポール国立大学のキショール・マブバニが『西欧はそれを失ったのか？』(*Has the West lost it?* Penguin Books, 2018)という本を書いています。副題に「挑発」(provocation)とついていますので、西欧を刺激する本であるということです。本題の「それ」とは世界を制覇する力です。

西欧の経済が資本集約型であるのに対して、アジア経済は、なるべく多くの人を雇い、飢えさせない労働集約型であるところに特質がある（杉原薫『世界史のなかの東アジアの奇跡』）

アジアは、経済力で勝利したからといって、アメリカを凌ぐとかアメリカを支配するといった論理では動いていない（マブバニ『西欧はそれを失ったのか？』）

マブバニは、西欧はそろそろ、時代の主役がアジアに戻ったことを理解すべきだと述べています。アジアは、西欧型の勝ち負けの経済ではなく、互恵的な経済をモットーとしていて、そうした意味での経済が資本主義と融合して新しいものになっているのだと指摘しているのです。これが正しいかどうかは、議論の余地がありますが、アジアの経済システムは多様性を認めるシステムであって、西洋のように個人主義、民主主義、科学などを信じない者はおかしいとばかりに他国に強制してくる偏狭なシステムではないという点では、興味深い理論だと思います。中国やアジアは、経済力で勝利したからといってアメリカを凌ぐとか、アメリカを支配するといった論理では動いていないということです。こうした論理は、何事も勝ち負けで判断する西欧的論理では理解できないのではないでしょうか。

アジアの時代は新しい可能性の時代であり、アジア的思想の復活の時代かもしれません。それはある意味で、西欧的、資本主義的な思想を受け容れがたい世界になるのかもしれません。

第14章 ▼▼▼

新たなる近代の始まり
——コロナ以後

今回のパンデミックの対策は
人類の勝利だったのか
それとも自然の摂理だったのか？
真相が隠されたまま
世界の「ニューノーマル」化が進む。

新型コロナウィルス対策としてロックダウンが世界各地で実施された。写真は2021年1月26日に香港・油麻地地区で実施された部分的ロックダウンによって、出入りができなくなり立ち尽くす住民［BC and Michael HO for Studio Incendo, 2021/1/26］

「ヘーゲルはどこかで、すべての偉大なる世界史的事象と人物は、いわば二度出現すると述べている。彼は、次のことを付加することを忘れていた。それは、一度目は、悲劇として、二度目は、茶番劇として出現するということである」(カール・マルクス『ルイ・ボナパルトのブリュメール18日』の冒頭、拙訳)

ニューノーマルへの疑い——はじめに

本章では2020年1月から世界が直面することになったSARS2-COVID-19について考えてみます。「ニューノーマル」という言葉が流行りましたが、この言葉の意味はコロナがもたらした新しい時代の変化ということでした。コロナによって世界が変わった。それは今後も元に戻らないだろうというもので、人類はこれまで体験したことのない大きな課題に向き合わざるを得ないということを意味しています。

21世紀になり、「想像を絶する」という言葉がたびたび語られるようになりました。大地震、津波、山火事などの自然災害、リーマンショックのような経済的危機、9・11のような新たな見えざる攻撃という脅威。従来の常識が通じなくなったということです。とはいえ、これまでが特別だったという言い方もできます。科学や文明というものをもってしても、問題を解決できなかったということかもしれません。

しかし、世界をパンデミックに陥れたコロナ騒動には、おかしなところがたくさんありま

コロナウイルスが世界をパンデミックに陥れたのは事実だが、これほど大きな事態に至るほどのものであったのか、納得する説明が、十分になされていない

す。ウイルスが存在し、伝染病を多発させていることは事実ですが、これほど大きな事態に至るほどのものであったのかどうかという点での、納得する説明が、十分になされていないのです。大地震にしろ、リーマンショックにしろ、我々が当事者であるはずなのに、その実態が伝わってこないというのは、世界があまりにも大きいからですが、それにしても情報が整理され、しかるべき科学者が登場して、これまでわかっていることとそうでないことを説明し、納得させることができていないのは事実です。

一方で、ワクチン接種やPCR検査、そしてロックダウンや店舗やサービスなどの営業時間の制限などが次々と出され、人々の不安と不満は増すばかりです。だから多くの人々が政府の動きに不満を抱き、世界の各地で反対運動が起きています。日本で話題になるような反対運動が起きていないのが不思議なくらいですが、多くの人々がしっかりとした説明を求めていることは確かです。そこで以下に、コロナパンデミックに関する疑問を10項目並べてみました（本章の記載は2021年時点のものです）。

私のコロナパンデミックに関する10の疑問

① PCR検査に妥当性があるのか？ 擬陽性のみならず、発病しない人も数に入れる意味はあるのか。発病しないスプレッダー（多くの人の感染源となる者）はいないという結果さえ出ている。

②　ワクチンは有効か？　有効性についてのデータが不足している。一般的にワクチンの開発には7年くらいかかる。コロナワクチンはわずか1年のうちに開発および緊急承認されて実用化に到った。なぜそんなにも早く承認したのか？

③　ワクチンの成分は何か？　不活性化ワクチンとRNAメッセンジャーをどうやってつくったのか、製薬会社は公表していない。なぜ製薬会社に不可抗力免責条項があるのか？

④　ワクチン接種済みの人々のうちどれくらいが感染しているのか？　データを提出していないが、ワクチンの効果がないという結果が出るのを恐れているのでは？　ワクチンパスポートによる各施設の入場制限は差別ではないか？　しかるべき認証を受けていないワクチンの普及はニュルンベルク綱領（医学の人体実験を禁止した綱領）違反ではないか？

⑤　オミクロンとデルタの違いはどれくらいか？　スペイン風邪も末期には感染力は強いが毒力の弱いウイルスが出現し、免疫を拡大することで収束した。それと似ているのではないか。

⑥　なぜアメリカやヨーロッパで感染者や死者数が多いのか？　中国ではなくアメリカやヨーロッパで多いのは、対策自体が感染を拡大したのではないか。コロナの影響による死者や患者が多くなっていないか。アフリカで少ないのは、対策自体がないから？

⑦　スペイン風邪との類似性はどれくらいか？　スペイン風邪はおよそ2年で、発生―激化―沈静化―収束へと向かった。今回と類似している。自然のメカニズムを知ることのほうが重要では。自然免疫が一番いいのでは？

⑧　本当に怖いウイルスなのかどうか？　初期の武漢、ベルガモ、ダイヤモンド・プリンセス号の報道で恐怖が拡散された？　コロナに罹った人の死亡を、すべてコロナによる死亡としたことで、死者数が増えたのではないか？　超過死亡者が増えていないのは、例年通りの死亡者数だから？

⑨　国家の統制は正しいのかどうか？　ロックダウンなどの統制は必要だったのか？　ロックダウンしていないスウェーデンでも、ロックダウンを実施したイギリスでも、感染率は変わっていない。中国のように局地的ロックダウンでよかったのではないか。民主主義といわれる国で、なぜこうした強権政治が強まっているのか？

⑩　科学はどこまでコロナを理解しているのか？　ウイルスについて、その対策について、あまりわかっていないのではないか？　自然に存在するメカニズムであるとすれば、それを人為的に変化させることができるのか？　またそれをしていいのか？

1918～20年のスペイン風邪

本章の冒頭にはマルクスの有名な言葉を引用しました。歴史は二度起こるが、一度目は真面目な意味での悲劇だが、二度目は茶番劇として起こるというのです。マルクスは、ルイ・ボナパルトが伯父のナポレオンのクーデタ（ブリュメールの18日）を真似てクーデタを起こし、ナポレオン三世と称して皇帝の座についたことを、二度目の茶番劇と述べているのですが、今回のパンデミックについてはどうでしょうか。

過去の歴史はかなり参考になります。わずか100年前の出来事ながら、この出来事を実際に体験ししっかりと記憶している人はもはやほとんどいないのですが、これに関する資料は各国に数多く残っています。それをもう一度調べてみると、今回のパンデミックの参考になるかもしれません。

そこでまず、インフルエンザウイルスが引き起こした「スペイン風邪」をひもといてみましょう。

「スペイン風邪」という名称のパンデミックの発生源は、アメリカのカンザス州ハスケル郡でした。スペイン風邪と呼ばれるようになるのは、発生の後からです。最初に発生したのは1918年初頭ですが、当時ウイルスはまだ発見されておらず、抗生剤もまだ存在せず、細菌学が主流の時代で、その原因が何か見えないものにあるということはわかっていましたが、それがウイルスだとは考えられていませんでした。ウイルスを顕微鏡で見ることができるようになったのは1930年代以降のことです。

1918年といえば、第一次大戦の末期で、アメリカが参戦することになるルシタニア号事件は1915年に起きたのですが、アメリカが参戦したのはその2年後1917年です。アメリカの大統領はウィルソンで、大戦参加のためにアメリカ人を鼓舞し、戦争反対の人々に対して厳しい処置をしていた時代です。アメリカでは各地で兵員が増強され、パンデミックをさらに拡大させるきっかけをつくっていました。

第一次大戦末期の1918年にアメリカのカンザス州で発生したスペイン風邪は、兵士の士気に関わるとして厳しく情報統制され、そのせいで対策が遅れた

アメリカ政府は戦争続行のため兵員を集め、船に乗せてヨーロッパに送り続けたことで、軍を中心にインフルエンザが世界中に広がった

発生当初から、パンデミックの影響についてアメリカ政府はあまり関心をはらっていなかったのです。第1波が比較的軽いものであったことも影響していました。そして兵士の士気に関わる問題については、厳しく統制され、情報が公開されていなかったことも最初の対策が後手に回った原因でした。

ジョン・バリー『グレート・インフルエンザ』（平澤正夫訳、上下巻、ちくま文庫、2021年）は、このスペイン風邪についての詳しい分析をしています。それによると、1918年初めのアメリカから、アメリカの兵隊が上陸したフランスへと感染が広がっていきました。そして、戦争当事国はこの情報をすべて隠していたのですが、スペインの新聞だけがこれを報じたわけです。そのため、1918年4月以降にスペインから発生したインフルエンザとして、スペイン風邪と呼ばれるようになったといわれています（上巻、162〜166ページ）。

やがてこの病気はアメリカとヨーロッパを越えて世界中に瞬く間に広がっていきます。第1波では、患者たちは急激に悪化して死んでいったのですが、患者数はそれほど多くなく、感染範囲はそれほどでもなかったといいます。

最も大きな被害を出したのが、その年の10月から始まる第2波だったといわれています。第2波で多くの犠牲者が出た。毒性が強まったというのです。アメリカ政府は戦争続行のため兵員を集め、船に乗せてヨーロッパに送り続けたことで、軍を中心にインフルエンザは世界中に広がり、それに対する防護は基本的にはなされなかったといいます。それは一般の都市にもおよび、フィラデルフィアでは、10月10日には759人が死んだといわれています（下

巻、69ページ）。こうしてスペイン風邪は人々を恐怖のどん底に突き落とします。

今回のコロナとはまったく違って、政府の無視、マスコミの無視によって、人々の恐怖がかえって拡大したわけです。人々は死に行く者たちの前で、無知のまま恐怖におののきます。疑心暗鬼に駆られた人々は、原因はドイツのスパイがばらまいた細菌ではないかと考え始めます。疑われたのは、ある時は犬などの動物（犬の大量殺処分）、またある時は商品を売り歩く外から来た商人たちでした。

医者たちはワクチンを開発しましたが効き目がなく、これといった原因がわからないまま感染者は増え続けました。

しかし、１９２０年になるとまったく新しい事態が生じました。感染のスピードは速いが、弱毒性のウイルスが出現し始めたのです。一気に感染が広がり、人々に自然免疫が生まれ、この猛威をふるったウイルスは自然消滅していきました。


1920年になると、感染のスピードは速いが弱毒性のウイルスが出現し始め、一気に感染が広がり、人々に自然免疫が生まれ、この猛威をふるったウイルスは自然消滅した

スペイン風邪が残したもの

この2年半を見ると、第1波での恐怖、そして第2波による拡大と蔓延、パンデミック、そして第3波、第4波と続きながら、次第に収束へと向かっていったということがわかります。

死亡者数については、1億人から３０００万人と、幅があります。実際どれくらいの死者が出たのか明確ではありません。それは今回も同じですが、ウイルスで死んだのかどうかが

政府の情報隠蔽によって人々が無知であったスペイン風邪のケースとは対照的に、今回のコロナ・パンデミックでは、政府とマスコミが異常なほどの恐怖を流布し人々に植え付けたという正反対の現象が起きていた

確定できないからです。おそらく戦争の死亡者の場合と同様に判定が難しいのです。普段の死亡率以上の超過死亡率が重要ですが、今回の場合も、実は通常のインフルエンザや病気で死んだ場合も、PCR検査が陽性であれば、コロナによる死亡となっている場合もあり、よくわからないのです。

もちろん、この時代には不織布のマスクや、正しい知識も十分ではなかった。とりわけ疫病の原因がわからなかったということが考えられます。だから対策の立てようがなかったといえます。しかし、人々は接触によって感染することは知っていたわけです。

全体としてスペイン風邪の経緯でわかったことは、政府の情報隠蔽によって人々が無知であったということです。逆に今回は政府とマスコミが異常なほどの恐怖を流布し、人々に植え付けたという正反対の現象が起きています。

コロナとスペイン風邪の流行には共通するところもあります。それは動物から人間へ感染していったウイルスが原因であること。そして人間に免疫がない場合、急激に悪化すること。しかし、それはすべての人が死に至るものではないこと。またやがて伝染力が強くなり、弱毒性になることで人々の多くに免疫を与え、自然消滅していくことです。

2021年に現れたオミクロンという変異株が、デルタ株と違って弱毒性であり、伝染力は強いが重症化しないという点でも、1920年の変異株に近いといえます。ワクチンがあろうとなかろうと、人類にウイルスに対する免疫をもたらす、いわば自然現象とでもいえるわけです。そう考えると、ワクチンがなく、ウイルスが不明であった1920年代までにお

いても、人類はたとえ大きな犠牲は出したとしても、自然の力でウイルスを克服していたということになります。つまりは、まず感染は周期的であり、次第に強まり死亡者を出し、やがてその死亡者数は頂点に達し、急激に感染を広げて、最後には消えていくということです。

このことを前提にすると、今回のコロナを見る際にも、大きく役立つものがあります。

21世紀のパンデミック——自然現象か、科学の失敗か、謀略か？

今回のパンデミックの対策は、ロックダウンを実施したおかげで感染者が減り、ワクチンのおかげで感染者と重症者、死亡者が減少したのであって、それは人類の勝利だった、というストーリー

そう考えると、今回のパンデミックの対策は人類の勝利だったのか、それとも自然の摂理だったのかという問題が見えてきます。人類の勝利という説で考えてみるとこうなります。

——21世紀初頭に起こったSARS騒動の経験の中で科学が進み、新しいウイルスの出現に対しても正しい処置が行なわれた。まずはパンデミックであることを告知し、ロックダウンを実施し、感染者を減らした。

2020年の4～5月は死亡者が出たが、それほど多くの感染者は出なかった。この段階で感染者の数を減らす政策を行なった。しかし、6月にロックダウンを解除した後、第2波（2020年6～10月）、第3波（2020年11月～2021年3月）がやってきた。ここで再度ロックダウンを実施したが、感染者数は急激に増え、しかも死亡者数も急増した。これがまさに死亡者数の頂点であった。2021年の冬が過ぎ、夏休み以後に再び第4波（2021年4～6月）、第5波（2021年7～11月）が襲ってきたが、感染者数はいくぶん減り、死亡者数も減っ

そもそもこの伝染病の周期は、対策を立てようと立てまいと同じであり、むしろロックダウンや営業制限をかけることで人々の自由を奪い、世界は監視国家となった、という反論

た。伝染病は峠を越した。しかし、2021年の12月、オミクロン株が出現し、感染者数をこれまででは考えられないほどに一気に増やしたが、死亡者数は激減した——。

ちょうど2021年の春、第3波の中でワクチン供給が始まりました。はたしてワクチンは効いたのかどうか。人類が自然に打ち勝ったという証明の一つとしてこのワクチン政策があります。ワクチンのおかげで第4波、第5波では感染者と重症者、死亡者が減少したといわれています。だから、もっとワクチンを打てば、オミクロンも重症化しない。これがこのストーリーです。

2021/11~12

新型コロナウイルス変異株の出現

新型コロナウイルス変異株について記者会見をする医学博士で欧州委員会委員長のウルズラ・フォン・デア・ライエン［Dati Bendo, 2021/11/26］

しかし、そうではないと考える人々も多くいます。そもそも、この伝染病の周期は、対策を立てようと立てまいと、同じであったというのです。それはスペイン風邪の時と同じように、ロックダウンとは関係がなかったというのです。ロックダウンによっても感染者数と死亡者数は減らせなかった。むしろロックダウンによって経済活動が麻痺し、人々の生活を混乱させてしまった。そしてロックダウンや営業制限をかけることで、人々の自由を奪い、政府やマスコミ、そして科学者の一部がある意味で傲慢になった。世界は監視国家となったと

いうのです。

あまりにも早いワクチンの完成・使用は、現在の各国政府が企業からの献金によって成り立っていることを証明しています。これが陰謀説に至る流れですが、製薬企業、コンピューターソフト産業などは、今回のワクチンによって大きく成長しました。政府はこうした企業のセールスマンとなっているという批判です。ウイルスがどこから、どうやって出現したかが不明であることに、大きな不満の原因があります。だれかがばらまいたのではないか、ある国の仕業ではないかといった憶測が出てくるのはそうしたところにあります。

ワクチンを打つことで、確かに国民は大きく二つに分かれました。ワクチンを受けた者とそうでない者という二つの国民に。ワクチンを打った者は、スマホでのグリーンパスでどこの店に行ったのかなどの行動がすべて監視されている。ワクチンを打っていない者は、レストランも、博物館も、また学校にも行けずに、差別されているという不満が爆発し、各地で反ワクチン運動を引き起こしています。

こうした怒りは政府に向けられたものですが、それ以上に科学者に向けられたものも多くあります。体制擁護の科学者という種族に対する批判です。

アメリカでベストセラーになったジュディ・ミコヴィッツの『腐敗の伝染病』（Judy Mikovits and Kent Heckenlivelely, *Plague of Corruption*, Skyhorse, 2020）という書物があります。ミコヴィッツは、製薬会社の研究所で乳製品に含まれる成長ホルモンとがんとの関係を指摘して研究所を解雇され、その後の研究においてもワクチンの普及が猿や鳥などのウイルスを人々の体に蔓

伝染病の撲滅が人類の課題である以上、人類がつくり上げた国家の政治権力や企業との関係を抜きにして科学を語ることはできない

延させたという論文を発表し、学界でとんでもない研究者だと糾弾されています。彼女もその周りの者も、研究発表を妨害されているのです。彼らは製薬業界を中心とする政治的陰謀によって葬り去られようとしているのかどうか、それは私にはわかりませんが、この本が売れているということは、人々は内心そう思っているということかもしれません。その理由は、ワクチンなどについてきちんとした説明がないからです

二人のドイツ人医師スチャリット・バクディとカリーナ・ライスが書いた『計画された！コロナパンデミック　勇気あるドイツ人科学者の告発』（大橋眞監修、成甲書房、２０２１年、原著は Karina Reiss und Sucharit Bhakdi, *Corona Unmasked, Neue Zahlen, Daten, Hintergründe*, Goldegg Verlag GmbH, 2021）もヨーロッパでベストセラーになった書物です。ＰＣＲ検査の不備、死亡者数の虚偽、超過死亡率の問題、マスクやスーパースプレッダーへの疑問、報道の在り方などを取り上げ、とりわけ世界的にも権威あるコッホ研究所の方針に疑義を示しています。

陰謀説そのものを取り上げたのは、フィリップ・エマールの『ウィルス調査』（Philippe Aimar, *Enquête sur un Virus*, Le Jardin de Livres, 2020）という書物で、コロナとマイクロソフトのビル・ゲイツとの関係、ビジネスとしてのコロナという問題に分け入っています。またウイルスは、世界のある研究所から流出したものではないかと述べている点で、いかにも陰謀説そのものです。

ここに出ている問題は、〝科学の進歩〟という幻想の問題と、それに関連した政治経済との関係です。素朴にコロナが伝染病であるとすれば、それは科学的にどう対処するかという

科学というものが、いつの間にか体制を擁護する番犬になってしまった

問題だけで済むのですが、伝染病の撲滅が人類の課題である以上、人類がつくり上げた国家の政治権力や企業との関係を抜きにして科学を語ることはできないわけです。科学が政治や経済と複雑に絡み合っている状況において、何が正しい情報かというのも、ますますわからなくなっています。

ジュディ・ミコヴィッツは、フェイク科学を垂れ流す偽科学者なのでしょうか。16世紀のガリレオ・ガリレイ（1564〜1642）も、当時はまさにそのように言われていたわけだし、たとえば『沈黙の春』を書いたレイチェル・カーソン（1907〜64）も似非《えせ》科学者と罵倒されていました。

『人形の家』で有名なノルウェーの劇作家ヘンリク・イプセン（1828〜1906）が、1882年に『民衆の敵』という戯曲を書いています。主人公は医者で、彼はとある温泉町で発生している病気の原因を調べていたのですが、その原因が温泉で培養されている細菌にあることを発見してしまったのです。この町の人々は温泉の観光収入で生きている。だから温泉が原因だということを認めたくない。主人公は病因は温泉にあると断言したために、民衆から敵だとののしられることになります。

日本でも、水俣病で日本窒素（チッソ）の水銀説を主張した熊本大学の原田正純助教授は、そのため一生助教授で終わりましたし、原子力村でも原子力を批判した小出裕章さんは京都大学の助教で終わりました。科学というものが、いつの間にか体制を擁護する番犬になってしまったのです。これは科学にお金がかかり、さらにそれが大金を生み出すものだからです。

コロナ禍によって登場した「ニューノーマル」に乗って、自らの利益と立場の維持に奔走する業界の人々

産官学の複合体制が、ますます科学をゆがめています。

もちろんこうした問題があるのは、科学だけではありません。法にしろ、経済にしろ、多くは政府と企業のお金と関係している。コロナ・パンデミックにおいても、各国政府の諮問委員会に参加したメンバーは、学者、官僚、そして企業家でした。また保健衛生の医療機関と、大学という研究機関との対立もありました。パンデミックという人類の危機の前で、人々は自らの利益と立場の維持に奔走しています。これは明確な事実です。

また一方、製薬業界とソフト業界以外にも激震が走っています。「ニューノーマル」という新しい世界の実現です。アメリカの有名なニュース解説者ファリード・ザカリア（Fareed Zakaria）の書いた『ポスト＝パンデミックの世界のための10の教訓』（*Ten Lessons for a Post-Pandemic World*, W.W.Norton & Company, 2020）、クラウス・シュワブ（Klaus Schwab）とティエリー・マルレート（Thierry Malleret）の『コロナ　大きなリセット』（*Covid-19: The Great Reset*, Forum Publishing, 2020）といった書籍は、今世界が新しい世界に向かっていることを示しています。

これらは、コロナ禍によるニューノーマルの登場でそれに乗ってひと儲けしようとする企業家の願望を代弁しているわけです。たとえば、ZOOMによる遠隔授業や在宅勤務は、それまでの学校教育や労働の在り方を大きく変えることになりました。もう元に戻ることはないということは、さらにデジタル化が進み、人々の交流がデジタルを通じた関係になるということです。こうなると、先進国が得意とするソフト産業は一気に躍進します。そしてニューノーマルとして教育や労働の在り方が大きく変わるのです。これが製薬業界やソフト業界以

コロナ禍の影響で他者との直接の交流がなくなったことで、自国主義、排外主義が加速する恐れ

外にも激震が走ったということの意味です。

　他方で、グローバル化は少し停滞するかもしれません。直接会って交流するという形のグローバル化は少なくなり、誰とも実際に会うことなく、オンラインを通じた交流という、まるで宇宙時代であるかのような交信の世界がいち早く実現したのです。またサプライチェーンも一時的に変化し、再び保護主義的に国内だけで製品を生産し、多少高くとも自国製を買うという時代が舞い戻ってくるかもしれません。しかし、それは結局ナショナリズムという新たなる問題を提起しています。

　直接の交流がなくなったことで、人々はますます自国主義、外国人嫌いになっています。そうした状態が今後も続くのでしょうか。もしそうだとすれば、ますます自国民への自惚《うぬぼ》れが高まり、徹底した排外主義が起こるかもしれません。

　2021年になってバイデン政権が行なっている政策は、こうしたナショナリズムを煽る政策です。アメリカ第一主義を掲げながら、他国との外交において消極的であったトランプより、自国より他国に関心を持つバイデンのほうが、外交的には愛国主義者となるという現象が起きています。

　台湾問題、ウクライナ問題、イラン問題、中東問題などなど、それまでグローバル化の中で相対的に平和であった国際関係がここに来て躓《つまず》き始めています。いつ戦争が起きるかわからないとマスコミもたきつけています。民主国連合の創設などはまさにそうで、自らを民主国と勝手に考える国が、そうでないと決めつけた国を批判し、彼らとの交流を拒否するよう

に呼びかけるというのは、きわめて一元主義的で危険でもあります。かつてブッシュが〝悪の枢軸国〟としてイラクと北朝鮮を名指ししたように、また、勧善懲悪主義がジェズイット主義（正義のキリスト教を全世界に流布しようという運動）と似ているように、手前勝手な善の押し売りになりかねません。

もしこれらをもニューノーマルだとするならば、コロナによってますますおかしな方向に進むことになります。そうならないことを祈るばかりです。

第15章 近未来とアジアの時代

シンギュラリティに人新世――
加速度を増して変化し、
これまでとはまったく違う容貌を
見せつつある近未来世界を予見する。

2014年、人型ロボットASIMOのパフォーマンスを楽しむ訪日中のバラク・オバマ米大統領。その右隣が日本科学未来館の毛利衛事務局長［East Asia and Pacific Media Hub U.S. Department of State, 2014/4/25］

シンギュラリティで人間は変わるか——はじめに

バブル崩壊以後、衰退する日本はどうなるのでしょう。近年、若い人たちを見ていると、ちょっと心配になっています。私は海外に出ることが多く、世界の若者たちを知っているがゆえに、老婆心ながら大丈夫だろうかと思うことが多いのです。日本を衰退させたのは、我々の世代ですので、もちろん責任も感じています。

本章では、これからの未来について考えてみたいと思います。もちろん、未来の予想などたいてい当たるわけはないのですが、これからの時代がどうなるかは、私に限らず誰しも考えてみたいことでしょう。

最近「Z世代」について、彼らZ世代が、X世代の上司とうまくいかないという話を聞きました。これはアメリカから来た世代の名称らしいのですが、Z世代とは20代までの若者、おおむね1995年以降の生まれの世代を意味しているようです。その前の世代はY世代（1985年以降）、その前はX世代（1965年以降）、それ以前は「ベビーブーマー」と呼びますが、私はベビーブーマー世代の最後に属していることになります。ベビーブーマーにはZ世代の上司はすでにいません。いたとしても老人なので、相手にもされないということでしょう。そこではX世代とZ世代の対立が問題となります。

Z世代は生まれたときから、携帯、ネットがあり、「デジタル・ネイティブ世代」ともいわれています。人間にも進化があるとすれば、ほぼ20年に1回、進化が起こっているということです。もちろん、人間が物理的に変化するのではなく、環境が変化するのであり、それによって従前とはまったく異なった人間が出現するということになります。

２０２０年以降に生まれた世代は、それまでとはまったく別の環境の中にあり、さらに今の赤ちゃん世代は、20年後には新たな世代のまったく新しい人間と見なされることになるでしょう。

今から10年ぐらい前に「シンギュラリティ」（Singularity）という言葉が語られ始めました。シンギュラリティとは、従前とはまったく異なった変化をもたらす「技術的特異点」のことですが、具体的には、人間の知能を上回るＡＩ（人工知能）の出現を意味しています。従来のＡＩが進化し、これまでのシステムが大幅に変化するというのです。どうやら２０３０年ごろにその時が来るということでした。これまでの人間の知能による活動から、進化したＡＩによる知能の活動の時代が来るというものです。

また、「人新世《ひとしんせい》」（Anthropocene）という言葉もありますが、これは人間が自然からの影響を受けてきた時代が変わり、人間が自然を変化させる新しい時代という意味です。

もちろんこうした変化は、望ましいとばかりは言えないわけで、ＡＩの登場によって知的労働者が消滅するという予測もあります。これまでの知的専門職が、高度なＡＩの能力に取って代わられる。たとえば大学の教師などはそうかもしれません。大学教師として私は、いい時代に大学からおさらばしたということでしょうか。確かに過去の知識の集積だけでは、進化したＡＩによるデータ・サイエンスにかなうわけはありませんし、そこから生まれる創造

従前とはまったく異なった変化をもたらす技術的特異点「シンギュラリティ」は、具体的には、人間の知能を上回るＡＩの出現を意味している

人間が自然からの影響を受けてきた時代が変わり、人間が自然を変化させる新しい時代「人新世」

力も、よほどのことがない限り乗り越えられないのかもしれません。これまで将棋や囲碁の世界で、AＩが人間を乗り越えたということは何度も話題になりましたが、文芸の世界では、作家が自らの作品をAＩによって書くという時代が来ているともいえます。もっとも今の私も、英訳するときは自動翻訳を活用していますが、現状ではまだまだ十分なものとはいえません。とはいえ、今ではいろいろなことを調べるのも、昔ながらの百科事典を使うことはなくなりつつあります。

環境に関しても、人新世は人間を不幸にするかもしれません。地球という自然界の調和を人間が人為的に変えるということには、落とし穴が含まれているような気がします。ちょっとしたミスが命取りになりかねません。

これからの未来

世界史を語るということは過去の人々の考えを学ぶというもので、過去のデータの集積から学ぶという側面があります。その意味ではAＩによって記憶され、きれいに並び替えられた情報を学ぶ学問といえるのかもしれません。もちろん、その方法は無限にあるわけで、プロの歴史家を簡単に乗り越えられるわけではないでしょうが、データ処理という点では、AＩは人間の能力を大きく超えているでしょう。

そうしたことはすでに織り込み済みのことで、私の世界史の講義も、過去の歴史をただ並べるのではなく、現在の問題意識から過去を読み解くことに目的があります。要するに現在の世界を見ながら、過去をたどっていっているのです。

とはいえ、技術の急激な進歩は、人間の思考形式すら変えてしまいます。文字もない時代には、記憶が頼りであり、記述することで記録を残し、それをもとに考えるということはありませんでした（ソクラテス以前のソフィストの時代）。文字が出現したことで、文字によって記録に残すことで未来に影響を与えようとする人々が出現します（プラトンの登場）。しかもそれが、印刷技術の発展によって本という形を取り始めると（東洋では7世紀、西洋ではグーテンベルクが活版印刷術を発明した15世紀）、文字が一部の人だけでなく多くの人たちの目に触れるようになります。

しかし実際、文字を書いたり、読んだりすることは誰にでもできることではありませんでした。漢文や候文《そうろう》を書ける人など、ほんの一部だったわけです。近代教育によって学校が読書や作文を教えるようになりますが、それでも文学作品などを読む人は限られていたのです。ところがラジオやテレビの登場で、情報を耳で聞き、目で見ることが容易になると、より多くの人たちが、より簡単に知識を得られるようになります。20世紀はそうした時代の始まりで、それまでエリートが専有していた知識を共有し、さらにまったく新しい知識を築き上げるようにさえなりました。

20世紀後半から現在までは、その変化が急速です。パソコンが登場し、ネット社会が出現し、スマートフォンが登場し、これまでにまったくなかったような情報社会をもたらしました。

ある技術はある時、加速度を上げて飛躍的に進化する(「ムーアの法則」)、私たちはそうした時代に生きている

まさに技術の進歩が人間の思考を変えていったのです。哲学者のルートヴィヒ・ヴィトゲンシュタイン（1889～1951）は「人間の思考の限界は言語の限界である」と述べましたが、人間の思考の限界はその技術の限界であるともいえます。

これから10年、20年の中で技術の変化は「べき乗の法則」に従うといわれます。つまり、Exponentialであるということです。加速度的な変化を「ムーアの法則」と呼びますが、ある技術はある時、加速度を上げて飛躍的に進化する。私たちはそうした時代に生きています。

ピーター・ディアマンディス、スティーブン・コトラーの『2030年 すべてが「加速」する世界に備えよ』（土方奈美訳、ニューズ・ピックス・パブリッシング、2020年）という本は、近未来の技術がもたらす社会変化について書いています。昔は正月になると、新聞が未来社会についての特集を組んだもので、その夢物語に興奮したことを思い出します。最近ではこうしたものも少なくなり、未来について楽観的な考えを抱く人も少なくなってきました。

私のような古い人間には、同書の内容はとても理解できないのですが、現在加速度的な変化を起こしそうな技術、たとえば3Dプリンター、VR、ドローン、運転手なしの自動車とウーバー、ハイパーループ、ロボット、ブロックチェーン、量子コンピューター、AI、センサー、遺伝子（ゲノム）治療など、ブレークスルーすると予測される技術が並べられています。

これらが本当に実現するかどうかはわかりませんが、いくつかはその実現の直前にあることはわかります。たとえば、自動制御で運転手がいない自動車はもうそこまで来ています。

もちろんこれは車を生産するというだけではなく、そういう自動車をネットワーク化し、す

べての自動車の動きを集中管理できるような交通システムを構築する、つまり、社会的機構として自動車をチェックし、行き先を決め、それを公共交通機関として制御する必要があります。

運転手は不要なので人件費がかからず、人が運転しないので、すべての自動車は公共サービスの無人電車のような存在になります。よって、それは社会的所有になるということです。こうして駐車場もいらず、また、目的地までの乗車中にほかの仕事をすることができます。ただし、これはすべてGPSによる監視がなされているため、プライバシーがなくなります。ある意味恐ろしいことですが、とても便利で安全ではあります。

自動制御で運転手がいない自動車などの技術は、一つひとつの専門的作業、サイロ技術ではなく、カメラ、ネットワーク、中央指令AIなど、さまざまな分野の技術を一つにまとめる総合的技術が要求される

こうした技術は、一つひとつの専門的作業、サイロ技術（たこつぼ）でできあがるのではないということが重要です。自動車ならば、カメラ、ネットワーク、中央指令AIなど、さまざまな分野の技術が必要となります。これからの社会は、さまざまなものを一つにまとめる総合的技術が要求されるということです。

最近の研究開発のポイントは、個々の技術の発展ではなく、それを全体としてどう結びつけるかということにあるといいます。たとえば携帯電話はかつては電話専用器でしたが、電話にこだわったノキア（Nokia）はコンピューター化に遅れを取りました。日本の携帯も、カメラを搭載するなど付属品を付けましたが、問題はコンピューター化であって、多機能の用途を装備することにありました。たとえば、スマートフォンを使って自宅の監視カメラを操作したり、ガレージのドアを開けたりといった総合的技術が問われています。携帯はいまや

交通システムは、技術でありながら社会システムそのものであり、人々が交通システムを利用する目的や利便性、また環境に優しいかどうかの価値判断も求められるが、そうなると、大学教育も文理融合型のカリキュラムが必要になってくる

電話でなく、自分とその周りを管理する最も重要なツールであるといってもいいでしょう。

これまでのように文系、理系に分けるのではなく、総合的な知識によって一つの技術を発展させていく時代が来ています。その意味で、専門化だけでなく、総合化が必要な時代になっており、とりわけ交通システムというものは、技術でありながら、社会システムそのものです。人々が交通システムを利用する目的や利便性、また環境に優しいかどうかの価値判断もそこでは求められます。そうなると、大学教育も文理融合型のカリキュラムが必要になってきます。

仕事がら外国の大学をたくさん見てきましたが、最近多いのは応用科学型大学です。経営学と工学を結びつけている場合が多くあります。

先進国といわれる国では、工業生産ではなくサービス業が重要になってきていますが、サービスを充実させるには、高い工業技術が不可欠です。その意味で、高度なCutting Edge（最先端）の技術開発が重要です。そのためには高速度の5Gや量子コンピューターの開発が必要で、米中はこの分野で激突しています。ソフトウェアは高度な工業技術がなければ成り立たないのです。

我々を取り巻く諸問題

技術の進歩は、確かに我々に夢物語を見せてくれますが、それは我々の社会が直面するさ

まざまな問題と結びついています。

2040年に世界がどうなっているか。どうやら私は鬼籍に入っていそうですが、とりあえず生きている限りは、この未来についてどうなるか見てみたい気もします。少なくとも、現在大きな問題となっていることを挙げると、移民、伝染病、天変地異、地球環境の変化、格差、人口減少、貧困などでしょうか。

人類は、これまで数万年にわたってこれらの問題と戦い、なんとか生き抜いてきました。今私たちが直面している感染症にしても、ウイルスを発見したのは100年前であるにしても、戦いはずっと続けられてきました。今回のワクチン開発では、スーパーコンピューターのシミュレーションで遺伝情報を解析し、メッセンジャーRNAワクチンを開発しました。

試行錯誤でこれまでやってきた新薬開発を、コンピューターで一気にやり遂げたのです。さらに、コロナの発症率などをデータ・サイエンスで立ちどころに分析し、人間の活動履歴に関してもスマートフォンを通じて探知する技術を開発しました。もっとも、ウイルスを退治する薬を見つけ出すには至っていませんが、実用化された治療薬は死亡率を減らしたかに見えます。もちろん過信は禁物で、思ったより進んでいないのかもしれませんが、新しい技術が使われたことは確かです。

新しい医学は、ナノテクを応用して、遺伝子の悪い箇所を治す時代になるかもしれません。まさにラクエル・ウェルチというグラマー女優が出ていた『ミクロの決死圏』（監督リチャード・フライシャー、1966年）という映画の世界が現実化しそうです。

アメリカのＣＩＡが出した『２０４０年の世界』（*Le Monde en 2040 vu par la CIA. Un monde plus conteste*, Equateurs, 2021）という書物は、人口、環境、経済、技術という四つの点から２０４０年の世界を予測しています。アメリカの本ですので、アメリカ的民主主義の優越性といった視点から書かれています。また、当然アジアやアフリカの今後の発展についての疑念も含まれています。しかし、おおむね議論の方向としては、おかしなものではありません。

ＣＩＡの『２０４０年の世界』における予測①アジアもやがて先進国と同じ少子化を迎え、最後はアフリカの人口が上昇

第一の人口という点で指摘されているのは、先進国の人口の高齢化、そしてアジアの大国中国とインドが今後迎える高齢化という問題が挙げられています。アジアもやがて先進国と同じ少子化を迎え、最後はアフリカの人口が上昇していくだろうと予測しています。もちろん、さらに長期の観点から見れば、アフリカも人口減少が始まり、地球の人口は減り始めるという見立ても示しています。

こうした問題に伴って起こることは、経済発展が進んでいない国から先進国への移民の増加です。現在世界中で、毎年1億人以上の移民が増加していますが、この数がもっと増えるとのことです。その原因は先進国での高齢化にあります。一人当たりの所得が1万ドルを超えると移民の動きはなくなるだろうと考えていますが、この書物では経済発展の問題には触れられていません。

予測②７・３５㎝の海水面の上昇、１・５～２度の気温上昇

環境変化に関しては、7・35㎝の海水面の上昇、1・5～2度の気温上昇などが指摘されています。当然生産力の増大とともに環境への負荷も増大するわけで、制御が困難な問題ともいえます。

経済に関して懸念されているのは、国家負債の増大です。日本は飛び抜けているにしろ、リーマンショック以後、またコロナ禍による国家の財政赤字は世界中で増える一方です。また人口の高齢化や環境への負荷によって、社会保障費や研究開発費も増大します。そうなると当然ながら、高齢化に伴う労働者不足を移民労働者に置き換えるか、ロボットなどに置き換える可能性もあります。

しかし、ロボットは給与をもらわないし、消費のために何も購入しないので、経済循環がうまくいくはずがありません。人間の仕事がロボットに奪われ、失業者が増加することにもなりかねません。もちろん、ほかの分野で雇用を創出すればよいという楽観的な考えもありますが、ＡＩの出現は、高度な労働も奪ってしまう可能性があります。まさに資本主義社会の矛盾が露呈するような気がします。労働者のいない

2015/11/30~12/12

京都議定書に代わるパリ協定が採択

フランス・パリ近郊のル・ブルジェ特設会場で開催された第 21 回気候変動枠組条約締約国会議で、2020 年で失効する京都議定書以降の新たな枠組みとして、全 196 か国が参加するパリ協定が採択された［Agência Brasil, 2015/11/30］

予測④アジアが世界経済の中心になるだろうが、基本ソフトをアジアが持っていないゆえ、アジアの経済成長も続かない

資本主義、消費のない資本主義は成り立つかという問題です。

当然ながらアジアが世界経済の中心になるだろうと、同書では指摘されていますが、これは単純なものではなく、アジアの経済成長もそれほど続かないだろうとも予測されています。その理由は基本ソフトをアジアが持っていないからです。ここに基本技術の競争の問題があります。いずれにしろ、世界のＧＤＰのうち、インドと中国は２０４０年では29％、アジアで35％を占めるだろうといわれます。一方アメリカは20％、ＥＵは20％ということになり、まだ欧米の優位は変わっていません。その予測はすでに２０２４年の今日、実現しているのですが。

技術に関しては、ＡＩ技術の進展は著しいだろうと予測し、コンヴァージェンス（ユーザーが複数のプラットフォームやメディアの間を自在に行き来し合流すること）を持つことが重要であろうと述べています。

最終章
三たびの世界大戦？

ウクライナやガザで始まった戦争が、他地域の対立構造を拡大させつつある。もはや第三次世界大戦の導火線に火が点いたのか？

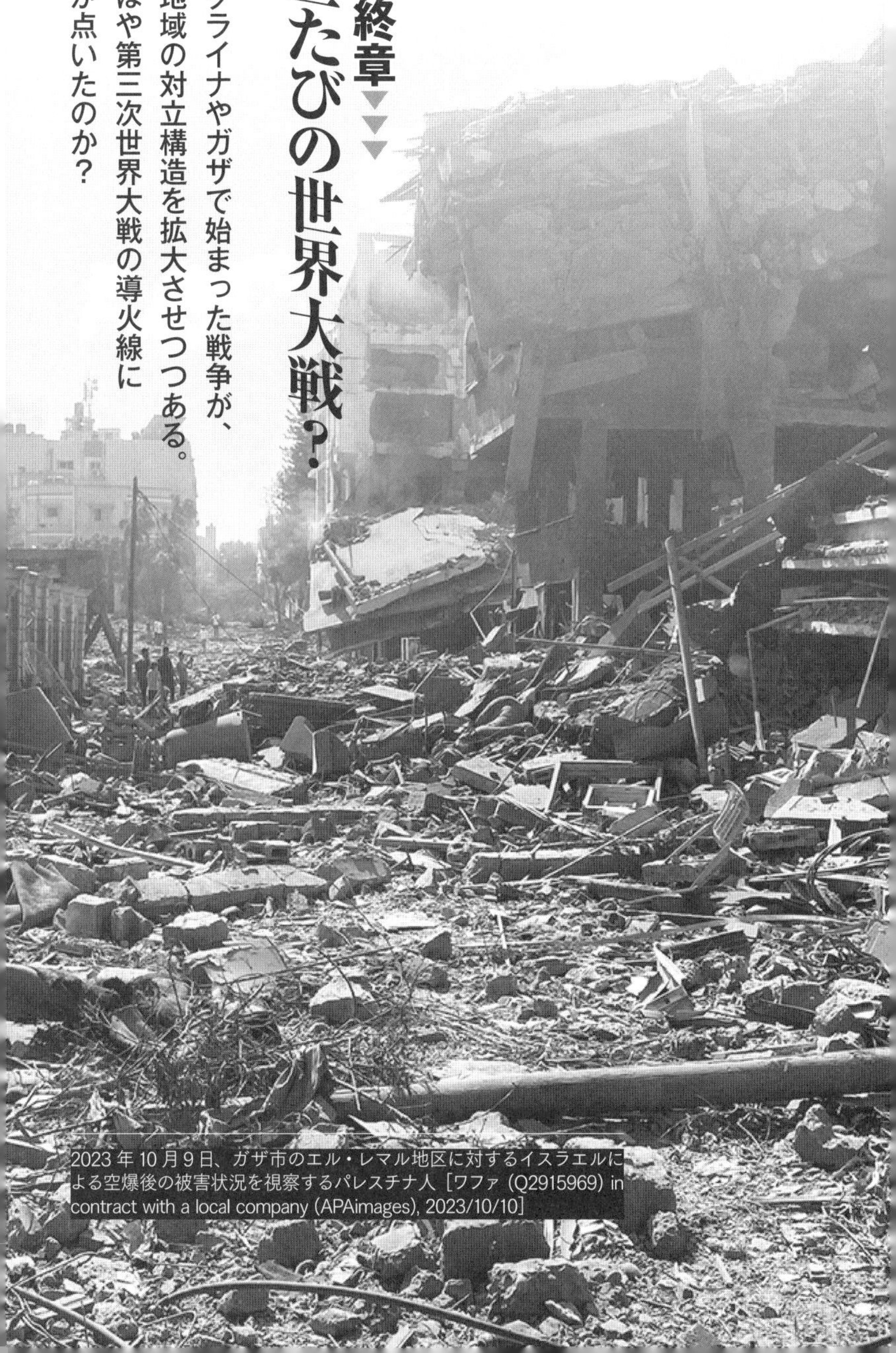

2023 年 10 月 9 日、ガザ市のエル・レマル地区に対するイスラエルによる空爆後の被害状況を視察するパレスチナ人［ワファ（Q2915969）in contract with a local company (APAimages), 2023/10/10］

ロシアとウクライナの戦争、イスラエルとパレスチナの戦争は、本当は、ロシア、中国、トルコ、インド、ブラジルといったBRICS諸国と、アメリカ、EU、日本といったG7および先進国との代理戦争

この最終章を書いているのは2024年に入ってからですが、2022年2月にロシアとウクライナの間に勃発した戦争は、いまだに終結の見通しが立っておらず、とてもやっかいな戦争になりそうです。2023年10月には、中東のガザに飛び火し、そこでの戦争も拡大するばかりです。それは、これらの戦争の原因が、たんにロシアとウクライナの領土をめぐる戦争、あるいはイスラエルとパレスチナの戦争というレベルをはるかに超えているからです。

ロシアとウクライナの戦争、イスラエルとパレスチナの戦争は、あくまでも代理戦争であり、本当は、ロシア、中国、トルコ、インド、ブラジルといったBRICS諸国と、アメリカ、EU、日本といったG7および先進国との間の戦争なのです。そしてそれが真っ二つに分かれた陣営の戦争として、第三次世界大戦の引き金になる可能性があります。

アジアやアフリカが経済成長し、それが19世紀以来世界を支配してきた西欧諸国を次第に凌駕し始めてきたことが、その根底にあります。西欧先進国は、アジア・アフリカを支配し、長い間、西欧の価値基準で世界の大勢を決定し、西欧が生み出した資本主義、民主主義、人権といった概念を、非西欧諸国に普遍的なものとして押し付けてきました。こうしたものが、今挑戦を受けているのです。

もちろん、西欧的価値基準が近代化という名のもとに、歴史の上で大きな役割を果たしたことも確かです。しかし、これはあくまで日本のように西欧と対等に扱われ、先進国の仲間入りをしたごく少数の例外的な国にのみ言えることで、多くのアジア・アフリカの地域は、

国家としても、人間としても認められず、長い間、厳しい植民地支配に苦しんできたわけです。

資本主義、民主主義、人権は、今でこそすばらしい言葉に見えますが、西欧で確立されたこうした概念の実態は、西欧以外の地域に対する資本主義的搾取、非民主的、非人権的差別の上に成り立つものであったことも事実です。あたかもアテネのポリスが、奴隷によって民主主義を実現していたごとく、アジア・アフリカを支配することによって、それらの価値を実現していたと言えなくもありません。

「世界史」という概念がまさにそれで、世界史とは西欧以外の地域に西欧の後追いを強い、西欧の命令に従わせ、西欧の価値観を受け容れさせる、きわめて厳しい条件を課す概念なのです。これによって、アジア・アフリカ地域は、西欧世界を先頭集団とする世界史に巻き込まれ、その犠牲になったともいえます。

アジア・アフリカ地域の人々は、植民地、半植民地になり、長年にわたって塗炭の苦しみを味わい、抵抗活動を繰り返してきました。それは近代化や文明化といった、きれいな言葉で忘れ去ることのできるようなものではない、屈辱的な経験でした。

だからこそ、こうしたアジア・アフリカの国が力を蓄えてくると、西欧に対するマニフェスト、すなわち異議申し立てをするようになってくるわけです。21世紀になって、そうした異議申し立てがあちこちで起きてきています。

そうなると20世紀を支配した世界の価値観や制度も、その異議申し立てに晒されることになります。


西欧で確立された資本主義、民主主義、人権などの概念の実態は、西欧以外の地域に対する資本主義的搾取、非民主的、非人権的差別の上に成り立つものだった

「世界史」とは西欧以外の地域に西欧の後追いを強い、西欧の命令に従わせ、西欧の価値観を受け容れさせる、きわめて厳しい条件を課す概念

IMF体制や国連は、一見、世界を平和的に運営する組織に見えるが、実際には西欧支配の安定装置

たとえば第二次大戦後に生まれたIMF体制や国連は、一見、世界を平和的に運営する組織に見えますが、実際には西欧支配の安定装置ともいえます。

ドルによる決済制度は、「金《きん》」を持たない国の貿易を発展させることになるのですが、ドルを発行するアメリカの言いなりになるしかないという制度です。アメリカはドルを発行することで特別の利益を得るだけではなく、ドル預金をほかの国がアメリカに置くことで、何かあればその国に対して経済制裁をすることができるのです。アメリカがドル預金を封鎖すれば、アフガニスタン政府に制裁を加えることができる。それをアメリカは中国やロシアのような国に対しても行ないます。

国連で拒否権を持つ常任理事国は、多数による決定を拒否することで、国連そのものの意義を半減させてしまっています。世界銀行、IMFなどの主要ポストは欧米が独占し、国際司法裁判所であろうと、欧米諸国が支配しているという事実は、アジア・アフリカの多くの国々にとって理不尽そのものでもあります。

21世紀の世界は、まさにこれまでの西欧的世界史への疑義と挑戦が先鋭化した時代で、なおかつそれが経済力、政治力、軍事力においても、現実的な力となりつつある時代だともいえます。

世界の数々の紛争は、ほぼ西欧と非西欧とが対立する地域で起きています。これまでこうした紛争が世界大戦に結びつかなかったのは、西欧が優位だったからです。国際均衡というのは、本来の均衡ではなく、西欧支配による均衡だったのです。

社会主義国同士の互恵貿易によって蓄積を進めることができた旧社会主義国は、1991年のソ連崩壊以後、アメリカを中心とする資本主義世界システムに組み込まれたことで、アメリカの言いなりになったが、中国とロシアはグローバル化の中で再び力を得て、IMF体制のドルシステムに挑戦している

かつて東西冷戦といわれた資本主義対社会主義の対立においても、その実態は、勃興する発展途上国の社会主義と西欧の先進資本主義との対決という構図であったことは間違いありません。西欧という場合、東欧は含みません。東欧、ロシア、そして中国は、西欧の帝国主義的支配を受けた国で、その抵抗の結果選んだのが社会主義的発展様式だったともいえます。

社会主義的発展様式が資本主義に抵抗できたのは、なによりも資本主義世界システムの中に組み込まれなかったためです。西欧から搾取されず、社会主義国同士の互恵貿易によって蓄積を進めることができました。振替ルーブル制度、社会主義的分業、コメコン、ワルシャワ条約機構といったシステムは、アメリカのＩＭＦや世界銀行などと対立するもので、これらの国はこれらによってアメリカの経済制裁を避けることができたのです。

しかし、１９９１年のソ連崩壊以後、こうしたシステムが消滅し、アメリカを中心とするシステムに組み込まれたことで、旧社会主義国はアメリカの言いなりになったわけです。中国とロシアはグローバル化の中で再び力を得て、異議申し立てをする国になっていますが、これらの国がＩＭＦ体制のドルシステムに挑戦するのは当然のことです。たびたび制裁を受けてきたからです。

旧社会主義圏と旧第三諸国、すなわち非同盟諸国が、２００８年のリーマンショック以降に接近し、ＢＲＩＣＳを構成することになりますが、これらの国に共通しているのは、西欧に支配、もしくは差別されてきたという歴史を持つことです。

再燃してきた紛争地域は、ロシアと西欧との間、すなわち、フィンランドからバルト三国、

ウクライナやガザで始まった戦争が、どんどんほかの地域の対立構造を拡大させ、第三次世界大戦の導火線になりつつあるが、それはバルカン地域で第一次大戦が起こったこととよく似ている

ウクライナ、セルビア、ボスニア＝ヘルツェゴビナ、コソボ、ギリシャ、コーカサス地域に到るヨーロッパの〝紛争地溝帯〟です。ここは対立のせめぎ合いの地域で、いつ紛争、そして戦争が起こっても驚くべきところではありません。

もう一つは、イスラエルをめぐる中東地域です。中東は東へ、イラン、パキスタン、そしてアフガニスタンからミャンマーを抜け、南沙諸島に至るラインが貫いています。南沙諸島からは北へ、さらに台湾、朝鮮半島へと進みます。

アフリカにおいては、西アフリカから東アフリカ、そして南アフリカの間に、西欧とロシア、中国のせめぎ合いの地域が存在します。それは海を越え、中米では、カリブ海地域、そして南米までその線は伸びていて、これらの地域でも西欧とロシア、中国の対立が存在します。

そうしたことを考え併せると、ウクライナやガザで始まった戦争が、どんどんほかの地域の対立構造を拡大させ、第三次世界大戦の導火線になりつつあるというのは理解できます。

それはバルカン地域で第一次大戦が起こったこととよく似ています。これはアフリカやインドを巻き込み、そして中国にまで波及し、世界大戦をもたらしました。この戦争には、植民地の軍隊が多数参加したのです。

第二次大戦においても、ポーランドやチェコスロバキアがきっかけになり、それがソ連と西欧に飛び火し、アジアでは日本と中国とのもつれが、アメリカを参戦させ、インドシナと南太平洋、そしてアフリカまでも巻き込む戦争となりました。

現在の世界を見渡して、こうした戦争がまた起こらないと断言できる状況には、残念なが

歴史のみが過去の悲劇を語ることができる

らありません。

現代の戦争は、人工衛星を使ったピンポイントの空中戦になっていて、表面的に見える戦艦や飛行機、原子爆弾といった軍事力の威容だけでは、戦争の全貌を把握できません。ＡＩ技術を使った戦争の時代には、量より質、とりわけ総合的でハイブリッドな戦闘能力が求められます。その意味で、実はアメリカは一歩遅れているのです。世界中に基地を多く持ち、軍事力を誇示することに奔走してきた結果、肝心な質の部分での優位が失われているのです。アメリカ自身、今回の局地的戦争でそれを理解したはずです。これまでずっと弱い相手と戦って安易な勝利を得ていたことが、アメリカにマイナスに作用しています。

さて21世紀世界史の最後に、述べたいことが一つあります。

私は戦後すぐの生まれで、戦争の荒廃によって立ち上がろうとした世代に属します。だから、教師や両親にいやというほど戦争の悲劇の話を聞かされてきました。戦後体制はこうした反省のもとに再出発したのですが、経済成長とともに、次第に気のゆるみ、慢心が出てきて、今では戦後の誓いを忘れかけています。

なぜ歴史を語るのか。それは、歴史のみが過去の悲劇を語ることができるからです。現在は過去の歴史の延長ですから、「メメントモリ」、「けっして過去を忘れることなかれ」です。孫やひ孫の世代に、老齢者として、このことを強く言っておきたいと思っています。

補遺

世界史の危機としてのウクライナ、ガザ

ウクライナとガザ——
離れた場所で起きている
一見関係なさそうな二つの戦争の
同一の根源に迫る。

2022年3月、ロシアによるマリウポリ爆撃
[Міністерство внутрішніх справ України, 2022/3/3]

1．ウクライナ問題について

ウクライナ問題をウクライナに住む当事者の立場で見ること

ウクライナ問題は根の深い問題です。歴史をさかのぼればさかのぼるほど、一筋縄ではいかない問題であることが見えるはずです。この問題を考える際に、まず考えねばならないのは、ロシアの主張は本当に不当なのかどうかということです。

思考停止とは、最初から偏見を持つことにあります。相手の立場に立って見ることも重要です。さらにはウクライナの人々、ウクライナのロシア人、ポーランド人、そのほか普通の人々の立場に立って冷静に見ることも重要です。

ロシア政府とロシア人を、またウクライナ政府とウクライナ人を、同じものだと考えてはならない

もちろんここでロシア政府とロシア人を同じものだと考えてはいけません。またウクライナ政府とウクライナ人を同じものだと考えてはなりません。ウクライナ問題の中でまったく見えてこないのは、ウクライナに住む人々の声でした。とりわけ問題のドンバス地域に住む人々の声です。当事者抜きで、アメリカ、ロシア、ウクライナといった国家レベルだけで考えれば、住民の望むところは理解できません。

『向こう岸から』を書いたアレクサンドル・ゲルツェンは、西欧の向こう岸から世界を見ればどうなるかについて書いた人物ですが、彼のいう「向こう岸」は東欧にあるロシア政府ではなく、ロシアの農民でした。彼は当時のヨーロッパの良識の代表でもあったフランスの歴

史家ジュール・ミシュレ（１７９８〜１８７４）による、「ロシア人は野蛮である」という一方的な評価に対して、彼への書簡の中でこう述べている。

「ひとがロシヤについて語る場合にはもはや、その場にいない者、答えることのできない者、耳が聞こえないでかつ口のきけない者についてのように語るわけには行かないのだということをヨーロッパに明らかにすべき時がきたのである」（アレクサンドル・ゲルツェン「ロシヤ民族と社会主義　ミシュレへの手紙」金子幸彦訳、『世界大思想全集　哲学・文芸思想篇　27巻』所収、河出書房、１９５４年、１５５ページ、訳文を一部改変）

アレクサンドル・ゲルツェン

1812〜70、ロシアの哲学者、作家。著書に『向こう岸から』『ロシアにおける革命思想の発達について』ほか［エティエンヌ・カルジャ, 1865〜70？］

彼は、当事者であるロシア人の声を聞けと言っているのです。当事者とは、フランス政府でも、ロシア政府でもなく、そこに住むロシア人の農民のことです。

ウクライナはいつから民族、国家になったのか？

どこまで歴史をたどるかによって、どの国家も民族も、その存在を正当化することも、また否定することも可能です。どの国家や民族も、歴史の起源からずっと存在してきているわけではなく、想像されたものであることは、疑いないのです。国民国家とは「想像の共同体」

どこまで歴史をたどるかによって、どの国家も民族も、その存在を正当化することも否定することも可能で、その意味で国民国家とは「想像の共同体」にすぎないにすぎません。

19世紀の半ばから歴史を始めれば、なるほどウクライナは独立した民族であり、独立した言語を持つ、国家ともいえます。しかし、それ以前にさかのぼれば、「小ロシア」にすぎない。いやさらにローマ帝国崩壊後、北方から侵入したルーシ族が創設したキエフ公国までさかのぼれば、ロシア人の起源はウクライナだといえないこともないのです。

しかし、歴史は残酷です。このキエフ公国は、モンゴルに潰され、やがて隣のリトアニア＝ポーランド王国に潰されていくのです。そしてウクライナのロシア人を奪回したのがロシアです。ヨーロッパに接近することで力を持ったロシアが大国になるのは、ピョートル大帝からになります。その後ロシアの拡張は進み、ウクライナはロシア本体の辺境である小ロシアになります。それが辺境を意味するウクライナという名前となって表れたというわけです。

今の大国ロシアから見れば不思議な話ですが、ロシアはつねに西に位置するスウェーデンやポーランドの侵入を恐れてきました。とりわけカトリックの宗教騎士団の侵攻は脅威でした。ロシアは正教会であり、13世紀のアレクサンドル・ネフスキーの名前はカトリックの侵入を阻止した人物としてロシアの歴史に刻まれています。だからこそ、ロシアにとってスウェーデンとの間に横たわるフィンランドは重要で、この国を親ロシアにすることが重要でした。フィンランドもスウェーデンを恐れていたからです。スウェーデンとポーランドの侵攻を抑えるために重要なのが、プロイセンです。18世紀に起きたプロセイン、ロシア、オーストリアによるポーランド分割の意味は、ロシアにとってリトアニア＝ポーランド王国の残滓《ざんし》を消すことにありました。

しかし、状況は19世紀に一変します。そのきっかけとなったのが、ナポレオンです。今のリトアニアの首都ヴィリニュスに入ったナポレオンは、1812年の初夏、ロシアへと侵攻します。ロシア侵攻は、結局ナポレオンの敗走によって幕を閉じるのですが、ヨーロッパに民族独立の火を点け、その後に進展する国民国家独立運動につながっていきます。

その先駆がギリシャのオスマントルコからの独立運動でした。英仏の支援を受けたギリシャは独立に成功するのですが、これがポーランド独立運動の高まりを生み出し、西欧の若者たちの独立運動を惹き起こします（青年ドイツ、青年イタリアなど）。こうした運動は、当然ながら絶対王政の支配に対する抵抗運動として、社会主義者や共産主義者も巻き込み、ポーランド独立運動を支援することとなります。そんな中、1853年、英仏とロシアが戦ったクリミア戦争が起こり、ウクライナの民族独立運動が生まれるのです。このころに生まれたのが、ウクライナ民族は存在し、ウクライナは独立国であるべきだという主張です。

ウクライナ民族主義がロシアのツァー体制に向けられ、反抗していたことで、ソ連共産党となるボリシェヴィキもウクライナ独立を支援するようになります。ソビエトが成立して、レーニンはウクライナを連邦共和国の一員として迎え、ウクライナ人をロシア人とは別の民族だと認めました。それはツァー体制と戦う必要があったからです。一方、第一次大戦が終わると同時に、この地域に西欧が軍事介入し、ボリシェヴィキの赤軍と戦うことになります。しかし、レーニンの主張に対してローザ・ルクセンブルクは、ウクライナ民族の創設につい

1853年、英仏とロシアが戦ったクリミア戦争が起こり、このころに、ウクライナ民族は存在し、ウクライナは独立国であるべきだという主張が生まれた

ウクライナ民族主義がロシアのツァー体制に反抗していたことで、ボリシェヴィキもウクライナ独立を支援した

ローザ・ルクセンブルクはウクライナ民族の創設について、民族は恣意的につくられるものではないとレーニンを批判

1991年のソ連崩壊で各共和国が独立する際、ロシアはこれらの地域がNATOに入らないという条件付きで独立を認めた（2007年のミュンヘン合意）

2014年、ウクライナはマイダンのクーデタで大統領ヤヌコヴィッチをロシアに追放し、親米政権を樹立

て、民族は恣意的につくられるものではないと批判します。この問題が、ウクライナには重くのしかかることになるのです。

問題の発端

第二次大戦では、ソ連はヒトラーのバルバロッサ作戦によるソ連侵入によって、大きな被害を受けました。連合軍の勝利の後、ロシアはウクライナ共和国を拡大し、ポーランド、ハンガリー、ルーマニア、チェコスロバキアと直接接するように国境地域を拡大します。その結果、ウクライナにロシア人以外が多く住むようになります。とはいえ、ウクライナ東部の人口の多くはロシア語を話すロシア人でした。

1991年のソビエト崩壊によって、ソ連の各共和国が独立していきます。その中にウクライナもあったのですが、ロシアはこれらの地域がNATOに入らないという条件付きで、独立を認めました。2007年のミュンヘンの合意がそれです。

ウクライナは、2014年のマイダンのクーデタで、ロシアと対立する資産家ポロシェンコが、大統領ヤヌコヴィッチをロシアに追放し、親米政権をつくります。ここから今のウクライナ問題が起こるのです。ロシアは東部に軍隊を送り、その結果、ウクライナの中にロシアに近いルガンスク共和国とドネツク共和国が生まれたのですが、これをウクライナも西側も国として承認していない。一方クリミアは、ロシアに編入されました。もちろんこれも承

認されてはいないのです。

　ウクライナにとって不幸なことは、エネルギー資源を含め最も豊かなのが、この東部であることです。だからウクライナはこれらの地域の分離独立を認めることはできないのです。こうした問題は、何もウクライナだけではなく、ボスニア＝ヘルツェゴビナの北にあるスルプスカヤ共和国も同じような状態が続き、ユーゴでの紛争を長期化させました。またスペインのカタロニア独立を求める運動を、スペイン政府が認めていないという問題もあります。要するに近代国民国家の独立には、強国が拒否することで、認められるものと認められないものがあるということです。

　ここに当然大国が介入する余地があります。そもそもウクライナはヨーロッパに属するのですが、EUには軍事組織がありません。あるのはNATOです。ソ連時代はワルシャワ

◇ロシアのウクライナ侵攻（2024年3月末）

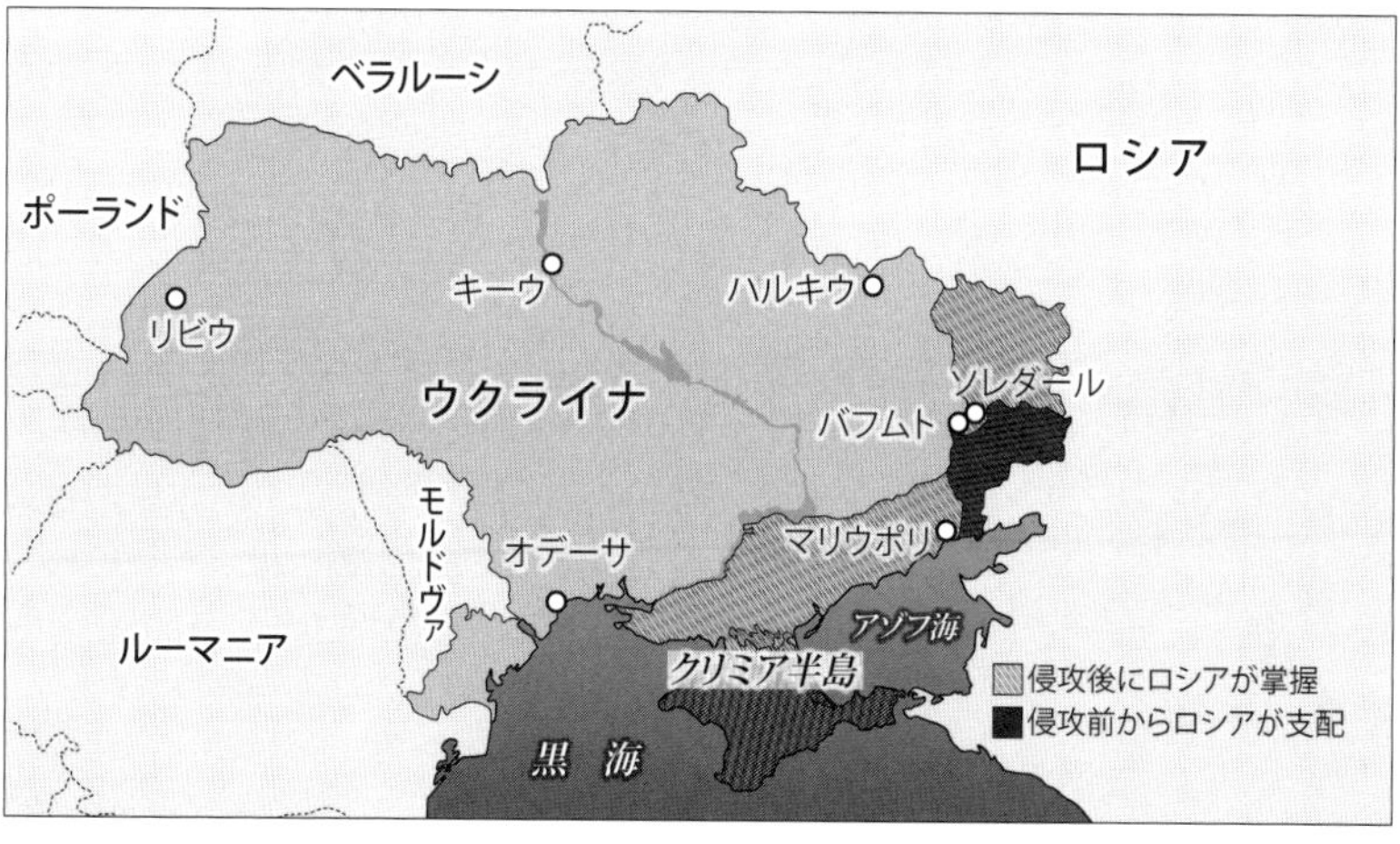

条約機構（WPO）があり、それが軍事的に東欧を束ねていたのですが、今ではNATOが束ねています。しかし、ウクライナがこれに入るとなると、ロシアはNATOに包囲されることになるのです。

EUに参加すると結果的にNATOに入ることになり、ロシアと敵対することになる

EUは独自の軍事組織を持つということを課題にしていたのですが、実際にはNATOの傘下に入ることになりました。これがウクライナ問題をこじらせている最大の原因です。EUに参加すると、結果的にNATOに入ることになり、ロシアと敵対することになるからです。もちろんEUが独自の軍事組織を持てば、ロシアの近隣にアメリカ中心のNATO軍が配備されることはありません。しかし、EUの軍事組織をアメリカが認めるはずがありません。この問題がウクライナ問題を袋小路に導いているといえます。

ウクライナの不幸

ウクライナは今のロシアにとってEUとの緩衝地帯

ウクライナにとって不幸なのは、地理的問題です。ウクライナは今のロシアにとってEUとの緩衝地帯です。さらに、ウクライナを流れるドニエプル川、そしてドネツ川（ドン川最大の支流）が、ロシアとつながっていることです。北の海しか持たないロシアの重要な輸送路は、黒海にあります。黒海に入った船はロシアに向かってこれらの川を上る。これとよく似た不幸な地域がドナウ川流域です。ドナウ川はルーマニア、ブルガリア、セルビア、ハンガリー、スロバキア、オーストリア、ドイツ（支流域を含めるとウクライナも通る）を流れてい

ウクライナ東部の天然ガスが海底パイプラインによってロシアからドイツへと流れれば、EUの崩壊につながる

ます。これらの国は一蓮托生であり、勝手な行動を採ると紛争に発展するのです。

ましてウクライナ東部の天然ガスが、西欧へ流れていく点で、ウクライナは重要な地点にあります。しかし、一方でロシアとドイツとの間に海底パイプライン「ノルドストリーム1」および同「2」が建設され、さらにはトルコからブルガリア、そしてドイツへと流れる天然ガスのパイプラインができれば、ウクライナは取り残されます。それはロシアとドイツの協力による、戦後のヨーロッパ体制の崩壊であり、またEUの崩壊であり、アメリカとフランスにとっても傍観はできないのです。

だからこそ、この地域はバルカンと並んで重要な地域であり、アメリカの軍事戦略とロシアの軍事戦略が真っ向から対立する地域でもあるのです。巻き込まれているのは、ウクライナだけではありません。ルーマニア、ブルガリア、セルビア、ポーランド、バルト三国など周辺諸国も、巻き込まれています。NATOとEUの拡大は、これらの地域をロシアとの対立へ誘うことになります。これは不幸な話です。

ウクライナはどうあるべきか

ウクライナは歴史に翻弄されてきた地域です。オスマントルコの時代には黒海沿岸部はオスマントルコの支配を受け、ロシアの南下によってロシアの支配を受け、つねにいずれかの強国の支配を受けざるを得なかった地域です。それはバルカン地域にきわめて似ています。

今ウクライナに似ているのはセルビアです。セルビアは、EUとロシアのはざまに立っています。セルビア大統領アレクサンダル・ヴチッチ（1970〜）は、米ロの二つの大国を天秤にかけながら外交しているのですが、場合によってはミロシェヴィッチのように大国によって失脚させられるかもしれません。

先に引用したゲルツェンの書簡は、こうした地域にとっての一つの示唆を与えてくれるかもしれません。彼はこう述べています。

「中央集権化はスラヴ精神と相容れない。連邦組織の方がその性格にとってははるかに固有のものである。自由な独立的な諸国民の同盟として結集することによってのみ、スラヴ世界はついに真の歴史的存在となるだろう」（アレクサンドル・ゲルツェン「ロシヤ民族と社会主義　ミシュレへの手紙」金子幸彦訳、『世界大思想全集　哲学・文芸思想篇　27巻』所収、河出書房、1954年、163ページ）

ロシアは、それがスラブ精神と相容れないのならば、望むべくは巨大な中央集権的国家であることをやめるべきでしょう。それと同時に、ウクライナも小さなルガンスクやドネツクといった共和国を認めるべきです。ソビエト連邦は少なくともそれを目指したはずですが、実際にはロシア支配になってしまったのです。バルカンでは、バルカン同盟という構想がありましたが、連邦制という考えはどうでしょう。長い間、東欧地域はオスマントルコ帝国、オーストリア帝国、ロシア帝国の絶対主義体制が支配的でしたが、それを打ち破る連邦制を追求したのがロシア革命であったとすれば、今プーチンがやろうとしていることは、ロシア

「中央集権化はスラヴ精神と相容れない。連邦組織の方がその性格にとってははるかに固有のものである」（ゲルツェン「ロシヤ民族と社会主義」）

EUの拡大がNATOの拡大なら、ロシアとの対立は今後も避けられず、ウクライナはEUに入るよりも、中立な連邦国家として非同盟のような形で存在したほうがいい

西側ではトルコによるアルメニア人の虐殺は知られているが、アルメニア人によるアゼルバイジャン人虐殺は知られていない

のツァー体制に逆戻りすることにもなりかねません。それを受けて立つウクライナも、ロシア人地域を自国に引き留めておけば、同じ穴の狢《むじな》です。

厳しいことをいえば、ウクライナはEUに入るよりも、中立な連邦国家として非同盟のような形で存在したほうがいい。EUの拡大がNATOの拡大なら、ロシアとの対立は今後も避けられないでしょう。EUが独自の軍事機構を備え、なおかつロシアもその仲間に入れるようになれば、状況は変わるでしょうが、それは今のところ無理でしょう。ならば、やはり歴史的にも地理的にもウクライナは、ロシア＝スラブという環境の中で生きていくしかないのかもしれません。もちろん、ウクライナに住む少数民族のルテニア人、ベッサラビア人、ガリチア人、ブコヴィナ人なども小さな国をつくり、連邦化するべきかもしれません。

2．マルクス主義の民族問題——ソ連崩壊以後の悲しい遺産

アゼルバイジャンのバクー市には、ヘイダル・アリエフ元大統領（現在の大統領イルハム・アリエフは彼の長男）の名前を冠した巨大な博物館があります。中に入ると、最初に1918年3月31日のアルメニア人によるアゼルバイジャン人虐殺の展示があります。人々はこの場で隣国アルメニア人に対する憎悪を植え付けられるのです。西側ではトルコによるアルメニア人の虐殺は知られていますが、アルメニア人が犯した虐殺は知られていません。アゼルバイジャンでは、アルメニア人こそ残酷な人々であると教えられているのです。この虐殺は

民族が独立するには
アイデンティティが
必要で、そのために
民族の悲劇の歴史が
都合よく利用される

1918年3月末から4月頭にかけて、すなわちロシア革命の混乱の真っ最中に起きたのです。

民族が独立するには、アイデンティティが必要です。そのためには、民族の悲劇の歴史が重要です。隣国による自国民への虐殺行為ほど、人々の憎しみをかき立てるものはありません。この日を国民の喪の日にしたのは、ソ連から分離して政権を打ち立てたヘイダル・アリエフです。この思い出は、アルメニア人に対してだけでなく、ボリシェヴィキやロシア人に対する悪しきイメージを示すためにも存在します。

ヘイダル・アリエフの銅像

アゼルバイジャン共和国第3代大統領ヘイダル・アリエフ（1923〜2003）の銅像を訪ねる、息子で同国第4代大統領のイルハム・アリエフ［Ilham Aliyev visited the statue of national leader Heydar Aliyev in Gandja, 2022/1/31］

つまり虐殺はお互い様なのですが、それぞれの国ではこの二つの虐殺は都合よく利用されているのです。民族主義というものは、それほど偏狭なものです。

しかし、ここではこの問題に深入りはしません。問題にしたいのは、なぜこの地域、すなわちコーカサス（ザカフカース）地域において、こうした民族間の憎悪が存在するのか、そしてそれがこの地域の歴史的事情、とりわけソ連の問題といかに深く関係しているかについて考えます。

マルクス主義の民族問題

民族問題はマルクス主義にとって鬼門といえます。その原因は、マルクス自身のうちにあります。マルクスは、ポーランド独立の支援、アイルランドのフェニアン党の支援など、民族運動を支持していますが、一方でクロアチア人などの歴史なき民族の民族運動を批判しているからです。1848年革命の際、スラブ民族主義運動によって民主革命を邪魔されたということも尾をひいていて、スラブ人とりわけ彼のライバルであったバクーニンを含めたロシア人に対して、きわめて厳しい立場を採っていました。それは幼いころに聞かされた、生まれ故郷トリーアの町でコサックが犯した数々の暴力の話にも影響されています。

民族問題はマルクス主義にとって鬼門だが、その原因はマルクス自身のうちにあり、マルクスはポーランド独立の支援、アイルランドのフェニアン党の支援など、民族運動を支持する一方で、クロアチア人などの歴史なき民族の民族運動を批判している

しかし、マルクスの弟子たちは、この民族問題を避けて通ることはできなかったのです。マルクス主義を標榜する労働者たちの運動は、この民族独立運動と相携えて立ち上がってき

西欧諸国では民族独立運動は労働運動と相携え、しかも国家単位で社会主義政権を樹立することで、民族独立と社会主義をともに実現することができた

国が存在しなかった東欧のポーランドでは、ポーランド人はドイツ人とロシア人に支配されており、彼らが民族独立運動を行なえば、その地域に住んでいる支配民族のドイツ人やロシア人の労働運動と対立することになる

たからです。

西欧においては、比較的早くから民族統一による国家の創造という考えがありました。だから民族が国家を統一していない、たとえばドイツにおいては、ドイツ語を話すドイツ民族を統一することが、そのまま労働運動でもあったのです。だからこそ、まず民族独立運動を行ない、そこで労働者の政権の樹立を考えることができたのです。

これらの西欧諸国にあっては、民族独立運動は労働運動と相携え、しかも国家単位で社会主義政権を樹立することで、民族独立と社会主義をともに実現することができたのです。エンゲルスが、第二インターで、まずはそれぞれの民族国家の中で社会主義の実現を図るべきだと言ったのは、そうした条件においてのことであったわけです。

しかし、そうでない地域、たとえば東欧のポーランドにおいては、国は存在せず、ポーランド人はドイツ人とロシア人に支配されており、彼らが民族独立運動を行なえば、その地域に住んでいる支配民族のドイツ人やロシア人の労働運動と対立することになります。そのことを最も強く感じたのは、ポーランドのザモシチ生まれのローザ・ルクセンブルクです。ザモシチは現在のウクライナとの国境に近い町で、第二次大戦によってソ連に土地を奪われるまでは、旧ソ連領ウクライナの西のかなりの部分がポーランドでした。

ローザ・ルクセンブルク

1871～1919、ポーランド生まれ、ドイツで活動したマルクス主義政治理論家、革命家。著書に『資本蓄積論』ほか

ローザはそのザモシチのユダヤ人であり、なおかつ被支配民族のポーランド人であり、なおかつドイツ社会民主党の党員であるという複雑な立場にあったのです。

マルクス主義の難問

マルクス主義が抱えた難問はこうです。労働運動は民族主義とどう折り合いをつけるのかという問題です。民族を超えて人間一般、プロレタリア一般として労働運動が成立するのか、そうでないのか。もし民族運動が存在すれば、それは労働運動を阻害するのか、そうでないのか。

これは悩みです。現に第一次大戦において、フランスの労働者とドイツの労働者はお互いにいがみ合い、戦争へと突き進んでいきました。結果として、労働者、すなわちプロレタリアとしての友愛より、民族の友愛が勝利したのです。だとしたら、マルクス主義は民族主義に凌駕されたということにもなります。しかも複雑なのは、民族国家がロシアのツァー体制のような、中央集権的で抑圧的な国家の場合、労働者は民族を優先すべきか、それとも抑圧されている被支配民族を支持すべきかという問題に遭遇するのです。まして、西欧の植民地として支配されているアジアやアフリカなどの地域においては、それらの地域のマルクス主義者たちは、彼らを支配する国であるフランスやドイツのマルクス主義者とどういう関係に立つのかという問題が出てきます。

民族主義をめぐる二つの論点

この複雑な問題は、マルクス主義理論に、二つの大きな流れを生み出します。一つは、プロレタリアは彼らと同様に搾取されている点において、被支配民族に共感し、民族の壁を乗り越えて共通の戦線を組むことができるという考えです。もう一つは、個々の被支配民族の独立運動を支援し、共通の敵を支配民族ではなく、支配階級であるブルジョワ国家体制と定めて共同戦線を張るという考えです。

当然ながら、後者のような考えは、ドイツやフランスでは、その地に被支配民族を抱えていない点で理解しにくいのです。しかし、支配民族に支配されている東欧地域では後者の考えのほうが理解できます。だから、ドイツ社会民主党のマルクス主義民族論とロシアのボリシェヴィキのそれが真っ向から対立することになったのです。

レーニンは、ボリシェヴィキの革命闘争と民族闘争を並列におき、盛んに民族独立闘争を支援しました。それは共通の敵ロシアのツァー体制が存在したからです。ウクライナなどの多くの民族をロシア民族ではなく、独立した民族だと認めることができたのは、まさにツァー体制と戦うにはそのほうが、都合が良かったからです。

マルクス主義民族論には、プロレタリアが民族の壁を乗り越えて被支配民族と共闘する際、共通の敵は支配民族なのか、それとも支配階級であるブルジョワ国家体制なのか、という二つの論点があった

レーニンがボリシェヴィキの革命闘争と民族闘争を並列におき、盛んに民族独立闘争を支援したのは、共通の敵ロシアのツァー体制が存在したから

ロシア革命以後の民族政策

ロシア革命が成立しツァー体制がなくなると、今度はソ連共産党にとってそれまでの民族独立闘争は邪魔になり、民族や共和国を認めるが、それを束ねるのはソ連共産党、しかもその中心にロシア人が位置することになった

こうしてロシア革命が成立すると、そうした民族の独立を認めつつ、ソビエト連邦という大きな連邦の一つの共和国として独立を認めるという方法を採ります。しかし、当面の敵であった抑圧と中央集権のツァー体制がなくなると、今度はソ連共産党にとって、それまでの民族独立闘争は邪魔になります。当初は民族独立闘争を支持しながら、最終的にはそれを撲滅しなければならないという矛盾が出てきます。民族は認め、共和国を認めるのですが、それを束ねるのはソ連共産党、しかもその中心にロシア人が位置することになります。

ソ連によって組織された第三インターナショナルは、早速この問題に遭遇することになりました。ソ連共産党は、それ以外の地域や国の共産党に対してどういう位置にあるのか。ソ連共産党の指導による世界共産主義の指導方針は、上意下達の中央集権的ツァー体制の遺伝子を受け継いでいるのか、いないのか。ソ連共産党は、結局ロシア共産党ではないのか。ソ連共産党による新しい国家は、正式にはロシア社会主義連邦ソビエト共和国であり、すべての共和国は〝ロシア連邦〟に吸収されるような形で、ソ連の共和国の一員となったのです。

まさにそのことを明確に示したのが、革命政権成立後に起きた、各地域の民族独立運動の指導者に対する批判と攻撃でした。独立は認めるが、その独立はソ連（ロシア連邦）の一員となることであり、ロシアの言いなりになるということでもあったのです。民主集権制にまとわりついている中央集権的構造は、マルクス主義に中央集権的社会主義という刻印を刻むこ

とになります。こうしたソ連の革命に対して、ドイツ社会民主党が反対したのは当然です。

革命後、共産党の指導、工業の発展、農業の集団化という名目で、大勢のヨーロッパ系ロシア人がソ連の各共和国に送り込まれます。そして主要な役職の多くを彼らが占めるという状況となり、やがてこれらの地域の民族の幹部は、次第に粛正されていきます。

ロシア=ソ連による民族の支配

山内昌之氏の『スルタンガリエフの夢——イスラム世界とロシア革命』（東京大学出版会、1986年）は、この時代のロシアによる粛正の犠牲となったタタール人のミールサイト・スルタンガリエフ（1892〜1940）のことを描いています。スルタンガリエフは、プロレタリアとしての社会主義ではなく、民族としての社会主義を主張し、粛正されたのです。

アゼルバイジャンとアルメニアは、1918年にザカフカース共和国として成立しました。しかし、アゼルバイジャンは、イギリス軍によって1918年8月に占領され、ボリシェヴィキのメンバーが虐殺され、やがてイギリスが去るとボリシェヴィキが再来し、民族主義者が虐殺されました。同様のことはアルメニアでも起こり、最終的に1920年にすべてソ連の共和国として併合されます。この間に起きた殺戮の嵐が、今でも虐殺事件としてそれぞれの国で蒸し返され、反ロシア、反アゼルバイジャン、反アルメニアの意識形成に関わっているのです。

アゼルバイジャンとアルメニアの両国は、1918年にザカフカース共和国として成立したが、最終的に1920年にすべてソ連の共和国として併合され、この間に起きた殺戮の嵐が今でもそれぞれの国で蒸し返され、反ロシア、反アゼルバイジャン、反アルメニアの意識形成に関わっている

ボリシェヴィキの民族政策は、ツァー体制の大ロシア主義が形を変えただけのものになった

結局、ボリシェヴィキの民族政策は、ツァー体制の大ロシア主義が形を変えただけのものになってしまったともいえます。同じヨーロッパ系ロシア人でもあるウクライナ人ですら、大ロシア主義の犠牲となって、シベリアへの追放移転などの粛正を強いられたのですが、それ以外のイスラム圏、アジア圏の共和国での粛正と圧政は、想像を超えるものであったといえます。

ロシアのオリエンタリズム

ロシアは西欧へのコンプレックスをアジアへの蔑視という形で昇華した（サーヘニー『ロシアのオリエンタリズム』）

こうした問題は、今ではオリエンタリズムという言葉で述べられる場合が多いのです。ロシアのマルクス主義自体が、オリエンタリズムの一つであったのではないかという問題です。カルパナ・サーヘニーが『ロシアのオリエンタリズム』（袴田茂樹監修、松井秀和訳、柏書房、2000年）という書物を書いています。

彼女によると、ロシアは、西欧へのコンプレックスをアジアへの蔑視という形で昇華したというのです。こう考えると、ウクライナやポーランドに対するロシアの考えは、むしろヨーロッパに対するコンプレックスそのものであるともいえます。EUとNATOの東方への拡大は、ロシアにとってヨーロッパへの完全敗北、すなわち屈従を意味します。だからこそ、少しでもロシアはその力を彼らに誇示したい。それがロシア人にとって、ロシアの一部だとも考えられるウクライナへの軍事侵攻となって現れたともいえます。しかし、結果的にそれ

日本を含むアジアの共産主義者に強いたソ連共産党のマルクス主義の傲慢さと硬直性は、西欧マルクス主義に対するコンプレックスの裏返し

ツァーも、ソ連共産党も、そしてプーチンも、各共和国に自由な道を歩ませる気がない

が一層ロシアのヨーロッパへのコンプレックスを、浮き立たせることになっているのです。

他方、コーカサスや中央アジアに対するロシアの締め付けは、ヨーロッパとしてのロシアの優位性を、彼らに見せ付けているようにも見えます。しかし、こうしたヨーロッパの優位性の誇示は、ソ連時代のマルクス主義、社会主義が、そもそもヨーロッパの輸入思想によるものであって、西欧マルクス主義とソ連のそれとを比較したとき、ソ連マルクス主義の内容の空虚さが際立つことで、より一層ロシア人のコンプレックスを拡大させてしまったのです。日本を含むアジアの共産主義者に強いた、あのソ連共産党のマルクス主義の傲慢さと硬直性は、西欧マルクス主義に対するコンプレックスの裏返しといえます。

ソ連崩壊から30年、ソ連を構成していた各共和国はそれぞれの道を歩んでいるのですが、ロシアはそれを決して許そうとしない。まるでそれらの国は、今でもロシアを構成する共和国の一部だと考えているようです。ツァーも、ソ連共産党も、そしてプーチンも、各共和国に自由な道を歩ませる気がないようです。ツァー体制が安易な西欧主義、ソ連共産党体制が西欧マルクス主義の亜流だったとすれば、ではプーチンはロシアに従属すべき国々に何を売り物とするのでしょうか。それがなければ、ロシアについていく者はもはやいなくなるかもしれません。

それにしても、ヨーロッパはなぜ静観しているのか?――ヨーロッパの衰退は現実のものとなったのでしょうか?

ヨーロッパであること

アゼルバイジャン人の作家クルバン・サイードが書いた『アリとニノ』（松本みどり訳、河出書房新社、2001年）というアゼルバイジャンでは有名な小説があります。その冒頭に興味深い話があります。バクーのロシア人高校での話です。

教師のサニンが生徒に向かって、アゼルバイジャンの都市バクーはヨーロッパに属するのか、それともそうでないのかと問いかけるのです。

「我が町は、進歩的ヨーロッパに属しているのか、反動的アジアに属しているのか、それを判断して欲しい」と。これは1933年に出版された本ですので、ソ連時代の話ということになるでしょう。

当然教師は、生徒は全員ヨーロッパと答えるだろうと期待していたのですが、あにはからんや生徒は「アジアです」と答えたのです。主人公アリも、その仲間も次々とアジアだと答えます。イスラム教徒である生徒たちは、アジアが好きだと答えるのですが、教師は反動的アジアを好きだと言う生徒に怒り、教室を去るのです。

ここで問題なのは、ヨーロッパは進歩的で、アジアは反動的であるという見解です。日本人である我々も、反動的アジアの一員であるより、進歩的アメリカやヨーロッパの一員であるほうがいいと内心思っているのではないでしょうか。しかし、生徒たちはむしろ逆にアジアであることを誇りとするのです。

コーカサスから中央アジアに至る地域は、イスラム圏です。バクーの旧市街は、中東の市街そのものです。これらの地域は、19世紀にロシア帝国の侵攻を受け、やがてソ連邦の共和国となり、ヨーロッパ文明の洗礼を受けます。しかし多くの人々は、長い間、アジア文化の中にいたので、ヨーロッパであることを、容易には受け付けないのです。

私は1980年代にユーゴスラヴィアのザグレブに住んでいました。ザフレブにはサヴァ川というドナウに注ぐ川が流れており、旧市街はその北側、新市街はその南側にありました。ザグレブ市民は冗談半分に、南の新市街の人々を、バルカン、そしてアジアと軽蔑的に呼んでいたものです。少なくともオーストリア・ハプスブルクとハンガリーの支配下にあったクロアチア人は、自らをヨーロッパ人であると見ており、ユーゴスラヴィアの南の共和国、ボスニア＝ヘルツェゴビナやセルビアの人々をアジア人として、見下していたのです。

ビザンツ帝国とオスマン帝国からヨーロッパを見ると

ではサヴァ川の向こう側から見ると、ザグレブはどう見えるのでしょうか。なるほど、西欧が世界を支配してきた歴史から見ると、この地域は反動的なアジアに見えるのかもしれませんが、向こう岸から見ればそうともいえないのです。

渡辺金一の『中世ローマ帝国　世界史を見直す』（岩波新書、1980年）という本の冒頭には、ローマ帝国崩壊後は、西ローマではなく東ローマこそ、ヨーロッパ世界の中心であったと書

中世ヨーロッパ世界の中心は西ではなく、東ローマの首都すなわち今のイスタンブールであり、パリやロンドンに近いことが現在は進歩的なのだとすれば、その時代はイスタンブールに近いことが進歩的であった

かれています。確かに中世を見ると、ヨーロッパ世界の中心は西ではなく、東ローマの首都すなわち今のイスタンブールであったことがわかります。

やがてこの地域は、15世紀にオスマントルコ帝国に支配されます。しかし、オスマン帝国においても、この地域は後進的なアジアになったのではなく、16～17世紀まで繁栄を極めるオスマン帝国の中心になったのです。オスマン帝国は、オーストリア帝国のウィーンまで迫り、やがて引き戻されるのですが、かつては繁栄を誇ったのです。

そうした視点から見ると、すべては逆に見える。サヴァ川の北のヨーロッパ的旧市街こそ辺境の地で、南のバルカン地域こそ先進的世界だったのです。パリやロンドンに近いことが現在は進歩的なのだとすれば、その時代はイスタンブールに近いことが進歩的であったのです。私の大学の研究室にはセルビアからの留学生が何人かいたのですが、最初に必ずこの話をすることにしていました。

進歩という地軸の逆転

19世紀になると、しかしながら、このような状態はまったく逆になってしまいました。拡大する西欧、イギリス、フランスのもとで、ヨーロッパは衰退するオスマン帝国の領土を次々と奪っていきました。その始まりがギリシャ独立運動でした。ここで、19世紀のヨーロッパから見た視点、オリエンタリズムが完成します。主客は転倒し、ビザンツ＝オスマンの視点

ではなく、西欧の視点が世界史の視点となるのです。

進歩的な西欧、反動的なアジアというイメージは、そこから生まれるのです。それ以後、オスマン支配下にあったセルビアやボスニアは、後進的な〝アジア地域のヨーロッパ〟になります。オスマントルコといえば、その領域は、ペルシャとともに、ウクライナの南の黒海地域、そしてグルジア（ジョージア）、アゼルバイジャン地域へ広がっていました。

だから、すでに紹介した小説の主人公アリは、アゼルバイジャンは、反動的アジアに入るのか、それとも進んだ西欧に入るのかと教師から問われたのです。ウクライナやコーカサス地域は、ロシアによってすでにオスマントルコからロシアに引き入れられ、晴れてヨーロッパとなっていたのです。ヨーロッパとは、いわゆる西欧の侵攻した地域だけでなく、コーカサス地域までに広がっていたのです。

17世紀末にヨーロッパに接近したロシアは、自らをヨーロッパだと感じてきたが、ヨーロッパのほうはそう思っていなかった

ロシアはヨーロッパなのか？

一方で、ロシアはヨーロッパなのかという問題が残ります。17世紀末にヨーロッパに接近したロシアは、自らをヨーロッパだと感じてきたのですが、ヨーロッパのほうは、そう思っていなかったのです。ロシアは鬼子であり、アジア的、タタール的野蛮の象徴だったともいえます。ビザンツ文明の正統派でもあったロシアは、ビザンツ帝国がオスマン帝国に支配されたときに、ビザンツを継承する正統的な担い手になるはずだったのですが、突然ロシアは

自らをヨーロッパであると信じているが、ヨーロッパからは野蛮なアジアであるとして相手にされない居心地の悪さは、ロシアだけでなくウクライナ、さらにセルビアにも該当する

ヨーロッパの周辺文明になることを選択したのです。その結果、ロシアはつねに西欧文明の周辺文明というコンプレックスを抱くことになります。

ヨーロッパ文明を受け容れ、アジアでありながらアジアでない西欧の周辺国を選んだ日本ですが、それより1世紀以上も前に西欧の周辺文明国となったロシアは、日本同様に自らをヨーロッパであると信じていますが、ヨーロッパからは野蛮なアジアとして相手にされない屈折した国となったのです。それではそこから離れたウクライナはどうか。この居心地の悪さは、ロシアだけでなくウクライナ、さらにセルビアにも該当します。

イスラム圏としてしっかりとアジアに留まることを決意したアゼルバイジャン人の場合と違い、正教会のセルビア、ウクライナは微妙です。正教会の祖国ギリシャはすでにヨーロッパとして歓迎され、西欧文明の祖国として珍重されています。ロシアに分割されていたカトリック・ポーランド領もすでに進歩のヨーロッパに組み込まれています。

セルビアという宿痾

セルビアは、クロアチアというヨーロッパ文明の周辺国とは犬猿の仲で、西欧はセルビアをなかなかヨーロッパ人として認めようとしない

セルビアは、クロアチアというヨーロッパ文明の周辺国とは犬猿の仲といってもいいでしょう。すでにルーマニアもブルガリアもEUに入っているのに、宙ぶらりんの状態であることは、気がかりです。しかし、西欧はセルビアをなかなかヨーロッパ人として認めようとしません。それが明らかになったのがユーゴ内戦です。セルビアも、進歩と文明のヨーロッ

1990年代のユーゴ内戦でアメリカのミサイルがベオグラードを直撃したことから、セルビア人は、セルビアはヨーロッパではない、アジアの一地域のように扱われたと感じた

アメリカの挑発と、それに乗ったロシアとの間に起きた今回のウクライナ戦争において、EUにはまったく解決能力がないのだということを示してしまった

パというブランドは欲しいが、クロアチアに小馬鹿にされることに、いい気持ちはしない。

それ以上に、1990年代のユーゴ内戦における心の傷は大きい。セルビアは、ユーゴ内戦で徹底して悪者扱いされたことに、誇りを傷つけられています。アメリカのミサイルがベオグラードを直撃したことから、セルビア人は、セルビアはヨーロッパではない、アジアの一地域のように扱われたと感じたのです。

この戦争はまだEUが成立して間もないころの出来事であったので、EUに解決能力はなく、NATOのリーダーであるアメリカが内戦に干渉せざるを得なかったのだとしても、セルビアのショックは大きなものでした。それが今もセルビアが、ロシアとアメリカとの間で宙に浮いている理由です。

しかし、あれから20年以上が過ぎてもEUは、EUとしての軍事組織や外交組織を持ち得ておらず、つねに個々の国家の戦略や思惑が表に出てきて、諸国家の寄り合い所帯の域を出ていません。今世界の外交バランスでいえば、アメリカ、ロシア、中国の間に、経済的規模は大きいが、政治的、軍事的な力の弱い一地域としてのEUが存在するというような状況です。

セルビアにとって、このようなEUに頼るのは不安です。同じことは現在のウクライナについてもいえます。アメリカの挑発と、それに乗ったロシアとの間に起きた今回の戦争において、EUにはまったく解決能力がないのだということを示してしまったのです。ヨーロッパは進歩、文明の地であったはずですが、今や近隣諸国の軍事バランスが変化する中で、おたおたとしている状況です。今回の問題の解決策をEUが示せなければ、EUは進歩の歴史

の中心から立ち去るしかないでしょう。

先に紹介した小説の主人公アリのように、非ヨーロッパでありたいということが一般的になれば、いよいよ西欧の出番はありません。しかし、このことは西欧の周辺に陣取り、西欧風を気取っていたロシア、そして日本にもいえ、彼岸の話ではありません。本物の西欧の衰退とともに、偽物の西洋も歴史の中心舞台から去らざるを得ないのかもしれません。

3．ウクライナとガザ——オスマントルコの運命

世界を揺るがしている戦争が、二つの場所、ウクライナとガザで起こっています。

ウクライナとガザは、地図上で見ると、とても離れています。しかも、スラブ人とアラブ人、正教会とイスラム教徒、ユダヤ教徒、いずれをとっても共通点が見つからないのです。あえていえば、アメリカとロシアが深く絡んでいることだけが共通点であり、地政学的な東西対立のフロントとして、二つの地域が深く結びついていることはわかります。

しかし、過去に歴史をさかのぼると意外なことに気づきます。それは、これらの地域が同じオスマントルコ帝国の中にあったということです。かつてオスマントルコは黒海の北部（ウクライナ）と、中東地域（ガザ）を領土に組み込んでいました。つまり、両地域とも同じ帝国の版図の中にあったのです。

この二つの地域が、今戦争に陥っているのは偶然ではありません。それはこの巨大な帝国、

地図上ではとても離れているウクライナとガザだが、ともにかつてはオスマントルコ帝国の中にあった

オスマントルコの崩壊から、20世紀の歴史、そして21世紀の歴史の変動が始まり、今なおその終着点を求めてさまよっているからなのです。

19世紀までのヨーロッパの諸国家の布置を見ると、オーストリア帝国、プロイセン帝国、ロシア帝国、そしてオスマントルコ帝国の四大勢力が鎬《しのぎ》を削っていました。そこに、フランスとイギリスといった国民国家の力が増大し、その力が日増しに強くなっていきました。

その結果が、ナポレオンによるフランスの拡大と各地で起きた国民国家を目指す民族独立運動でした。ウィーン体制といわれる1815年以降の体制は、国民国家へと移行していく流れの中で締結された体制だったのです。

やがては、各地で民族独立運動が盛り上がり、イタリア、ドイツ、ポーランドなどで国民国家の統一を求める青年運動が燃え上がります。それはついにオーストリア帝国やプロイセン帝国、ロシア帝国、そしてオスマントルコ帝国にまで波及し、世界を揺るがす大変動を生み出すことになります。その現れの一つが、1853年から始まるクリミア戦争でした。

この戦争は、オスマントルコの解体を意味する戦争であり、かつその領地をどの国がどう分け合うかという「ライオンの分け前」の戦いでもありました。最終的に、これらの地域をフランスとイギリスという国民国家が勝ち取ったことで、オスマントルコ帝国のみならず、ロシア帝国、オーストリア帝国、プロイセン帝国の力は弱まっていきます。それはロシアでは農奴解放、ウクライナの民族主義の勃興、ドイツの統一、オーストリアとハンガリーの同君連合の成立に帰結します。

1853年から始まるクリミア戦争は、国民国家を目指す民族独立運動であると同時に、オスマントルコの領地をどの国がどう分け合うかという「ライオンの分け前」の戦いでもあった

東欧の帝国は民族独立問題に対して、さまざまな改革を行ないましたが、結局解決することはできませんでした。各地で民族独立運動が勃発し、甚大な被害を受けたのは、マイノリティの民族でした。帝国の崩壊は、マイノリティ民族への弾圧をもたらし、ロシアではユダヤ人に対するポグロムが起こります。

ポグロムを逃れたユダヤ人は、プロイセンやオーストリアなどに移住しましたが、５００万人以上のユダヤ人が住んでいたロシア帝国、とりわけウクライナのユダヤ人社会の崩壊は、西欧社会に大きな社会的危機をもたらすことになりました。

この危機の中で、社会主義運動に参加するユダヤ人も大勢生まれました。トロツキー、ルクセンブルク、ジノヴィエフ、マルトフなどロシア革命で大活躍をする面々は、こうした流れから登場したのです。ロシア革命の原動力の一つ

◆クリミア戦争当時（1853-56）の黒海・バルカン半島周辺の勢力図

が、ロシア帝国のポグロムに対する抵抗であったともいえます。
一方、オーストリア帝国やプロイセン帝国へ逃げのびたユダヤ人は、それらの地で難民問題を引き起こします。ポグロムによる東欧から西欧へのユダヤ人の移動は、西欧人に反ユダヤ主義をもたらし、これがオーストリアのユダヤ人テオドール・ヘルツルによる、シオニズム会議を生み出しました。

ポグロムとユダヤ人問題

ユダヤ人、とりわけウクライナ地域から来たユダヤ人を、最終的にどこに落ち着かせるかという問題がシオニズム問題ですが、そもそもユダヤ人に対して寛容ではなかった歴史の長い西欧では、東欧に比べてユダヤ人の数はそれほど多くありませんでした。ユダヤ人の多くは、イスラム圏と正教会圏に、それぞれ「セファラード」と「アシュケナージ」として暮らしていました。

ユダヤ人、とりわけウクライナ地域から来たユダヤ人を、最終的にどこに落ち着かせるかという問題がシオニズム問題

急増するユダヤ人に対する西欧側の批判は、西欧社会の重要問題となりました。とりわけ熱心に動いたのがイギリスで、イギリスはユダヤ人たちの移民先を模索します。イギリスとフランスは、オスマントルコが崩壊する中、中東地域に触手を伸ばしていました。こうして、第一次大戦が始まり、オスマントルコは完全に崩壊し、その支配下にあった中東地域は英仏の植民地となります。イギリスは、その中でパレスチナ地域をユダヤ人移民のための基地と

パレスチナ人は、第一次大戦後の国民国家成立のために努めていたが、シリアやレバノン、ヨルダンの独立国家案は認められても、パレスチナだけは認められなかった

パレスチナへのユダヤ人の移民は、最初から国家形成ありきだったわけではなく、ユダヤ系資本の資金供出によって、まずは土地を購入し、そこにユダヤ人入植地をつくるという形で初めは進められたが、1930年代のナチスによるユダヤ人排斥運動で入植が加速した

することを決めたのです。

1917年に「バルフォア宣言」が出され、そこで初めてユダヤ人の国がパレスチナで建設されることが決定します。もちろん、そこに住むパレスチナ人は、第一次大戦後の国民国家成立のために努めていたのですが、シリアやレバノン、ヨルダンの独立国家案は認められ、パレスチナだけが民族国家独立の機会を永遠に奪われてしまいます。そもそも、欧米列強が主導したヴェルサイユ会議では、中東のどの民族に対しても独立国家の存在を認めることはなく、その独立は第二次大戦後を待つしかなかったのですが、とうとうパレスチナにはその機会が来ることはありませんでした。

パレスチナへのユダヤ人の移民は、最初から国家形成ありきだったわけではなく、元来、圧倒的な人口差が存在する地域での国家形成はあり得ないのです。しかしながら、イギリス政府の後押しだけでなく、イギリスのロスチャイルド、モンテフィオーレなどのユダヤ系の資本家の資金供出、アメリカのユダヤ系資本の資金供出によって、まずは土地を購入し、そこにユダヤ人入植地をつくるという形で初めは進められました。

これを加速したのが、1930年代のナチスによるユダヤ人排斥運動です。これによって、パレスチナへのヨーロッパからのユダヤ人移民はどんどん増えていきます。1939年にはユダヤ人人口はすでに30%になっていました。パレスチナの住民は次第に僻地に追いやられ、それに対する抵抗運動が始まります。「庇を貸して母屋を取られる」という言葉がありますが、増大するユダヤ人の人口と西欧による後押しは、パレスチナの人々を周辺に追いやり、まさ

ロシア領土となったウクライナのユダヤ人問題がイスラエルを生み出し、それが今、ガザでパレスチナ人と戦っている

に母屋を乗っ取ったのです。

第二次大戦以後、ヨーロッパからの大量のユダヤ人の入植が始まります。荒れ果てたドイツ、ポーランド、ウクライナ、ロシアからの入植者が、新たな人口を形成していきます。パレスチナ人は、戦前から抵抗運動をしていましたが、本格的な抵抗運動は四回にわたる中東戦争でした。しかし、そのたびに西欧社会の支援を受けるイスラエルは、確固たる領土を確保し、パレスチナ人はイスラエルの外の国に移動するか、イスラエルの中のガザ、あるいはヨルダン川西岸に細々と生きるしかなくなります。こうして幽閉された大地に暮らすガザの民が生まれたのです。

ロシア領土となったウクライナのユダヤ人問題がイスラエルを生み出し、それが今、ガザでパレスチナ人と戦っているというわけです（以上、ジャック・アタリ『ユダヤ人、世界と貨幣』的場昭弘訳、作品社、２０１５年参照）。

帝国の崩壊と終わりのない紛争——未来の国家とは

19世紀からの歴史を見ると、ウクライナとガザの問題には共通項があることに気づきます。それは、オスマントルコ帝国の崩壊、そしてオーストリア、ロシア、ドイツ（プロイセン）といった中東から東欧にかけて支配を及ぼしていた大帝国が、国民国家に取って代わられたことによって生まれた、マジョリティの民族とマイノリティの民族の闘争という問題です。

ウクライナとガザの問題はともに、中東から東欧にかけて支配を及ぼしていた大帝国が、国民国家に取って代わられたことによって生まれた、マジョリティの民族とマイノリティの民族の闘争という問題

この問題は、ユダヤ人やパレスチナ人だけの問題ではありません。これらの帝国では、民族や言語も異なる人々が、長い間、共存してきました。西欧から見ると、民族統一と言語統一による国民国家は当然のことのように見えるでしょうが、これらの混淆した地域でそれを成り立たせるのは至難の業といってもよいのです。

◆パレスチナ周辺

帝国の枠の中で、言語も民族もあまり意識せず生きていけた時代は、ある意味で幸福であったといえます。しかし、そこに民族統一と国民国家実現への運動が起こり、主たる民族と弱小民族との区分けが生まれ、弱小民族は弾圧を受けることになります。ポーランド独立運動やロシア支配下の各共和国の独立運動は、ウクライナを刺激し、その独立運動はユダヤ人や、ルテニア人、モルドヴァ人、ベッサラビア人、タタール人などウクライナ国内の少数民族への弾圧へと進みます。「民族浄化」という概念は、まさにこうした民族運動から始まったのです。

こうしてウクライナのユダヤ人は追放され、パレスチナへ至り、イスラエルという国民国家をつくることになります。しかし、今度はそこで、ユダヤ人が非ユダヤ民族を弾圧するこ

イスラエルもパレスチナも、単一民族による「国民国家実現」という19世紀の国民国家の幻想の中でうごめいている

とになるのです。これはまさに皮肉というしかありません。しかも、そのパレスチナも民族独立と国民国家形成を求めて、イスラエルのユダヤ民族と真っ向から対立しています。

双方互いに、単一民族による「国民国家実現」という19世紀の国民国家の幻想の中でうごめいているわけです。もちろんアメリカのような多民族国家はありますが、主たる民族と人種による差別と弾圧はさまざまな地域で後を絶ちません。それは人々が、かつての帝国にあったような、ある意味での無関心、ある意味での寛容な態度を持たないからといえるでしょう。個人のアイデンティティの確立が国民国家への帰属意識とも相まって、かえって他民族や人種を排除することになったのです。

その意味で、わずかな時期ではありましたが、19世紀末のウィーンはこうした帝国のある種の理想型であったかもしれません。そこで花開いたユダヤ人社会の文化は、西欧の歴史に燦然と輝いています。世に国際都市というものがあれば、あの時代のウィーンだったのかもしれません。ハプスブルク帝国のオーストリア人の中で少数派だったユダヤ人が、寛容の中で華やかな世紀末文化を生み出したのです。しかし、このウィーンもポグロムから徐々に変わっていきます。ユダヤ人が急増したことで、アンチセミティズムの勢力が増していったのです。

国民国家として内部が均一化されれば、その国民は異質な他者に脅威を感じます。そこに差別が生まれるのです。これを調停するには、多民族を包括する大きな帝国が必要でした。オーストリア帝国はすでに多民族国家となっていましたが、次第に国民国家の勢いに潰され

多民族を包括する大きな帝国に代わる理想的なモデルとして構想されたのが、国民国家ではなく、連邦国家で、それが比較的うまくいっているのは「ヘルベティア連邦」のスイス

かけていたともいえます。

こうした帝国に代わる理想的なモデルとして構想されたのが、国民国家ではなく、連邦国家でした。民族集団の集まりではなく、インターナショナルな集まりである連邦国家です。しかし、あくまでもそれは理想にすぎません。ソ連、アメリカ、ＥＵはそうした連邦を目指したものでしたが、どこかで狂ってしまったのです。比較的うまくいっているのは、スイスでしょう。スイスは「ヘルベティア連邦国家」（Confoederatio Helvetica）ともいいます。ヨーロッパでナンバープレートに「ＣＨ」と記した自動車があったら、それはスイスの登録車です。スイスは、歴史も文化も異なる地域を19世紀に人工的にまとめてつくった国です。ドイツ語でEidgenossenschaftという言い方もあります。直訳すると「誓いでまとまった共同体」という意味です。現実はともあれ、未来社会はかくあるべきなのかもしれません。

（※補遺の1、2、3は東洋経済ネット版の論文を加筆の上、再録したものです。）

あとがき

本書は世界史講義の最終刊です。第一巻は『「19世紀」でわかる世界史講義』（２０２２年）、第二巻は『資本主義がわかる「20世紀」世界史講義』（２０２３年）です。

第一巻は、世界史という言葉の意味を問い直し、西欧中心の歴史観がなぜ普及していったのかについて述べています。西欧の勃興は16世紀以降ですが、本当の意味で西欧が世界史をつくり上げたといえるのは、18世紀後半の産業革命以後のことで、同書は、資本主義の発展、そして西欧の世界侵略について述べています。

第二巻は、20世紀西欧の資本主義が確立し、イギリス、アメリカの欧米、とりわけアングロサクソンが支配した時代について語られています。20世紀といっても、正確には１９１９年のヴェルサイユ会議から、１９９１年のソ連崩壊までの歴史であり、西欧資本主義がさまざまな挑戦を受けつつも、最終的に勝利した時代が対象となっています。

第三巻となる本書は、この世界史をつくった西欧資本主義のつかの間の繁栄と、その衰退の歴史、そしてアジアの発展の歴史を対象としています。現在の歴史を語ることはとても難しいのですが、少なくともこの30年の歴史的変化について述べています。

全三巻の『世界史講義』シリーズは、神奈川大学のエクステンション講座で２０１９年から２０２２年までに行なった社会人向け講義の講義ノートをベースに書籍化したものです。当然ながら、その後の２０２４年現在までの歴史については語られていません。

とりわけ２０２２年２月に起こったウクライナとロシアとの戦争、そして２０２３年10月に起こったガザの問題については、本章では触れることができませんでした。そこで補遺をつけ、これらの問題について言及することにしました。

二つの戦争の行方は、21世紀の歴史にとってきわめて重要な問題を含んでいます。これまで世界を支配してきた西欧が、経済的、軍事的、政治的に、勃興してくる非西欧圏にどのように対応してくるのかがそこに見えているからです。

ウクライナとガザの二つの戦争の行方には、これまで世界を支配してきた西欧が、経済的、軍事的、政治的に、勃興してくる非西欧圏にどのように対応してくるのかが見えている

18世紀から21世紀までの歴史は西欧を中心に回っていました。それは、西欧があらゆる面で世界をリードしてきたからです。しかし、今その支配が終焉の時を迎えています。それは西洋から東洋への歴史の揺り戻しといわれる現象が始まっているからです。中国やインド、そしてロシアといった非西欧圏の力が次第に増してきていて、もはや政治、経済、軍事など、あらゆる面で西欧を凌駕するようになってきたからです。

西欧は、これに対して潔く退くのか、それとも戦争によって非西欧圏と戦うのか。ウクラ

イナやガザの戦争は、まさにその天下分け目の戦争ともいえるもので、決して局地的戦争ではないのです。それが今後どう飛び火していくかによって、世界史の運命が決まるといってもいいかもしれません。

　最悪の場合、ウクライナ支援のためにＮＡＴＯが介入し、第三次世界大戦となる可能性もあります。そしてそれとともに、中国やインドなどもこれに参加することで、世界は戦争でおおわれることになるかもしれません。日本人である我々は、ロシアへの介入、あるいは北朝鮮との戦争、そして台湾支援の戦争に否が応でも巻き込まれてしまうのです。

　もちろん私個人としては、そうしたことが起こって欲しくはないのですが、すでに大手新聞をはじめとするメディアは、それぞれの国のプロパガンダ装置となり、正確な情報を流さなくなってきています。それぞれの紛争は、長い歴史の中で生まれるのであり、本来決して世界戦争へと拡大するような戦争ではありません。しかし、メディアは、世界が真っ二つに分かれ、善悪の対立の戦争、そして不可避的な戦争のように描いたりしています。民主主義と自由のための戦い、全体主義や帝国主義に対する戦いなどと喧伝して焚きつけていますが、実際にはいずれの国にも、完全な民主主義も、完全な自由も存在しているわけではないのです。

　確かに起こっている戦争の原因はそんな大した問題ではなく、それぞれの地域で解決できる問題です。それを世界戦争へと発展させ、激化させるのは、国家とマスコミが煽っているからです。

　私が本書を書いたのは、こうした偏見に満ちた世界史を少しでも是正できればという思い

ウクライナやガザの紛争は長い歴史の中で生まれるのであり、本来決して世界戦争へと拡大するような戦争ではないが、メディアは、世界が真っ二つに分かれ、善悪の対立の戦争、不可避的な戦争のように描いている

からです。私は東西冷戦の両方の側を、自らの滞在経験としてよく知っています。確かにイデオロギーや体制の違いはありましたが、それによって、戦争も辞さないという行動に出て、世界を灰にしてしまうほど、愚かな行動を取るほどのものではなかったと考えています。そして実際そのようなものでした。

自らの社会を盲信し、他の社会を受け容れないという心の狭さが、次第に憎悪と化し、正義の押しつけという行動を生み出し、その結果、世界大戦が起こる

しかし、本当に世界大戦が起こるとすれば、お互いの不信と疑心暗鬼からです。自らの社会を盲信し、他の社会を受け容れないという心の狭さが、次第に憎悪と化し、正義の押しつけという行動を生み出すのです。

冷戦下の世界は、とりあえずバランスを保っていました。それは、米ソの力が均衡していたからです。しかし、アメリカが唯一の覇権国になり、帝国として世界を牛耳るようになってから、少しずつギクシャクしてきました。アメリカの単独覇権主義の一方で、中国やロシアが力をつけてきて、今やバランスが西欧に不利な状況にまで至っています。

そうなると手負いの虎たるアメリカは、これらの国をなんとか潰さなければならないとして大胆な行動に出る可能性があります。今はまさにそうした状況です。中国やロシアはそう考えていないのに、アメリカは被害妄想に陥っているかもしれないのです。そうなると軍備増強の道へと進むしかありません。

世界は再び戦争の準備を始めている

世界は再び戦争の準備を始めている。同じことは、ロシアと中国にもいえます。お互いに脅威を煽り、結果として世界殲滅の戦争に進む。そうした状況に陥っているような気がします。

外交という言葉は、そうした問題を避けるために存在するのです。少なくとも日本は平和

国家として戦争を起こさないよう努力すべきなのです。東アジア地域で大きな戦争が起これば、勝ち負け以前に壊滅状態になることは間違いありません。それを避ける努力が必要でしょう。

スティーブン・ピンカーの『暴力の人類史』（幾島幸子、塩原通緒訳、青土社、2015年）という本があります。著者は、人類の歴史は、平和から野蛮ではなく、野蛮から平和の歴史なのだと主張しています。その根拠として次の五つを挙げています。一つは国家と司法制度、第二は通商、第三は女性化、第四はコスモポリタニズム、第五は理性です。この書物が対象とするのは個人の暴力が主ですが、これらは国家間の暴力、戦争にも該当します。人類はこれまで、着実に平和を維持できるように努力してきたのです。

とはいえ、悲観的にならざるを得ないのは、人が自分だけが正しいという観念から脱却することは、実際はなはだ難しいのだということがあります。だから世界史の悲劇の歴史をしっかりと学んで、悲劇を繰り返さない努力をして欲しいものだと思っています。

（※本書には拙著『資本主義全史』〔SB新書、2022年〕と重複する部分があります）

2024年6月8日

的場昭弘

ヤ

ラ

ワ

A～Z

マ

人名索引

マルクス、エンゲルスなどの頻出する人名や架空の人名は省略しています。

ア

カ

的場昭弘（まとば　あきひろ）
日本を代表するマルクス研究者、哲学者。1952年、宮崎県生まれ。慶應義塾大学大学院経済学研究科博士課程修了（経済学博士）。マルクス学、社会思想史専攻。元・神奈川大学経済学部教授（2023年定年退職）。同大で副学長、国際センター所長、図書館長などを歴任。
著書に『資本主義がわかる「20世紀」世界史講義』、『「19世紀」でわかる世界史講義』『最強の思考法「抽象化する力」の講義』（以上、日本実業出版社）、『超訳「資本論」』全3巻（祥伝社新書）、『未来のプルードン』（亜紀書房）、『カール・マルクス入門』（作品社）、『20歳の自分に教えたい資本論』『資本主義全史』（以上、ＳＢ新書）、『一週間 de 資本論』（NHK 出版）、『マルクスだったらこう考える』『ネオ共産主義論』（以上、光文社新書）、『マルクスを再読する』（角川ソフィア文庫）、『希望と絶望の世界史』（前田朗氏との共著・三一書房）、『いまこそ「社会主義」』（池上彰氏との共著・朝日新書）、『復権するマルクス』（佐藤優氏との共著・角川新書）、訳書にカール・マルクス『新訳 共産党宣言』『新訳　初期マルクス』『新訳　哲学の貧困』（以上、作品社）、ジャック・アタリ『世界精神マルクス』（藤原書店）など多数。

21世紀《せいき》世界史講義《せかいしこうぎ》　恐慌《きょうこう》・パンデミック・戦争《せんそう》

2024年9月1日　初版発行

著　者　的場昭弘
発行者　杉本淳一

発行所　株式会社日本実業出版社　東京都新宿区市谷本村町3－29 〒162-0845
編集部　☎03-3268-5651
営業部　☎03-3268-5161　振替　00170－1－25349
https://www.njg.co.jp/

印刷／壮光舎　　製本／共栄社

ISBN 978-4-534-06131-7　Printed in JAPAN

日本実業出版社　的場昭弘の本

下記の価格は消費税（10%）を含む金額です。

「19世紀」でわかる世界史講義

的場　昭弘
定価 2200円（税込）

近代国家と資本主義が生まれた時、初めて「世界史」が誕生した。フランス革命から第一次世界大戦終結までの「長い19世紀」こそが全世界史を解くカギとなる。マルクス研究の第一人者が、歴史学・経済史を超えて、哲学、宗教、芸術を踏まえて描破したラディカル・ヒストリー第１弾！

資本主義がわかる「20世紀」世界史講義

的場　昭弘
定価 1980円（税込）

「長い19世紀」が1918年に終わり、同時期にロシア革命が先駆けて「短い20世紀」が始まる。それは世界大恐慌と再びの世界大戦を経て、冷戦時代とその崩壊を見る。栄華を誇るアメリカの支配は、やがてアジアの台頭によって危機へ……。反唯物史観の泰斗によるラディカル・ヒストリー第２弾！

落語で資本論

世知辛い資本主義社会のいなし方

著　立川談慶／
監修・解説　的場昭弘
定価 1980円（税込）

大学でマルクス経済学を専攻した立川流落語家が、『資本論』にリベンジ。名作落語を枕に、また『資本論』のテキストを導きの糸に、大胆な談慶流マルクスを開陳！　監修・解説はマルクス研究の第一人者・的場昭弘。「資本主義のカラクリがわかる」（佐藤優氏）書。

定価変更の場合はご了承ください。